供电企业

管理创新及实践

主　编　郑怀华

副主编　赵赛锋　张　捷
　　　　黄　赟　周　刚

中国电力出版社
CHINA ELECTRIC POWER PRESS

内 容 提 要

管理创新成果是企业在推行管理科学现代化实践中，运用现代科学理论对组织制度、管理理念、方式、管理方法和手段等方面提出的具有改进、创新因素的方法和措施，并经过实践检验，证明确实具有明显的作用和效果。管理创新是企业保持活力的根源，是事关企业发展的全局性、基础性工作，是一项长期的战略任务。

全书共包括四章内容，分别为概述、管理创新方向和重点领域、管理创新成果材料撰写及典型案例分析，详细阐述了管理创新的内涵及成果撰写要求，在帮助广大干部员工了解公司管理创新总体要求的基础上，优质高效地开展管理创新工作。同时，本书采用范例解析的形式，对优秀成果逐一解读、要点分析，借鉴典型经验，有效激发管理创新中"人"的能动性，不断提升创新能力，更好发挥在推动公司高质量发展中的积极作用。

图书在版编目（CIP）数据

供电企业管理创新及实践/郑怀华主编. —北京：中国电力出版社，2023.12
ISBN 978-7-5198-8376-8

Ⅰ.①供… Ⅱ.①郑… Ⅲ.①供电—工业企业管理—创新管理—中国 Ⅳ.①F426.61

中国国家版本馆 CIP 数据核字（2023）第 231499 号

出版发行：中国电力出版社
地　　址：北京市东城区北京站西街 19 号（邮政编码 100005）
网　　址：http://www.cepp.sgcc.com.cn
责任编辑：邓慧都
责任校对：黄　蓓　马　宁
装帧设计：郝晓燕
责任印制：石　雷

印　　刷：望都天宇星书刊印刷有限公司
版　　次：2023 年 12 月第一版
印　　次：2023 年 12 月北京第一次印刷
开　　本：787 毫米×1092 毫米　16 开本
印　　张：11.75
字　　数：226 千字
定　　价：66.00 元

编 委 会

前言

党的二十大报告提出，必须坚持创新是第一动力、坚持创新在我国现代化建设全局中的核心地位。国家电网有限公司作为关系国家能源安全和国民经济命脉的特大型国有重点骨干企业，其在国家创新体系中具有重要位置，是国家技术创新、管理创新的"大国重器"和"顶梁柱"。

把握发展的时与势，有效应对前进道路上的重大挑战，提高发展的安全性，都需要把发展基点放在创新上。企业是创新的主体，企业加快转型升级，实现高质量发展，要以创新驱动作为核心动力。实施创新驱动发展战略不仅是国家的战略要求，也是企业自身的内在需求。面对扑面而来的新科技革命浪潮、复杂多变的宏观形势和日趋激烈的市场竞争，企业唯有坚定不移走创新驱动、转型发展之路，才能勇立潮头、基业长青；唯有始终保持创新创业激情，锲而不舍，才能不断增强企业创新创造能力，努力实现新的跨越，努力实现从"要我创新"到"我要创新"的转变。归根结底，创新已经成为企业发展的第一内生动力。

在上述背景下，国网浙江省电力有限公司嘉兴供电公司组织编写了《供电企业管理创新及实践》，以管理创新的过程为切入点，帮助供电企业准确理解把握"具有中国特色国际领先的能源互联网企业"的深邃内涵，通过对管理创新相关概念的详细解读，帮助供电企业适应公司发展战略，引导基层供电企业不断研究、积极探索服务战略目标和战略重点的管理创新实践与模式，提升管理创新水平，推动公司高质量发展。书中全面剖析了管理创新成果报告中各部分的作用，从标题、摘要、正文等方面对管理创新成果的撰写提出了要求，采用范例解析的形式，对优秀成果逐一解读、要点分析，借鉴典型经验，帮助读者深入理解申报热点、重点，避免管理创新过程中的常见问题，指导读者更好地推动管理创新工作。

本书文字浅显易懂、语言平实严谨、案例丰富翔实，不仅从公司战略角度把握管理创新方向和重点领域，而且细致讲解了管理创新成果的基本要素，梳理了管理创新成果的"做"和"写"的相关要求，实现创新方向更加精准、路径选择更加科学、要素管理更加有效、资源配置更加合理、体制机制更加完善、环境氛围更加浓厚、创新能力显著增强。全书共包括四章内容，分别为概述、管理创新方向和重点领域、管理创新成果材料撰写、典型案例分析。无论是企业班组的成员、骨干，还是企业管理者，本书均具有较强的指导作用。

本书在编写过程中得到了来自社会各界的管理创新活动专家、推进者和管理人员的帮助和支持，在此一并深表谢意。

由于编者水平有限，时间仓促，书中难免存在疏漏和不足之处，望广大读者不吝批评指正。

编　者

2023 年 9 月

目录

第一章 概 述

第一节 企业管理创新基本概念

管理创新指对管理活动的创新，它通过改进与创新行为，创造一种新的更有效的资源整合模式，使之与环境相协调，以更好地实现组织目标，以更好地实现组织目标，实现可持续发展。

一、企业管理创新的基本原则

（1）要适合现时的国情，要有利于改革开放和安定团结。企业所推出的管理创新措施，在对企业有效进行管理和提高企业经济效益的同时，不得将矛盾推向社会。

（2）要符合市场经济的运行原则。要按照市场经济的原理设置创新内容，使其符合市场经济条件下的法律和法规。要一切从市场出发，按照市场需求组织实施生产、销售、售后服务、信息反馈、科研开发，再到生产的全过程管理。

（3）要适合企业情况。由于行业不同、产品不同，新老企业和企业所有制性质不同，企业所遇到的问题是不完全相同的，研究企业管理创新时也要区别情况，根据自己的实际去探索有利于本企业发展、适合本企业情况的管理创新方法。

（4）要以提高企业的经济效益为目的。

二、企业管理创新的主要任务

企业管理创新的主要任务是帮助企业在经营发展的过程中进行持续改进和优化，以适应日益激烈的竞争环境。具体来说，企业管理创新主要有以下几个任务。

（1）提高管理效率。企业管理创新的首要任务是提高管理效率。通过优化流程、制订合理的管理机制和规范操作程序等方式，可以有效地降低企业运营成本，提高工作效率和生产效率。

（2）激发员工创新能力。企业管理创新的另一个重要任务是激发员工的创新能力。企业需要为员工提供良好的工作环境和开放的思维氛围，鼓励员工在工作中提出新的观点和建议，从而推动企业不断创新和发展。

（3）加强信息化建设。企业管理创新还需要加强信息化建设。通过引入先进的信息技术和工具，可以将原本复杂和冗余的企业管理过程变得更加简单和高效，提高信息处理和共享的质量和效率。

（4）推动服务创新。推动服务创新是企业管理创新的另一个任务。企业需要紧密关注客户需求和市场变化，不断改进和完善产品和服务，并且推出新的服务模式和业务模式，以满足客户更高层次的需求。

（5）建立创新文化。企业管理创新还需要建立创新文化。这包括营造开放、自由的工作氛围，鼓励员工大胆尝试和创新，对失败给予宽容和支持，从而激发员工的创新动力和热情。

（6）推进可持续发展。业管理创新的任务还包括推进可持续发展。企业应该将生态环境和社会责任融入经营管理中，制订可持续发展战略和目标，并贯彻执行到企业的各个方面，为未来的发展奠定坚实基础。

企业管理创新是提高企业竞争力和可持续发展能力的重要途径。通过提高管理效率、激发员工创新能力、加强信息化建设、推动服务创新、建立创新文化等方式，可以不断提升企业的核心竞争力和市场影响力，为企业的长远发展打下坚实基础。

三、企业管理创新的程序

企业管理创新是企业在发展过程中必不可少的一项任务，通过管理创新，企业可以提高经营效率和竞争力，保持持续发展的动力。企业管理创新的程序包括以下几个步骤：

（1）确定管理创新目标。企业需要先明确自己的管理创新目标，这些目标需要与企业发展战略相一致。同时也需要全面评估和分析企业现有的管理状况，找出存在的问题和瓶颈。

（2）制订管理创新策略和计划。当目标明确之后，企业需要制定相应的管理创新策略和计划。这个计划应该包括具体的工作计划、资源投入和责任人员等方面的安排，以确保计划的实施。

（3）实施管理创新。根据制定的计划，企业开始启动管理创新活动。这可能涉及人员培训、流程优化、技术升级等多方面的改进。企业需要认真执行计划，确保每个阶段的任务得到有效的实施。

（4）监控和反馈。企业需要对管理创新的实施过程进行监控和反馈。这可以通过收集数据和信息并进行分析，来评估活动的效果和成果。这有助于识别问题和调整策略，以便更好地实现目标。

（5）持续改进。

企业需要不断地反思和改进管理创新活动，以保持对市场变化和客户需求的敏锐度，并适应不断变化的竞争环境。企业可以采用不同的方法来推动持续改进，例如引入先进的技术和工具、加强员工培训等。

在执行企业管理创新程序时，还需要注意以下几点：

（1）与企业战略的一致性：企业管理创新的目标和计划必须与企业的战略目标相一致，否则很难实现预期效果。

（2）可持续性：企业管理创新的计划应该注重可持续性，避免只是短期行为，而应该考虑到长远发展。

（3）团队合作：企业管理创新需要团队合作的支持，因此需要建立相应的合作机制，激发员工的合作精神和创新能力。

（4）风险控制：企业管理创新可能面临一定的风险，在执行过程中需要注意风险的控制和处理。

企业管理创新是企业发展的重要保障，通过上述几个步骤和注意事项，企业可以更加有效地推动管理创新，提高经营效率和竞争力。

第二节　企业管理创新的主要方式

一、观念创新

企业管理创新中的观念创新是指企业在经营管理过程中，通过创新性地思考和理念转变，打破传统思维模式和行为方式，提高管理效率和竞争能力。下面将从观念创新的意义、观念创新的类型、观念创新的策略、观念创新的实践等方面进行详细介绍。

1. 观念创新的意义

（1）开拓创新思路。观念创新可以帮助企业开拓创新思路，打破传统的思维模式和惯性思维，寻找新的商业机会和发展方向。通过对市场趋势、消费者需求、技术进步等因素的深入分析和思考，企业可以提出更加有前瞻性和创新性的管理观念和思路，从而实现管理创新和业务创新。

（2）提高管理效率和竞争力。观念创新可以帮助企业提高管理效率和竞争力，优化组织结构和流程，提高员工工作效率和满意度，提升品牌形象和市场份额。通过建立创新性的管理观念和理念，企业可以更好地适应市场需求和变化，增强自身核心竞争力，提高管理效率和经济效益。

（3）推动行业升级和转型。观念创新可以推动行业升级和转型，促进产业结构调整和技术进步。通过引领行业潮流、推动技术升级和转型升级，企业可以促进整个行业的健康发展和可持续性发展，实现产业升级和增长。

2. 观念创新的类型

（1）反传统思维。反传统思维是指打破传统的思维模式和观念，寻找新的商业机会和发展方向。在反传统思维下，企业可以重新审视过去的经验和成果，从中发掘出新的商业模式和管理模式，以满足不断变化的市场需求和消费者偏好。

（2）人本思维。人本思维是指将人放在管理创新的核心位置，注重员工的体验和价值。在人本思维下，企业可以关注员工的情感需求、职业发展和能力提升，通过建立拥抱变化、包容多元的企业文化，提高员工的工作热情和归属感，从而增强企业的凝聚力和创新力。

（3）全球化思维。全球化思维是指在管理创新过程中，注重国际市场和跨文化交流，推动企业走向全球化。在全球化思维下，企业可以拓展海外市场、加强国际合作，了解不同国家和文化的商业习惯和消费需求，实现跨界合作和共创价值。

（4）敏捷思维。敏捷思维是指企业在管理创新过程中，注重快速响应和适应变化的能力。在敏捷思维下，企业可以采用敏捷开发、迭代式设计等方法，不断优化产品和服务，并及时调整经营策略，以更好地适应市场的变化。

（5）开放式创新。开放式创新是指企业在管理创新中，与外部合作伙伴进行广泛合作，共同开展研发、生产和营销等活动。通过开放式创新，企业可以借鉴和吸收外界创新成果，加速自身技术进步和产品升级，提高竞争力和市场份额。

（6）系统性思维。系统性思维是指企业在管理创新中，关注全局和整体性，将经营管理视为一个系统，注重各个环节之间的相互关联和影响。在系统性思维下，企业可以通过流程优化、资源整合等方式，提高管理效率和经济效益，同时增强组织的适应性和创新能力。

以上是企业管理创新中的观念创新的几种类型，企业可以根据实际情况选择适合自己的类型，并结合企业整体发展规划进行执行，以达到最佳效果。

3. 观念创新的策略

（1）建立开放的企业文化。建立开放的企业文化是观念创新的重要基础。企业应该倡导员工勇于创新和尝试，提供安全和支持的环境，鼓励多元化的思考方式和团队合作，不断推动企业的发展和进步。

（2）关注顾客需求。关注顾客需求是实现观念创新的重要策略。企业需要深入了解顾客的需求和行为，通过大数据分析、市场调研等手段，抓住消费者的痛点和需求，寻找新的商业机会和创新点。

（3）引领技术创新。引领技术创新是实现观念创新的另一个重要策略。企业需要紧跟科技发展趋势，积极探索新兴技术在现有业务中的应用，如人工智能、物联网、区块链等，以提升产品和服务的品质和竞争力。

（4）推广创新思维。推广创新思维是实现观念创新的重要手段。企业需要通过内外部培训、创新奖励机制等方式，提高员工的创新意识和思维能力，鼓励员工提出新的想法和解决方案，促进企业的不断发展和进步。

（5）合作共赢。合作共赢是实现观念创新的重要途径。企业需要与其他企业、科研机构、政府等建立良好的合作关系，在技术研发、市场开拓等领域开展深度合作，实现资源共享和优势互补，推动行业的共同发展和进步。

（6）以用户为中心。以用户为中心是实现观念创新的重要理念。企业需要建立用户导向的设计和服务理念，注重用户体验和满意度，将用户需求和反馈视为主要参考，不断推出符合用户需求的产品和服务。

以上是企业管理创新中的观念创新的策略，企业可以根据自身情况选择合适的策略，并实施相应的措施，以实现经营管理的创新和进步。

4. 观念创新的实践

（1）谷歌的"20％时间"。谷歌公司推出了"20％时间"政策，鼓励员工在工作时间内花费至少20％的时间从事个人研究和创新项目。这个政策激励了谷歌员工的创新精神，许多重要的产品都是由员工在这个时间里进行的创新而产生的，如Gmail、GoogleEarth等。

（2）苹果的"设计思维"。苹果公司以"设计思维"为核心理念，注重将用户体验置于设计和产品开发的核心位置。该公司强调设计与功能性的平衡，并在产品的外观、交互、用户界面等方面进行不断的改进和创新，使得苹果成为全球最有价值的品牌之一。

（3）特斯拉的"破坏性创新"。特斯拉公司采用"破坏性创新"的策略，在汽车行业中引入了电动车技术和自动驾驶技术，颠覆了传统汽车行业的商业模式。该公司还将太阳能电池板和能源储存系统纳入其业务范围，并推出高端电动车型，成为市场上倍受瞩目的领袖企业。

（4）亚马逊的"顾客第一"。亚马逊公司以"顾客第一"为经营理念，不断探索和实践新的商业模式和技术手段，提高用户体验和满意度。该公司通过个性化推荐、自动化物流等创新方式，实现了极大程度的市场份额和盈利成果。

（5）京东的"人性化管理"。京东公司在管理方面强调"人性化管理"，注重员工的晋升与培养，提高员工的归属感和参与感，激发员工的工作激情和创造力。这种管理模式赢得了员工和客户的广泛认可，同时也帮助京东快速壮大和扩张。

以上是企业管理创新中的观念创新的实践案例，这些企业都在思维模式和理念上进行了创新和改进，以实现更好的经营管理和商业成果。

二、组织创新

组织创新是企业管理创新的一个重要方面，指的是在组织架构、人力资源、激励机制和文化等方面进行的创新。组织创新可以促进企业的发展和提高其竞争力，为企业在市场中取得成功提供有力支撑。

1. 组织创新意义

（1）提高企业的竞争力。组织创新可以通过优化企业组织结构、流程和文化等方面，提高企业的效率和创新能力。这种创新能够帮助企业适应市场和消费者需求的变化，提高企业的竞争力和市场地位。

（2）降低企业成本。组织创新可以通过精简流程、提高生产效率和资源利用率等方式，降低企业的经营成本和运营成本，提高企业的盈利能力。

（3）改善产品质量和服务体验。组织创新可以通过建立完善的流程和协作机制，提高产品质量和服务体验，增强消费者的满意度和忠诚度。

（4）增强企业的创新能力。组织创新可以通过建立创新型的企业文化，鼓励员工的创新思维和实践能力，促进企业内部的自我革新和全面升级。

（5）增强企业的适应性和灵活性。组织创新可以通过建立网络化和分散化的组织结构，提高企业的适应性和灵活性，使企业更快地适应市场变化和行业趋势，并具有更强的创新能力和竞争力。

（6）提高员工的参与感和归属感。组织创新可以通过建立良好的员工激励和培养机制，提高员工的参与感和归属感，增强员工的工作热情和创造力。这种创新能够帮助企业留住优秀人才，并提高员工的工作质量和效率。

总之，组织创新是企业管理创新中不可或缺的一个方面，能够帮助企业实现全面升级和转型，提高企业的效率、创新能力和市场竞争力，成为行业领导者和市场标杆企业。

2. 组织创新类型

（1）平台式组织结构创新。平台式组织结构创新是指企业通过以平台为核心，建立多元化的业务板块和跨界合作等方式优化组织结构，加快资源整合和效率提升，实现创新和发展。这种组织结构能够帮助企业快速适应市场需求的变化，实现全面升级和转型。

（2）网络化组织结构创新。网络化组织结构创新是指企业通过建立虚拟团队、开展远程协作等方式，实现组织结构的灵活性和敏捷性。这种组织结构能够提高企业的创新能力和灵活性，在全球化市场中具有竞争优势。

（3）分散化组织结构创新。分散化组织结构创新是指企业将权力下放到各个部门和子公司，形成多元化的决策制定机制，以适应不同产品和市场的需求。这种组织结构促进企业内部的自治和创新，可以更好地满足消费者的需求和市场变化。

（4）智能化流程设计创新。智能化流程设计创新是指企业通过引入人工智能等技术手段，对流程进行自动化和智能化的操作。这种流程设计能够有效地提高生产效率和产品质量，并减少人工错误和浪费。

（5）精益化流程管理创新。精益化流程管理创新是指企业通过精益思想和流程再造等方法，将生产过程中的非价值增长环节去除，实现流程的优化和精简化。这种流程管理能够提高生产效率和产品质量，并降低成本和浪费。

（6）跨部门协作创新。跨部门协作创新是指企业内部各个部门之间的协同配合，通过流程优化和沟通机制的完善，实现部门之间的信息共享和资源整合。这种流程创新能够提高团队协作效率和工作质量，并促进企业内部的创新和进步。

（7）创新型企业文化创新。创新型企业文化创新是指企业在企业文化和价值观方面进行变革和创新，以适应市场和消费者需求的变化。通过注重员工激励、开放创新和持续改善等手段，打造具有创新力和竞争力的企业文化。

3. 组织创新策略

（1）制订明确的组织创新战略。企业需要制订明确的组织创新战略，明确目标和路线图，以便在组织创新过程中掌握方向和重点。组织创新战略应该与企业整体战略紧密衔接，考虑到行业趋势、市场需求和消费者偏好等因素。

（2）推崇平台化组织结构。平台化组织结构是一种以平台为核心的组织形态，它能够实现多元化的业务板块和跨界合作，提高资源整合和效率，促进组织创新的实现。企业应该倡导平台化组织结构，积极开展联合创新和跨界合作，提升企业的竞争力和影响力。

（3）倡导网络化组织结构。网络化组织结构是一种灵活性和敏捷性较高的组织形态，通过建立虚拟团队、开展远程协作等方式，实现组织结构的灵活性和敏捷性。企业应该倡导网络化组织结构，加强信息共享和流程优化，提高团队协作效率和工作质量。

（4）推广分散化组织结构。分散化组织结构是一种权力下放到各个部门和子公司的组织形态，能够促进企业内部的自治和创新。企业应该推广分散化组织结构，鼓励各个部门之间的协同配合和资源整合，实现企业内部的自我革新和全面升级。

（5）引入智能化流程设计和精益化流程管理。引入智能化流程设计和精益化流程管理是实现组织创新的重要手段，能够有效地提高生产效率和产品质量，并减少人工错误和浪费。企业应该引入人工智能等技术手段，对流程进行自动化和智能化的操作，并通过精益思想和流程再造等方法，将生产过程中的非价值增长环节去除，实现流程的优化和精简化。

4. 组织创新案例

（1）中国移动"和信创天下"平台式组织创新。中国移动通过"和信创天下"平台，将移动通信、物联网、云计算等多元化业务板块有机结合，实现全面升级和转型。该平台能够加快资源整合和效率提升，为用户提供更好的移动互联网产品和服务，成为全球最大的移动通信运营商之一。

（2）谷歌网络化组织结构创新。谷歌采用网络化组织结构，建立虚拟团队和开放式的工作环境，激励员工的创新思维和实践能力。该组织结构能够提高团队协作效率和工作质量，并促进企业内部的创新和进步。谷歌成为全球最具影响力和创新力的科技公司之一。

（3）亚马逊精益化流程管理创新。亚马逊倡导精益思想和流程再造，将生产过程中的非价值增长环节去除，实现流程的优化和精简化。该流程管理能够提高生产效率和产品质量，并降低成本和浪费。亚马逊成为全球最大的电商平台之一。

（4）腾讯跨部门协作创新。腾讯倡导跨部门协作，通过流程优化和沟通机制的完善，实现部门之间的信息共享和资源整合。这种流程创新能够提高团队协作效率和工作质量，并促进企业内部的创新和进步。腾讯成为全球最具影响力和发展潜力的互联网公司之一。

（5）华为分散化组织结构创新。华为采用分散化组织结构，将权力下放到各个子公司和部门，形成多元化的决策制订机制，以适应不同产品和市场的需求。这种组织结构能够促进企业内部的自治和创新，可以更好地满足消费者的需求和市场变化。华为成为全球最有竞争力的科技公司之一。

三、制度创新

企业管理创新是企业为了应对市场环境变化和提高竞争力而进行的一系列改革和创新措施。其中，制度创新在企业管理创新中占据着至关重要的地位。制度创新不仅可以帮助企业规范和优化内部管理流程，还可以提高管理效率、减少成本、增强员工积极性等。

1. 制度创新的意义

（1）保障企业稳定和可持续发展。制度创新能够建立健全的规范体系，明确企业的各项经营活动的法律法规和内部规章制度，保障企业的合法运营和稳定发展。同时，制度创新也能够为企业提供长期的战略指导和决策支持，促进企业的可持续发展。

（2）提高企业管理效率和透明度。制度创新能够优化企业的决策流程、管理流程和监督机制，提高企业的效率和透明度。通过建立科学有效的制度，能够避免人为失误和不正当行为的发生，保障企业的运营安全和管理效率。

（3）增强企业的创新和竞争力。制度创新可以引导企业加强技术研发、开拓市场和推出新产品，促进企业的创新和转型升级。同时，制度创新还能够提高企业的管理水平和员工的工作积极性，增强企业的竞争力和市场地位。

（4）提高企业的社会责任和声誉。制度创新能够建立企业的社会责任体系，规范企业的行为准则和道德标准。通过建立科学有效的制度，企业能够更好地履行自己的社会责任，提高企业的社会形象和声誉。

（5）促进企业文化建设。制度创新能够为企业文化建设提供支持和保障，通过建立符合企业文化特点的制度和规章，潜移默化地影响员工的行为和思维方式，强化企业的核心价值观和文化氛围。

2. 制度创新类型

（1）内部控制制度创新。内部控制制度是企业运营和管理的基础，通过制订科学合理、规范有效的内部控制制度，能够保障企业的财务安全、信息安全和经营稳定性。内部控制制度创新包括财务管理制度、风险管理制度、审计制度等。

（2）共治型管理制度创新。共治型管理制度是指建立一种多元主体协同、权责明晰、监督有力的管理机制，实现企业共同治理和共同繁荣。共治型管理制度创新包括董事会、监事会、股东大会等制度创新。

（3）人才激励制度创新。人才激励制度是吸引和留住优秀人才的重要手段，通过制订具有竞争力的薪酬制度、培训发展制度、职业晋升制度等，能够提高员工的积极性和创造力，促进企业的创新和进步。

（4）企业文化制度创新。企业文化是企业核心竞争力的重要组成部分，通过制订符合企业文化特点的管理制度和规章，能够强化企业的核心价值观和文化氛围，增强员工的归属感和认同感，促进企业的创新和发展。

（5）信息化管理制度创新。信息化管理制度是利用信息技术手段对企业管理和运营进行优化和创新，能够提高企业效率和管理水平。信息化管理制度创新包括电子商务、云计算、物联网等方面的制度创新。

3. 制度创新策略

（1）建立科学有效的内部控制制度。企业需要建立科学有效的内部控制制度，包括财务管理制度、风险管理制度、审计制度等，以保障企业的财务安全、信息安全和经营稳定性。内部控制制度应该考虑到企业的特点和行业的规范，确保制度的合理性和可执行性。

（2）推动共治型管理制度创新。企业需要推动共治型管理制度创新，建立董事会、监事会、股东大会等多元主体协同的管理机制，实现企业共同治理和共同繁荣。共治型管理制度应该注重权责明晰、监督有力和公正公平，保障各方利益得到充分保护。

（3）制订具有竞争力的人才激励制度。企业需要制订具有竞争力的人才激励制度，包括薪酬制度、培训发展制度、职业晋升制度等，以提高员工的积极性和创造力，促进企业的创新和进步。人才激励制度应该注重公正公平、灵活可行和激励目标的一致性。

（4）建立符合企业文化特点的管理制度。企业需要建立符合企业文化特点的管理制度，通过规章制度等手段潜移默化地影响员工的行为和思维方式，强化企业的核心价值观和文化氛围，促进企业的创新和发展。企业文化制度应该注重文化内涵、可操作性和持续塑造。

（5）推动信息化管理制度创新。企业需要推动信息化管理制度创新，利用信息技术手段对企业管理和运营进行优化和创新，提高企业效率和管理水平。信息化管理制度应该注重科学性、实践性和安全性，保障信息安全和数据保护。

4. 制度创新案例

（1）谷歌"20％时间"制度创新。谷歌引入了"20％时间"制度，鼓励员工利用20％的工作时间进行自由探索和创新实践。这种制度创新能够激发员工的创新思维和实践能力，促进产品研发和业务创新。谷歌成为全球最具影响力和创新力的科技公司之一。

（2）早稻田大学纳米科技中心独立化管理制度创新。早稻田大学纳米科技中心将研究机构从学校中独立出来，建立了一套完整的组织架构和管理制度。这种制度创新能够提高研究机构的自主权和灵活性，促进科研成果的优化和转化。早稻田大学纳米科技中心成为日本顶尖的研究机构之一。

（3）腾讯"同股不同权"制度创新。腾讯引入了"同股不同权"制度，即创始人持有特殊股份，享有更多的投票权和决策权。这种制度创新能够增强企业的核心竞争力和战略稳定性，鼓励企业家精神和创新能力。腾讯成为全球最具影响力和发展潜力的互联网公司之一。

（4）三星电子"新管理"制度创新。三星电子推行"新管理"制度，建立了一套完整的组织架构和管理流程，注重人才选拔和培养，强调市场导向和客户服务。这种制度创新促进了三星电子的转型升级和国际化进程，成为全球最大的电子产品制造商之一。

（5）贝尔实验室研究员自主决策制度创新。贝尔实验室实行研究员自主决策制度，鼓励研究员进行自由探索和实践，实现技术革新和突破。这种制度创新能够提高研究团队的效率和创新能力，促进科学技术的发展和应用。贝尔实验室成为全球最具有影响力和科技创新力的实验室之一。

四、战略创新

战略创新是企业管理创新中的重要组成部分，指的是企业通过创新性的思路和方法，在制订和实施企业战略方面做出了突破性的改进。在当今竞争激烈的商业环境中，企业需要不断地进行战略调整和升级以应对市场变化和挑战。而战略创新作为一种关键的竞争优势，能够帮助企业发现新的商业机会、建立差异化竞争优势、实现可持续发展等目标。

1. 战略创新意义

（1）提高企业竞争力。战略创新可以帮助企业抢占市场先机，提高企业的竞争力。通过制订具有创新性和前瞻性的战略规划，企业能够更好地适应市场需求和变化，增强品牌影响力和市场占有率。

（2）推动企业转型升级。战略创新能够推动企业转型升级，实现产品、服务、模式等多元化创新。通过与时俱进、创新求变的战略思维，企业能够更好地把握市场趋势和发展机遇，实现从传统产业向数字化、智能化和生态化转型。

（3）增强企业核心竞争力。战略创新能够增强企业的核心竞争力，实现长期发展和可持续创新。通过建立符合企业特点和市场需求的战略优势，企业能够加强技术研发、管控风险、优化资源配置等方面的核心能力。

（4）促进企业国际化。战略创新能够促进企业国际化，实现海外市场拓展和全球资源整合。通过制订具有国际视野和竞争力的战略规划，企业能够更好地参与全球竞争和合作，实现在全球范围内的品牌建设和价值创造。

（5）塑造企业品牌形象。战略创新能够帮助企业塑造品牌形象，提升企业文化和社会责任形象。通过建立符合企业文化特点和社会需求的战略规划，企业能够更好地传递品牌价值观念和社会责任理念，增强公众对企业的认可和信任。

2. 战略创新类型

（1）产品创新战略。产品创新战略是企业通过研发和推广新产品或服务，以满足市场需求的不断变化和提高客户体验，从而实现持续增长和竞争优势的战略。产品创新战略需要注重技术创新、市场营销和品牌建设等方面。

（2）渠道创新战略。渠道创新战略是企业通过调整销售渠道、扩大分销网络和改善供应链效率等措施，以提高产品覆盖率和市场占有率，从而实现销售增长和经营效益的战略。渠道创新战略需要注重渠道整合、供应链管理和客户服务等方面。

（3）运营创新战略。运营创新战略是企业通过提高生产效率、降低成本费用、优化流程管理等手段，以提升运营效率和效益，进而实现可持续发展和核心竞争力的战略。运营创新战略需要注重人才管理、质量控制和风险防范等方面。

（4）人才创新战略。人才创新战略是企业通过引进、培养和留住优秀人才，以提高员工素质和创造力，推动企业创新和发展的战略。人才创新战略需要注重人才招聘、培训发展和激励机制等方面。

（5）合作创新战略。合作创新战略是企业通过与其他企业或组织进行战略合作，实现资源整合、技术共享和市场拓展等目标，从而提高企业竞争力和利润水平的战略。合作创新战略需要注重伙伴选择、利益分配和风险控制等方面。

3. 战略创新策略

（1）以用户为中心的创新策略。以用户为中心的创新策略是企业通过深入了解客户需求和行为，以提供更具价值和个性化的产品和服务来实现持续创新和市场占有率的增长。这种创新策略需要通过用户研究、数据分析和体验设计等手段来优化产品和服务。

（2）开放式创新策略。开放式创新策略是企业通过与外部合作伙伴进行技术共享、知识转移和市场拓展等方式，以加速自身创新和提高竞争力。这种创新策略需要建立开放性的创新文化和合作机制，促进内外部人员的沟通和协作。

（3）风险控制型创新策略。风险控制型创新策略是企业在进行创新的过程中注重风险评估和控制，以避免可能的损失和负面影响。这种创新策略需要建立完善的风险管理体系和流程，并通过规范化的操作和监测来保障创新的安全性和可持续性。

（4）资源整合型创新策略。资源整合型创新策略是企业通过整合内部和外部的各种资源，以提高创新效率和成果。这种创新策略需要有效地管理和配置资源，建立协调性和互补性强的组织结构和流程，以实现资源的最大化利用和价值创造。

（5）战略转型创新策略。战略转型创新策略是企业通过进行全面的战略调整和转型来应对市场变化和竞争挑战，实现可持续发展和核心竞争力的提升。这种创新策略需要制订清晰的转型规划和目标，借助技术创新、人才引进等手段来推动企业的改革和升级。

4．战略创新案例

（1）亚马逊的"一小时送达"服务。亚马逊作为全球最大的电商平台，不断通过创新来提升用户体验和市场竞争力。其中，亚马逊推出的"PrimeNow"服务，即以一小时送达商品的快速配送服务，成为其领先于其他电商平台的重要优势。这项服务需要整合物流、技术和市场等多方资源，实现高效的订单处理和配送，从而赢得了更多的用户和市场份额。

（2）腾讯的"生态战略"。腾讯在管理创新中持续实施"生态战略"，即通过打造开放式的生态系统，整合内部和外部的各种资源和平台，以提供全面的社交娱乐、金融支付、云计算、人工智能等服务。这种战略创新能够加强腾讯在数字经济领域的核心竞争力和可持续发展能力，同时也帮助其他企业和行业充分发挥自身优势和价值。

（3）京东的"无界零售"模式。京东作为中国领先的电商平台，通过推进"无界零售"模式，即实现线上与线下销售渠道的无缝衔接和互动，创新了传统的零售业务模式。这种战略创新能够充分满足客户购物的习惯和需求，提升产品品质和服务水平，同时也拓展了京东在不同行业和领域的合作和影响力。

（4）苹果的"生态闭环"模式。苹果在管理创新中采用了"生态闭环"模式，即通过整合设计、生产、销售和回收等多个环节的资源和流程，以最大化地减少对环境的影响和浪费，同时提高产品创新和用户体验。这种战略创新能够带来更加可持续的发展和环保效益，提高企业在全球市场的形象和声誉。

五、文化创新

文化创新是企业管理创新中的一个重要组成部分，不仅包括组织文化、价值观和行为准则等内部文化方面的创新，也包括企业与外界交流和沟通的文化创新。在当今日益激烈的市场竞争环境下，企业需要不断地进行文化调整和升级，以提高员工的工作热情和幸福感，增强企业的凝聚力和竞争优势。

1．文化创新的意义

（1）增强企业凝聚力。企业文化是企业的精神支柱，是所有员工共同的精神寄托，也是企业的核心竞争力之一。通过文化创新，企业可以打造积极向上、充满活力的企业文化，提高员工的工作热情和幸福感，从而增强企业的凝聚力，形成更加稳固的核心竞争力。

（2）建立品牌形象。企业的品牌形象不仅取决于产品和服务的质量和价格，还与企业的文化形象密切相关。通过文化创新，企业可以塑造出具有个性化和品牌特色的企业文化形象，提高品牌知名度和美誉度，从而增强企业在市场中的竞争力。

（3）帮助企业实现可持续发展。文化创新不仅有助于企业的经济发展，还能够帮助企业实现可持续发展。通过正向的企业文化，可以激励员工养成节约资源、保护环境的好习惯，实现绿色生产和循环利用，减少对环境的负面影响，从而实现经济效益和社会效益的双赢。

2. 文化创新的要素

（1）具有战略性和长远性。文化创新需要具有战略性和长远性，它不是一时之功，而是需要企业持续投入和管理的重要工作。企业应该将文化创新与自身战略发展紧密结合，制订长远的文化建设规划和目标，确保文化创新的顺利进行。

（2）强调员工参与和共享。企业文化是所有员工的共同精神寄托，因此在文化创新过程中，员工的参与和共享至关重要。企业应该鼓励员工积极参与文化建设，不断推出新的文化创新活动，让员工感受到自己的价值和贡献，并得到相应的认可和回报。

（3）体现企业的个性和特色。企业文化应该具有个性和特色，能够反映企业的独特品牌形象和核心价值观。企业应该根据自身的特点和市场需求，制订适合自己的文化创新策略，打造具有个性化和品牌特色的企业文化形象。

3. 文化创新的实践案例

（1）丰田公司的"精益文化"。丰田公司在文化创新方面一直走在前列。丰田公司提出了"精益文化"的理念，强调在生产过程中避免浪费，提高生产效率和产品质量。丰田公司推行"班组长制度"，鼓励员工参与到生产过程中，发挥自己的主观能动性和创造力，不断改进和提升生产效率。这种文化创新模式使得丰田公司成为全球最具竞争力的汽车制造商之一。

（2）谷歌公司的开放自由文化。谷歌公司被誉为"最适合人类居住的公司"。谷歌公司提倡开放自由的企业文化，鼓励员工在自由的环境中发挥创造力和想象力，不断提出新想法和创意。谷歌公司推行"20％时间"计划，即鼓励员工花费20％的时间进行自主探索和研究，为企业带来了不少重要的创新成果。

（3）宜家公司的平等共享文化。宜家公司一直强调平等共享的企业文化理念，鼓励员工积极参与产品设计、生产和营销等各个环节，并享有同样的权利和福利。宜家公司推行"负责任的生活方式"计划，引导员工养成节约能源、保护环境的好习惯，倡导可持续生活方式，并实施全球供应链透明化计划，为消费者提供更加安全、健康、环保的产品。

（4）京东公司的数字化文化。京东公司在文化创新方面也取得了不小的成就。京东公司通过大数据分析和人工智能技术的应用，打造数字化的企业文化形象，以便更好地满足消费者的需求和偏好。京东公司建立了多元化的团队和开放式的工作环境，鼓励员工发挥自己的创造力和想象力，推动企业不断升级和改进。

（5）花旗银行的多元文化。花旗银行在全球范围内运营，面临着各种文化差异和挑战。花旗银行提倡多元文化，尊重不同文化的差异，鼓励员工在跨国交流中学习不同的思维方式和工作方法。花旗银行还推行"非凡日"计划，即鼓励员工参与到社区服务和公益事业中，强调员工对于社会和环境的责任感和担当精神。这种文化创新模式使得花旗。

六、市场创新

市场创新是企业管理创新的重要组成部分，指的是企业通过不断地创新和改进市场营销策略和产品设计，以适应和引领市场需求和变化。在当前日益激烈的市场竞争环境下，市场创新已经成为企业获取持续竞争优势的关键。

1. 市场创新的意义

（1）增强企业市场竞争力。市场创新可以帮助企业不断升级和改进产品和服务，提高其市场竞争力。通过市场调研和分析，企业可以及时了解市场需求和趋势，及时调整产品和服务，以满足消费者的需求，从而在竞争中获得优势。

（2）提高客户满意度。市场创新可以帮助企业提供更加优质和个性化的产品和服务，满足消费者的不同需求和偏好。这些创新能够提高客户的满意度和忠诚度，增强品牌影响力和美誉度，促进企业长期稳定发展。

（3）推动企业转型升级。市场创新可以推动企业进行转型升级，从传统制造业向智能制造、绿色制造等高附加值领域转型。这些创新有助于提升企业的技术水平和产品质量，增强企业的核心竞争力和差异化优势。

2. 市场创新的要素

（1）市场调研和分析。市场调研和分析是市场创新的要素之一。企业需要通过各种市场调研手段了解消费者的需求和偏好，掌握市场变化和趋势，为创新提供依据和方向。

（2）产品设计和开发。产品设计和开发是市场创新的核心要素之一。企业需要根据市场需求和趋势，不断改进和升级现有产品，也需要及时推出新产品和服务，以满足消费者的新需求和偏好。

（3）营销策略和推广。营销策略和推广是市场创新的重要组成部分。企业需要根据市场情况和产品特点，制订有针对性的营销策略和推广方案，通过多种媒介和渠道进行宣传推广，提高产品知名度和美誉度，扩大市场份额。

3. 市场创新的案例

市场创新是企业管理创新的一个重要组成部分，它指的是企业通过不断地创新和改进市场营销策略和产品设计等方面的内容，以适应和引领市场需求和变化。下面介绍一些市场创新的实践案例。

（1）苹果公司的品牌营销。苹果公司一直以来都是品牌营销方面的佼佼者。苹果公司通过大胆而简洁的广告语、独特而美观的产品设计、顶级的用户体验和口碑传播等多种手段，塑造了自己独特的品牌形象，并成功吸引了众多忠实粉丝。苹果公司的这种市场创新模式使得它成为全球最具影响力和价值的科技公司之一。

（2）联想公司的全球化战略。联想公司在市场创新方面也取得了不少成就。联想公司在全球范围内实施全球化战略，强调本土化的产品和服务，满足不同国家和地区的消费者需求和文化差异。联想公司还推出了一系列旗舰产品，例如 ThinkPad、YOGA 等系列，不断升级和改进产品性能和功能，并通过多种渠道进行宣传推广，吸引了众多忠实粉丝。

（3）美团点评的 O2O 模式。美团点评是中国领先的本地生活服务平台之一。美团点评提出了"O2O"（Online to Offline）模式，即通过线上预订、支付等方式，为用户提供线下餐饮、旅游、娱乐等各种服务，从而打通线上和线下的消费渠道，提高消费者的购物体验和便利性。这种市场创新模式使得美团点评成为一家快速发展的互联网公司。

（4）三星公司的创新产品。三星公司在市场创新方面也取得了不少成就。三星公司注重产品创新，不断推出新颖、独特的产品，例如 Galaxy 系列智能手机、智能电视、可穿戴设备等，满足消费者的不同需求和偏好。此外，三星公司还注重营销策略和品牌推广，通过多样化的广告宣传和赞助活动，加强品牌影响力和美誉度。

（5）小米公司的互联网营销。小米公司在市场创新方面也非常出色。小米公司注重互联网营销，通过开展线上促销活动、社交媒体宣传等方式，吸引了大量用户，并且不断推出新产品和服务，满足消费者的不同需求和偏好。此外，小米公司还注重用户参与和反馈，通过多种渠道收集用户反馈和建议，以便更好地改进和升级产品。

七、技术创新

技术创新是企业管理创新的一个重要方面，它指的是企业通过引进新技术、研发新产品、改善生产工艺等方式，提高企业的技术水平和产品质量，增强企业的核心竞争力和市场份额。下面将从技术创新的意义、技术创新的类型、技术创新的策略、技术创新的实践案例等方面进行详细介绍。

1. 技术创新的意义

（1）增强企业核心竞争力。技术创新可以帮助企业不断升级和改进产品和服务，提高其核心竞争力。通过引进新技术、研发新产品，企业可以满足消费者的不同需求和偏好，从而在竞争中获得优势。

（2）提高企业生产效率和产品质量。技术创新可以帮助企业改进生产工艺和流程，提高生产效率和产品质量。通过采用更加先进的设备和技术，企业可以减少人力、物力和财力的浪费，提高产品的稳定性和可靠性。

（3）促进企业转型升级。技术创新可以推动企业进行转型升级，从传统制造业向智能制造、绿色制造等高附加值领域转型。这些创新有助于提升企业的技术水平和产品质量，增强企业的核心竞争力和差异化优势。

2. 技术创新的类型

（1）工艺创新。工艺创新指的是企业通过改变生产过程中的原材料、工具、设备、流程等方面进行创新，以提高生产效率和产品质量。例如，引入先进的自动化设备，优化生产流程，实现生产线的高度自动化和智能化。

（2）服务创新。服务创新指的是企业通过创新服务模式、提供个性化服务等方式，增强产品附加值和品牌美誉度，从而提高消费者的忠诚度和满意度。例如，通过互联网技术实现在线客服、预约服务等功能，实现更加便捷、高效的服务体验。

3. 技术创新的策略

企业管理创新中的技术创新策略，是指企业在进行技术创新时所采取的具体措施和方法。技术创新策略旨在帮助企业更有效地引入和应用新技术，提高产品质量和生产效率，增强企业核心竞争力和市场竞争优势。下面介绍几种常见的技术创新策略。

（1）技术创新顶层设计。企业在进行技术创新时，需要有一个整体的战略规划和顶层设计，以确保技术创新与企业整体发展目标相一致。企业可以制订技术创新路线图，明确技术创新的重点领域和目标，确定技术创新的时间表和预算，以保证技术创新的顺利实施和有效推广。

（2）进行技术研发投资。技术研发是技术创新的基础，企业需要通过投入资金、人力和物力等资源，开展技术研发活动，提升技术水平和产品质量。企业可以建立专门的研发机构或合作伙伴关系，加强技术人才的引进和培养，引入先进的研发设备和技术手段，提高企业自主创新能力和核心竞争力。

（3）引进和采用新技术。企业可以通过引进和采用新技术，来提升产品质量和生产效率。例如，引进智能制造技术、物联网技术、大数据分析技术等，加强数字化和自动化程度，提高生产效率和产品质量。企业还可以开展技术合作或并购活动，获取新技术、新产品或优秀人才，快速拓展市场和业务范围。

（4）推广落地新技术。企业在引进和采用新技术后，需要积极推广落地，以充分发挥其优势和效益。企业可以通过向客户提供可行性分析、方案设计、技术培训等服务，帮助客户理解和使用新技术。同时，企业可以通过投入资金和资源，开展推广活动和宣传，让更多的消费者了解和接受新技术和新产品。

（5）加强知识产权保护。企业在进行技术创新时，需要注意知识产权保护，防止技术被侵权或盗用。企业可以通过申请专利、商标、著作权等知识产权，保护自己的技术和产品，避免不法之徒侵犯。同时，企业也可以加强内部管理和保密措施，防止技术泄露和流失。

以上是几种常见的技术创新策略，企业可以根据实际情况选择适合自己的策略，并结合企业整体发展规划进行执行，以达到最佳效果。

4. 技术创新的案例

下面列举几个企业管理创新中的技术创新案例，以便更好地理解技术创新策略在实践中的应用。

（1）腾讯公司的人工智能技术。腾讯公司是中国领先的互联网公司之一，它在市场创新和技术创新方面都取得了不少成就。其中，腾讯公司在人工智能技术方面的投入和研发非常重要，如腾讯 AILab、微信小程序等。这些技术的应用，使得腾讯公司的产品更加智能化、高效化，并提升用户体验。

（2）华为公司的 5G 技术。华为公司是全球领先的通信技术解决方案供应商，其在 5G 领域的技术创新与投资已经超过 100 亿美元。华为公司通过引入新技术、加强研发投入、开展合作伙伴关系等方式，使得其 5G 技术更加领先和优秀，广泛应用于全球范围内的通信网络和设备。

（3）特斯拉公司的电动汽车技术。特斯拉公司是全球领先的电动汽车制造商之一，其在电动汽车技术方面具有很高的创新能力。特斯拉公司不断完善和优化电动汽车技术，使得其产品具有更高的续航里程、更快的充电速度、更优秀的安全性等优势，并不断推出新型号和新功能，满足消费者的不同需求。

（4）阿里巴巴的云计算技术。阿里巴巴是中国领先的互联网公司之一，其在市场创新和技术创新方面都有很高的成就。其中，阿里巴巴的云计算技术已经逐渐成为其主营业务之一，通过投入研发资金和人才，加强技术合作和开放式生态系统建设，使得阿里云在云计算领域的技术和服务更加成熟和稳定，受到广泛的用户认可和信赖。

（5）贝尔实验室的语音识别技术。贝尔实验室是美国著名的研究机构之一，其在通信、计算机科学等领域的技术创新取得了很高的成就。其中，贝尔实验室的语音识别技术是其最具代表性的技术之一，该技术已经被广泛应用于手机、智能家居、车载系统等领域，并带动了整个语音交互技术的快速发展和普及化。

以上是几个企业管理创新中的技术创新案例，这些成功案例不仅展现了技术创新策略的重要性，也为其他企业提供了宝贵的经验教训。

八、产品创新

企业管理创新中的产品创新是指企业通过研发新产品或改进现有产品的性能、设计、功能等方面进行创新，以满足消费者的不同需求和偏好。通过产品创新，企业可以提高产品质量和品牌形象，增强市场竞争力和持续发展能力。下面将从产品创新的意义、产品创新的类型、产品创新的策略、产品创新的实践案例等方面进行详细介绍。

1. 产品创新的意义

（1）满足消费者需求。产品创新可以帮助企业更好地满足消费者的不同需求和偏好。通过研究市场和消费者的反馈，企业可以了解市场上存在的问题和机会，并开发更加符合消费者需求的产品，从而获得更多的市场份额和用户忠诚度。

（2）提高产品质量和品牌形象。产品创新可以帮助企业提升产品的质量和品牌形象，增强市场竞争力和差异化优势。通过改进产品的性能、设计、功能等方面，企业可以提高产品的附加值和使用体验，让消费者更愿意购买和使用企业的产品。

（3）带动市场发展和技术进步。产品创新可以带动市场发展和技术进步，并对整个行业产生积极的影响。通过引领市场潮流、推动技术升级和转型升级，企业不仅可以增强自身核心竞争力，也可以促进整个行业的健康发展和可持续性发展。

2. 产品创新的类型

（1）增量式创新。增量式创新指的是改进和完善现有产品的性能、功能、外观等方面，以提升产品的附加值和使用体验。例如，改进智能手机的摄像头、操作系统、屏幕等部分，提高产品的性能和用户体验。

（2）突破式创新。突破式创新指的是开发全新的产品或服务，从根本上改变原有的市场格局和消费者需求。例如，苹果公司推出的 iPhone 手机，在市场上首次采用了全触摸屏设计和多点触控技术，彻底颠覆了传统手机的操作方式和用户体验，成为全球最受欢迎的智能手机之一。

（3）行业创新。行业创新指的是在特定的行业领域中进行创新，研发出适用于该领域的新产品和服务。例如，在医疗健康行业中，一些企业推出了智能化的医疗设备、远程医疗服务等，帮助患者更便捷地获得专业的医疗服务。

产品创新是企业技术创新、管理创新的最终成果。产品创新在实践中要把握以下几个问题：企业自身实力、产品开发前景、产品的生命期、资产利润率和同类产品的竞争对手。具体而言，企业进行产品创新时，应根据市场划分定位的最终用途、交易状况、技术及用户群体的实际把重点放在以下几方面：一是依托资源优势，抢占制高点。二是用"定时出击"的战略，开发新产品。英特尔公司的"定时出击"的战略要企业根据早已订好的日程表，创造出新产品、新服务或进入另一个新领域、新市场，应该为我们所用。三是采用比较灵活的经营战略。如甩开竞争对手的战略一人无我有，人有我转；寻找竞争对手在薄弱处下手；寻找市场空白点和缘隙；创造绿色消费的新亮点；缩短经营链——去掉多余的中间环节；实行转许经营权——与大、小企业联姻；产品小型化、轻型化；包装精美化；使用有特色的广告策略等。这样，可以使一些企业在竞争中有较大的回旋余地并始终处于主动地位。

第三节 企业管理创新的常见途径

企业管理创新是指通过不断地创新和改进企业的管理模式、组织结构、运营流程等方面，实现企业核心竞争力的提升和长期可持续发展，适应市场变化和客户需求的不断变化。企业管理创新的常见途径有很多种，下面将详细介绍其中的几种。

一、引进先进的管理理念、技术和工具

引进先进的管理理念、技术和工具是企业管理创新的重要途径之一。随着经济全球化和信息技术的迅速发展，企业需要学习和掌握最新的管理思想和方法，以提高效率、降低成本、优化流程等，从而增强企业的竞争力。

1. 汲取各种管理思想和方法的精华

（1）汲取各种管理思想和方法的精华定义。企业应该积极汲取各种管理思想和方法的精华，例如精益生产、六西格玛、敏捷开发、科技创新等，了解其基本原理和成功案例，并结合自身实际进行借鉴和创新，以推动企业的管理创新。企业要注意综合运用这些方法，挖掘出它们的长处，以适应个性化、定制化和多样化的市场发展趋势。

（2）汲取各种管理思想和方法的精华类型。

1）精益生产：精益生产是一种基于质量管理的生产流程改进方法，也是一种持续改进的哲学。通过消除浪费、提高产品质量和缩短生产周期，精益生产能够帮助企业提高效率和降低成本，同时提高员工的参与度和归属感。企业可以通过引进精益生产方法，优化生产流程和管理方式，实现更高质量的产品和服务。

2）六西格玛：六西格玛是一种以数据为基础的管理方法，旨在通过最小化变异性、

缩短周期和降低成本来提高产品和服务的质量。六西格玛强调数据分析和过程控制，通过确定关键质量指标和改进措施，不断提高产品和服务水平。企业可以采用六西格玛方法，对各项业务进行数据分析和过程控制，从而提高企业的竞争力和盈利能力。

3）敏捷开发：敏捷开发是一种以快速原型开发和迭代开发为特点的软件开发方法。敏捷开发强调客户需求的快速反馈和改进，通过快速迭代和持续交付，提高软件开发的质量和效率。企业可以将敏捷开发方法应用于产品设计和开发中，以适应市场需求的快速变化，提高产品的竞争力和市场占有率。

4）科技创新：科技创新是企业提高自身核心竞争力的重要途径之一。随着科技的不断进步和革新，企业需要借助各种先进的科技手段，推动产品和服务的创新。例如，机器人技术、智能化生产设备、3D打印等都可以帮助企业实现高效、精密、快速的生产制造，从而提高企业的竞争力。

（3）汲取各种管理思想和方法的精华案例。汲取各种管理思想和方法的精华是企业在管理创新中的重要策略之一。以下将介绍几个成功案例，这些企业从不同的管理思想和方法中吸取精华，实现了管理水平的跨越式提升。

1）赛博朋克管理。赛博朋克管理是一种适用于数字化时代的管理理念，其核心思想是"打破常规、激发创意、敢于冒险"。特斯拉公司便是一个典型的赛博朋克管理的代表。特斯拉公司的领导层鼓励员工自由表达和创新思维，并且在生产制造上采用全自动化技术，使得特斯拉成为汽车行业的领头羊之一。特斯拉的成功证明了赛博朋克管理可以促进创新和颠覆性变革，为企业带来极高的竞争优势。

2）精益管理。精益管理以消除浪费为核心，强调对价值流进行可视化和优化，达到简化流程、提高效率和降低成本的目的。日本丰田汽车公司是精益管理的代表企业之一。丰田汽车公司在生产制造过程中，通过不断地优化流程和消除浪费，实现了高质量、低成本的生产效益。丰田汽车公司的成功证明了精益管理可以帮助企业提升效率和竞争力。

3）敏捷管理。敏捷管理是一种以快速迭代、灵活响应变化为核心的管理方法。Spotify是一家典型的采用敏捷管理的公司。Spotify将团队组织成小型自主团队，并采用敏捷开发方法，使得产品和服务能够更快地适应市场需求和用户反馈。这种敏捷的管理方式帮助Spotify保持了强大的创新能力和快速增长的势头，成为音乐流媒体行业的领导者之一。

4）人本主义管理。人本主义管理是一种强调员工参与、尊重和关爱的管理理念。谷歌便是一个典型的采用人本主义管理的企业。谷歌提供了良好的工作环境、激励机制和培训计划，使得员工能够充分发挥他们的才华和创造力。谷歌的成功证明了人本主义管理可以提高员工的满意度和忠诚度，从而为企业带来更好的业绩和创新。

2. 引进专业的管理咨询服务

引进专业的管理咨询服务是企业管理创新中的重要途径之一，其目的在于从外部获取最新的管理思想和方法，以帮助企业做出更加科学、有效的管理决策，提高企业的竞争力和盈利能力。以下将从管理咨询服务的定义、类型、应用案例等方面进行详细介绍。

（1）管理咨询服务定义。管理咨询服务是指由专业的管理咨询机构或顾问为企业提供的管理咨询服务。这些咨询机构或顾问通常具有丰富的行业经验和专业知识，能够为企业提供各种管理咨询服务，帮助企业解决实际问题，提高企业的战略和运营效率，增强企业的竞争力和可持续发展能力。

（2）管理咨询服务类型。管理咨询服务包括战略咨询、组织咨询、流程优化咨询、财务咨询、人力资源咨询等多种类型。

1）战略咨询。战略咨询主要针对企业的长期发展规划，在制订和实施战略方面提供支持和建议。战略咨询服务的内容包括市场分析、竞争对手分析、企业定位、产品策略和营销策略等。

2）组织咨询。组织咨询主要针对企业的组织结构、管理流程和员工激励等方面，提供优化建议。组织咨询服务的内容包括组织设计、岗位职责分配、绩效评估、员工培训和发展等。

3）流程优化咨询。流程优化咨询主要针对企业的业务流程和管理流程进行优化，以提高效率、降低成本和提高质量。流程优化咨询服务的内容包括流程诊断、流程设计、流程实施和流程监控等。

4）财务咨询。财务咨询主要针对企业的财务管理和财务决策进行支持，提供财务规划、税务筹划、资金管理和投融资建议等方面的服务。

5）人力资源咨询。人力资源咨询主要针对企业的人力资源管理，提出人才选拔、招聘、培训、激励等方面的建议，帮助企业优化人力资源管理和提升员工绩效。

（3）管理咨询服务案例。管理咨询服务是一种帮助企业和组织提高管理能力和解决管理问题的专业服务。在实际应用中，管理咨询服务可以为企业和组织提供各种形式的咨询服务，包括战略规划、组织架构优化、人才管理、流程改进等方面。以下将介绍一些管理咨询服务的应用案例。

1）战略规划。某公司在市场变化快速的行业内经营了多年，但因管理层对未来发展趋势的认知不足，导致公司战略规划缺乏前瞻性和战略性。为此，该公司聘请了一家管理咨询公司进行战略规划咨询服务。经过详细的市场调研、竞争对手分析和内部资产评估，咨询公司制订了一份全面的战略规划，明确了公司的发展目标、策略和重点领域，并提供了具体的实施方案和监测机制。这项咨询服务帮助该公司树立了明确的发展方向，提高了企业的竞争力和盈利能力。

2）组织架构优化。某企业在快速扩张过程中，遇到了组织架构不清晰、职责不明确等问题，导致企业内部协作不畅、效率低下。为了解决这些问题，该企业聘请了一家管理咨询公司进行组织架构优化咨询服务。咨询公司通过对企业各个部门的分析和评估，提出了一个更加合理和有效的组织架构方案，包括重新分配职责和岗位、优化决策流程、提高内部沟通等。经过一段时间的实施，该企业的组织结构得到了明显优化，员工之间的合作和沟通也得到了改善。

3）人才管理。某餐饮企业在人才管理方面存在诸多问题，包括员工流失率高、用工成本较高等。为了解决这些问题，该企业聘请了一家管理咨询公司进行人才管理咨询服务。咨询公司通过分析企业的用工需求和员工特点，提供了一份全面的人才管理方案，包括建立员工培训计划、优化薪酬福利体系、设立员工激励机制等。这项咨询服务帮助该企业提高了员工的忠诚度和满意度，减少了人力成本和经营风险。

4）流程改进。某制造企业在生产流程方面存在瓶颈和效率低下等问题，导致产品质量不稳定、交货周期长等。为了解决这些问题，该企业聘请了一家管理咨询公司进行流程改进咨询服务。咨询公司通过对生产流程的优化和改进，提高了产品生产的效率和质量。同时，咨询公司还为该企业设计了一套全新的供应链管理系统，将生产和采购环节连接起来，从而实现了更加高效和可持续的生产运营模式。

3. 推行全员参与的管理创新活动

推行全员参与的管理创新活动是企业管理创新中的重要途径之一，其目的在于发挥全体员工的智慧和创意，推动企业的持续改进和创新，提高企业的竞争力和盈利能力。

（1）全员参与的理念。全员参与管理创新行动的理念是基于以下几点：

1）发挥员工的主观能动性。传统的管理模式中，决策通常由上级领导或专业人士做出。然而，这种模式忽略了员工的主观能动性，不能充分发挥员工的创意和智慧。全员参与的管理创新行动，可以让员工参与到决策制订和实施中来，发挥他们的主观能动性，从而提高企业的管理水平和创新能力。

2）打破部门壁垒。传统的管理模式中，各个部门之间常常存在壁垒，信息流通不畅，协作效率低下。全员参与的管理创新行动可以打破部门之间的壁垒，促进信息共享和协作，提高企业的整体效率和创新能力。

3）提高员工归属感。全员参与的管理创新行动可以让员工积极参与到企业决策和改进中来，从而增强他们的归属感和责任心。这不仅有助于员工个人的成长和发展，也可以提高企业的整体绩效和竞争力。

（2）全员参与的方法。推行全员参与的管理创新行动需要采取一些具体的方法和措施。1）建立良好的沟通机制。要推行全员参与的管理创新行动，首先需要建立良好的沟通机制。建立有效的沟通渠道，可以让员工了解企业目标和方向，及时反馈问题和建议，从而提高企业决策的准确性和灵活性。此外，还需要定期组织会议、工作坊、座谈会等形式的交流活动，以促进员工之间的交流和协作。

2）开展创新培训和活动。为了提高员工的创新能力和意识，企业可以组织各种形式的创新培训和活动。例如，在员工内部组织创新比赛、创新论坛等，鼓励员工分享自己的经验和创意。此外，还可以邀请专家学者进行培训和演讲，帮助员工了解最新的管理理念和方法。

3）制订激励机制。为了增强全员参与的动力，企业需要制订相应的激励机制。例如，设立创新奖金、晋升机会等，鼓励员工提出建设性意见和方案。这不仅可以激发员工的积极性和创造力，也可以提高企业的整体绩效和竞争力。

（3）全员参与的案例。推行全员参与的管理创新活动是企业管理创新中的重要策略之一，可以促进员工的积极性和创造力，提高企业的管理水平和绩效。以下介绍一个应用案例。

某制药企业在管理创新过程中，面临着团队合作不够紧密、创新能力欠缺等问题。为了解决这些问题，该企业启动了一项名为"智慧药房"的管理创新活动。该活动旨在通过全员参与的方式，发挥员工的创意和思维，推动企业管理创新。该企业采取了以下措施：

1）组织集思广益会议。企业组织集思广益会议，邀请所有员工参加，就如何打造"智慧药房"展开讨论。员工可以提出各种创意和想法，并对其他人的建议进行评价和反馈。企业还设置了奖励机制，鼓励员工提出更有创意的想法。

2）建立小组。企业根据员工的专业技能和兴趣爱好，成立了多个小组，分别负责不同方面的工作。这样可以确保每个小组都能够充分发挥自己的专业优势，提高创新成果。

3）实施试点。企业决定在一家门店内进行试点实验。员工可以在试点过程中不断调整和改进，使得"智慧药房"的管理水平不断提高。

通过这些措施，该企业成功地推行了全员参与的管理创新活动。整个活动过程中，员工充分发挥了自己的创意和想象力，不断打破常规，提出更为有效的解决方案。最终，"智慧药房"项目取得了良好的效果，提高了企业的服务水平和竞争力，同时也增强了员工的凝聚力和团队合作精神。

4. 制订适合自身的管理模式和标准

制订适合自身的管理模式和标准是企业管理创新中的重要环节之一，其目的在于建立适应企业特点和需求的管理体系，提高运营效率和竞争力。

（1）制订管理模式和标准的意义。制订适合自身的管理模式和标准有以下几个方面的意义：

1）塑造企业文化。管理模式和标准是企业文化的重要组成部分。通过制订符合企业特点和需求的管理模式和标准，可以塑造出与企业文化相契合的管理理念和价值观，使员工更加认同企业文化，增强集体凝聚力和向心力。

2）提高管理效率。适合自身的管理模式和标准可以帮助企业优化管理流程，提高管理效率和执行力。制订统一的标准和规范，有利于降低管理成本，提高工作效率和质量。

3）促进企业持续发展。制订适合自身的管理模式和标准有助于企业不断改进和创新，提高市场竞争力和盈利能力。通过对管理模式和标准的不断调整和优化，可以逐步实现企业战略目标和可持续发展。

（2）制订管理模式和标准的步骤。制订适合自身的管理模式和标准需要遵循以下步骤：

1）了解企业特点和需求。制订管理模式和标准前，需要深入了解企业的特点和需求，包括企业规模、行业背景、发展阶段、组织结构等方面。只有了解企业的实际情况，才能制订出符合实际需求的管理模式和标准。

2）分析现有管理模式和标准。分析现有的管理模式和标准，总结其优缺点，明确存在的问题和改进空间。同时，还需要借鉴其他企业的成功经验和先进做法，为制订适合自身的管理模式和标准提供参考。

3）制订管理规范和流程。制订适合自身的管理规范和流程是制订管理模式和标准的核心。在制订过程中，需要充分考虑企业特点和需求，如企业文化、员工素质、技术水平等因素。同时，还需要根据实际情况，制订相应的管理流程和标准，确保管理规范的落地实施。

4）制订考核指标和激励机制。制订完善的考核指标和激励机制，可以促进管理规范的有效执行。在制订考核指标时，需要根据实际情况，确定相应的量化指标和评估方法。同时，在激励机制方面，要考虑员工的动力和利益，制订合理的奖惩办法，鼓励员工积极参与管理创新活动。

5）不断优化和改进。制订适合自身的管理模式和标准是一个不断优化和改进的过程。企业应该不断收集反馈意见和建议，及时调整和优化管理规范。

（3）制订管理模式和标准的案例。制订适合自身的管理模式和标准是企业管理创新中的重要环节，可以帮助企业建立独特的管理体系和风格，提高竞争力和绩效。某金融机构在管理创新过程中，面临着快速扩张带来的内部管理混乱、流程不规范等问题。为了解决这些问题，该机构决定制订适合自身的管理模式和标准。该机构采取了以下措施：

1）调研分析。该机构首先对公司的内部管理和市场环境进行了详细的调研和分析，明确了自身的发展方向和优势所在。同时，还分析了其他同行业公司的管理模式和标准，以便了解最新的行业趋势和管理实践。

2）制订内部管理手册。该机构根据自身情况和市场需求，制订了一套适合自身的内部管理手册，包括组织架构、工作流程、岗位职责、考核机制等方面的内容。通过内部管理手册的制订，该机构建立了完整的管理体系和标准化的管理模式。

3）建立培训机制。为了确保员工能够熟悉和掌握内部管理手册的内容，该机构建立了培训机制，对员工进行定期的培训和考核。这样可以确保员工能够充分理解和遵守公司的管理标准，促进企业的整体管理水平不断提高。

通过这些措施，该金融机构成功地制订了适合自身的管理模式和标准，在快速扩张过程中保持了内部管理的稳定性和规范化。同时，该机构也积极引导员工参与内部管理的完善和改进，不断推动企业的管理创新。

二、推行以客户为中心的管理模式

随着市场竞争的日益激烈，企业管理创新的重要性日益凸显。在此背景下，以客户为中心的管理模式成为企业管理创新中的重要策略之一。

1. 以客户为中心的管理模式的定义

以客户为中心的管理模式是指将客户满意度放在企业经营管理的核心位置，通过深入了解和发掘客户需求，实现企业与客户之间更紧密的联系和交流，并通过提高产品和服务质量，满足客户不断变化的需求，增强客户忠诚度和口碑。

2. 以客户为中心的管理模式的优势

以客户为中心的管理模式具有多方面的优势。首先，它可以帮助企业更好地了解客户需求和喜好，加快产品和服务的创新和升级，提高客户满意度和忠诚度。其次，它可以促进团队合作和知识共享，打破部门之间的隔阂，增强企业的整体竞争力。最后，它可以帮助企业树立良好的品牌形象和声誉，提高市场占有率和盈利能力。

3. 以客户为中心的管理模式的实施步骤

要推行以客户为中心的管理模式，企业需要从以下几个方面入手。

（1）建立客户数据库。通过建立客户数据库，企业可以全面了解客户需求和购买习惯，为企业提供精准的市场信息和销售数据，并作为后续决策制订的依据。

（2）加强客户关系管理。企业应该加强客户关系管理，与客户保持密切的联系，及时回应客户的反馈和建议。同时，企业还应该建立完善的投诉处理机制，及时解决客户的问题和不满。

（3）提高员工服务意识。企业需要培养员工的服务意识，将客户满意度放在首位，倡导员工为客户创造更好的体验和价值。另外，企业还应该根据员工的表现，设定相应的激励措施，提高员工的工作积极性和满意度。

（4）推动产品和服务创新。为了适应市场需求的变化和客户的不断升级，企业需要不断推动产品和服务的创新。企业可以开展市场调研和分析，了解客户需求和竞争对手的情况，加快产品和服务的升级和优化。

4. 以客户为中心的管理模式的案例

以客户为中心的管理模式是企业创新管理中的重要策略之一，可以帮助企业更好地了解和满足客户需求，提高客户满意度和忠诚度。

【案例1】　某电商企业在管理创新过程中，面临着销售规模大、客户服务质量差等问题。为了解决这些问题，该企业决定推行以客户为中心的管理模式。该企业采取了以下措施：

（1）建立客户数据库。该企业建立了客户数据库，通过收集分析客户行为数据和购买习惯，以及对客户进行调研和反馈，不断优化并完善客户标签，增强对客户的了解和把握。

（2）制订个性化服务计划。该企业根据客户需求和购买记录，制订了个性化服务计划。例如，针对高频客户提供专属客服服务，针对新客户提供优惠券或赠品等促销活动，全方位满足客户需求。

（3）开展投诉处理培训。该企业开展了投诉处理培训，培养员工的服务意识和专业技能，加强员工与客户之间的沟通和联系，着重解决客户的问题和不满，提高客户满意度和忠诚度。

（4）推动产品和服务升级。该企业定期开展市场调研和分析，了解行业趋势和客户需求变化，加快产品和服务的创新和升级。例如，推出更便捷的下单和支付方式，设置更灵活的退换货政策等，提高客户购物体验和满意度。

通过这些措施，该企业成功地推行了以客户为中心的管理模式，全面提高了客户服务质量和用户体验。企业内部各部门之间的协作也得到了进一步加强，实现了资源共享和知识共享。最终，该企业取得了良好的经营成果，市场份额和品牌声誉也得到了显著提升。

【案例2】　招商银行作为国内领先的零售银行之一，始终坚持以客户为中心的管理模式。该企业推行"客户导向、数据驱动"的管理模式，建立了全面覆盖客户生命周期的数据库和 CRM 系统，实现了从招募、营销到服务全流程的精细化管理。在客户招募阶段，招商银行通过筛选目标客户群体和制订切实可行的销售计划，有效提高了客户转化率和质量。在营销过程中，该企业通过分析客户特征和行为，精准推送产品和服务，提升了客户满意度和忠诚度。在服务环节中，招商银行秉持"个性化需求优先、用心服务至上"的服务理念，为客户提供专业、便捷的金融服务，不断提升客户口碑和信任度。除此之外，招商银行还大力推进数字化转型，引入人工智能技术和大数据分析手段，进一步提高了客户体验和服务水平。通过这些举措，招商银行成功地实现了以客户为中心的管理模式，取得了显著的管理和经营成果。

【案例 3】　京东作为国内领先的电商企业，一直致力于提高客户满意度和用户体验。该企业通过建立全面的客户数据库和 CRM 系统，收集分析客户行为数据和购买记录，精准推送产品和服务，提高了客户忠诚度和复购率。另外，京东还开展了多种促销活动和会员制度，激励客户增加消费，并定期开展客户调研和反馈，了解客户需求和意见，不断优化和改进产品和服务。此外，京东还注重社交化和个性化服务，通过社交媒体和在线客服等手段，与客户保持密切联系，及时回应客户的问题和建议，提高客户满意度和口碑。

总之，在以客户为中心的管理模式的实施中，企业需要从客户需求和体验出发，建立完善的客户数据库和 CRM 系统，推动产品和服务的创新和升级，加强员工服务意识和技能培养，不断优化和改进客户关系管理和投诉处理机制，才能取得更好的效果。

三、开展员工培训

企业管理创新是企业发展不可或缺的一部分，而员工培训是其中极为重要的环节。开展员工培训，可以提高员工的专业技能、知识水平和个人素质，增强员工的工作积极性和团队凝聚力，促进企业实现转型升级和跨越式发展。

1. 员工培训在企业管理创新中的作用

员工培训是企业管理创新中不可或缺的一部分，可以为企业带来多重好处。首先，可以提高员工的技能水平和知识储备，使其更好地适应市场需求和业务发展。其次，它可以增加员工的自信心，激发员工的工作热情和创新意识，推动企业实现创新和转型升级。最后，可以促进团队合作和知识共享，打破部门之间的壁垒，提高企业整体竞争力。

2. 如何设计有效的员工培训方案

要设计有效的员工培训方案，需要从以下几个方面考虑：

（1）确定培训目标：企业需要明确员工培训的目标和任务，并制订相应的培训计划和方案，为员工提供具体、明确的培训内容和方法。

（2）确定培训方式：企业可以根据员工不同的学习方式和需求，选择相应的教育方法和培训模式。比如，可以采用面授、在线学习等方式提供培训服务。

（3）选择合适的培训内容：企业需要结合自身业务特点和市场需求，选择与之相关的培训内容和课程。同时，也需要关注行业前沿和新兴技术等方面的知识，提高员工的综合素质和竞争力。

（4）建立有效的培训评估机制：企业需要建立完善的培训评估机制，及时了解员工的学习情况和效果，并针对性地制订调整措施，提高培训的实效性和效果。

3. 员工培训的类型和形式

员工培训的类型和形式多种多样，包括内部培训、外部培训、线上培训、线下培训等。

（1）内部培训。内部培训是指企业内部的培训活动，包括公司内部的讲座、工作坊、知识共享会等。它有以下优点：一方面，内部培训可以更好地适应企业的实际需要，针对性更强；另一方面，内部培训可以促进员工之间的互相交流和合作，增强团队凝聚力和协作能力。

（2）外部培训。外部培训则是指企业向外部机构或专家请教，接受高质量的培训服务。外部培训的优点在于可以获取更广泛和深入的知识和经验，提高员工的综合素质和竞争力。

（3）在线学习。在线学习是利用网络和数字化技术，通过在线学习平台、视频等方式提供培训服务。在线学习具有灵活性和便捷性，适合员工自主学习和远程学习需求，同时也可节约时间和成本。

（4）集中式培训。集中式培训是指将所有培训人员聚集在一起，由专业的培训师进行授课。该形式适合需要快速完成培训任务和强调一致性的情况。

（5）现场实践培训。现场实践培训是针对某个具体的实际项目或工作岗位而设计的培训，通过实践操作和模拟演练等方式提高员工的实战能力和技能水平。这种培训形式最大的优点是贴近实际工作，可快速提升员工的实践能力。

（6）轮岗培训。轮岗培训是指让员工在不同的部门或岗位间轮流学习和工作，从而获得全面的知识和经验。轮岗培训可以促进员工的综合素质提升，增强员工的适应能力和创新意识。

不同类型的员工培训形式各有优劣，企业可以根据自身需求和情况选择适合自己的培训形式。例如，在疫情期间，线上培训成为一种流行的培训方式，其灵活性和便捷性得到了广泛。

4. 员工培训的实施和管理

实施和管理好员工培训，可以提高员工的学习效果和培训质量。要做好员工培训的实施和管理，企业需要从以下几个方面入手：

（1）建立完善的培训管理制度：企业应该建立完善的培训管理制度，明确培训流程、标准和要求，规范员工培训的实施和管理。

（2）加强对培训师资的管理：企业应该加强对培训师资的管理，选择有经验和能力的培训师资，保证员工能够获得专业而系统的培训内容。

（3）提供多元化的培训方式：企业应该提供多元化的培训方式，包括面授、在线学习、实践操作等多种形式，以满足不同员工的学习需求。

（4）建立有效的反馈机制：企业应该建立有效的培训反馈机制，收集员工对培训的评价和建议，并针对性地优化和改进培训项目和方案。

5. 员工培训的案例

（1）华为。华为一直重视员工培训和发展，通过建立完善的培训体系和课程体系，为员工提供丰富多样的学习机会和职业发展平台。华为还注重内部知识共享和交流，鼓励员工自主学习和创新实践，提高员工的自主学习能力和团队协作能力。

（2）三星电子。三星电子也一直致力于推进员工培训和发展。该企业通过开设专业课程、实习计划、短期培训等方式，提高员工的专业技能和素质水平，并鼓励员工参加国际性的竞赛和论坛，拓宽视野和经验。

四、实施知识管理

在当今激烈的市场竞争中，知识管理已经成为企业管理创新的重要手段之一。可以帮助企业有效地整合和利用内外部的知识资源，提高企业的决策能力和创新能力，从而实现持续的竞争优势。

1. 知识管理的概念和意义

知识管理是指通过有效地整合、组织、获取、传递和应用知识资源，使其成为企业战略和决策的基础和支撑。知识管理涉及知识的获取、评价、分析、分享和应用等过程，可以帮助企业更好地利用和发挥其内在和外在的知识资源，推动企业的创新和发展。知识管理对企业的意义在于：

（1）提高企业的决策能力：知识管理可以帮助企业获取和整合各种信息和知识资源，提供决策支持和参考，提高企业的决策水平和效率。

（2）促进企业的创新和发展：知识管理可以帮助企业系统性地开展创新和研发工

作，提高企业的技术水平和创新能力。

（3）提高企业的竞争力：知识管理可以帮助企业把握市场机会，应对竞争挑战，提高企业的核心竞争力。

2. 实施知识管理的步骤

实施知识管理需要遵循一定的步骤，以下是常见的实施步骤：

（1）确定知识管理目标：企业需要明确知识管理的目标和方向，以明确知识管理的目标和方向，为后续的实施提供指导和支撑。

（2）识别和评估知识资源：企业需要认真分析自身的知识资源，包括内部和外部的知识资源，并进行评估和筛选，以确定哪些是最重要、最有价值的知识资源。

（3）设计知识管理系统：企业需要设计合适的知识管理系统，包括知识获取、整合、传递、应用等各个环节，同时也要制订相应的流程和规范，保证知识管理体系的可行性和实效性。

（4）建立知识管理团队：企业需要建立专业的知识管理团队，负责知识资源的收集、整合和应用，同时也要加强对员工的知识管理培训，提高员工的知识管理素质。

（5）实施知识管理：企业需要根据实际情况，逐步实施知识管理，推广并普及知识管理的理念和方法，不断完善知识管理体系和机制。

3. 实施知识管理的关键技术

实施知识管理需要运用一系列关键技术，以下是常见的技术：

（1）知识获取技术：包括使用网络搜索引擎、专业数据库、社交媒体等方式获取外部知识资源，以及通过内部专家、资料库、会议等方式获取内部知识资源。

（2）知识分类和标准化技术：对获取到的知识资源进行分类和标准化，有助于建立起完备且易于查找的知识库。

（3）知识共享技术：包括协同工作平台、社交网络、在线论坛等方式，帮助员工更好地分享和传递不同领域的知识。

（4）知识评价和分析技术：通过制定指标和模型，对知识资源进行量化和评估，从而能够更好地了解知识的质量和价值，以便更好地进行利用和应用。

（5）知识安全技术：加强知识的保护和管理，采取措施防止知识流失或泄露，并确保其安全性与可靠性。

（6）知识引导技术：通过专业的辅导和指导，帮助员工更好地利用知识资源，提高知识的应用效果和实际价值。

这些关键技术有利于企业更好地开展知识管理工作，提高知识的质量和应用效果，从而促进企业的创新和发展。

4. 实施知识管理的挑战

虽然知识管理有很多优点，但是在具体实施过程中，也面临着一系列挑战：

（1）知识管理需要大量的人力和物力支持，要投入大量的时间和资金来进行知识资源的收集、整合和应用。

（2）知识管理需要公司文化的支撑，要建立起良好的团队氛围和知识分享的文化氛围，才能真正形成知识管理的习惯和机制。

（3）知识管理需要不断更新和完善，随着市场和技术的变化，企业需要及时调整和优化知识管理机制，以保证其始终有效。

（4）知识管理还面临着知识流失和泄露等安全风险，企业需要采取措施对知识进行保护和管理，防止知识的流失和泄露。

5. 实施知识管理的案例

（1）IBM。IBM是一个非常成功的知识管理实践者。该公司于1994年就开始实施知识管理，建立了全球知识库，为员工提供了各种在线培训和学习资源，并且还有专门的团队负责知识管理。这些措施帮助IBM更好地整合和利用其内部和外部的知识资源，提高企业的决策能力和创新能力，使其成为业界的领先者之一。

（2）微软。微软是另一个成功的知识管理实践者。该公司通过建立一个名为"Micro Soft Knowledge Base"的知识库，将所有重要的知识资源集中起来，方便员工随时查询和使用。此外，微软还鼓励员工参加业内会议、交流活动等，以获取最新的行业知识。这些措施帮助微软更好地整合和利用知识资源，推动公司的技术革新和发展。

（3）法国电信。法国电信是欧洲知识管理领域的先驱之一，该公司于2000年就开始实施知识管理，建立了名为"e-Brain"的知识管理平台，以便员工们共享和使用知识资源。该平台包括技术论坛、专家名单、学习课程等多个模块，以满足员工的各种知识需求。这些措施帮助法国电信更好地整合和利用其内部和外部的知识资源，提高企业的竞争力和创新能力。

这些企业的成功实践表明，知识管理可以帮助企业更好地整合和利用内部和外部的知识资源，提高企业的决策能力和创新能力。在实施知识管理时，企业可以借鉴这些成功案例的经验和教训，结合自身的实际情况，灵活采取多种手段和方法，不断改进和完善知识管理机制，提升企业的核心竞争力。总之，知识管理是企业管理创新的重要手段之一，通过有效的整合和利用知识资源，可以提高企业的决策能力和创新能力，从而实现持续的竞争优势。企业需要在具体实施过程中，借助关键技术，克服面临的挑战，不断改进与完善知识管理机制，促进企业的健康发展。

五、建立创新文化

建立创新文化是企业管理创新中非常重要的一部分，它涉及企业的价值观、管理理念、组织结构等多个方面。在当今日益竞争激烈的市场环境下，企业需要具备持续的创新能力，才能在市场中获得竞争优势和持续发展。

1. 建立创新导向的企业文化

建立创新导向的企业文化是企业建立创新文化的基础。这种文化强调创新、变革和突破传统的思维方式，鼓励员工不断探索新的商业模式和产品设计，以提高企业的竞争力。在建立这样的文化时，企业应该注重以下几点：

（1）从高层领导开始：企业领导者应该成为创新驱动的推动者和支持者，并通过自己的行动，倡导员工追求创新并充分发挥个人的创造力。

（2）强调风险承担：为了让员工敢于尝试新的创新思路和商业模式，企业应该鼓励员工承担风险，打破传统的思维和观念限制。

（3）建立创新奖励机制：企业应该建立创新奖励机制，以激励员工提供新的商业模式、产品设计或流程改进等方面的创新想法，并给予相应的奖励或晋升空间。

2. 加强员工教育和培训

加强员工教育和培训，对于建立创新文化至关重要。这种教育和培训应该涵盖多个方面，包括技术知识、专业技能、创新思维等等。企业可以通过以下方式进行员工教育和培训：

（1）内部培训：为员工提供内部培训课程，以提高员工的专业技能和创新思维能力，包括帮助员工了解最新的市场趋势、掌握先进的技术知识、提升管理水平等方面。

（2）外部培训：鼓励员工参加外部的培训、研讨会和学术会议等，以获取最新的行业知识和前沿技术，同时也有助于扩大员工的社交网络和视野。

（3）培训成果评估：为了确保培训的有效性，企业应该建立培训成果评估机制，对员工进行反复的测评和监督，以帮助企业更好地评估培训效果，并优化培训方法和内容。

3. 创新文化的宣传和营造

创新文化的宣传和营造是企业管理创新中非常重要的一部分，涉及企业内部员工、外部顾客以及社会大众等多个方面。当企业成功地建立了创新文化后，如何进行宣传和营造，让更多人了解并积极参与进来，对于企业的长远发展具有重要作用。

（1）制订宣传计划。在进行创新文化的宣传和营造前，企业需要制定一份详细的宣传计划，明确宣传目标、内容、形式和渠道等，以确保宣传效果最大化。这需要企业在制定计划时考虑到不同观众群体的需求，选择正确的宣传方式和媒介，以达到预期的宣传效果。

（2）建立品牌形象。建立品牌形象是创新文化宣传的基础。企业可以通过不断推出创新产品、服务或商业模式等，在市场上树立起自己的品牌形象和信誉，增强品牌影响力和知名度。同时，通过在公共媒体、社交媒体、行业展会、企业网站等渠道上展示自己的产品和服务，向社会大众传递创新文化的理念和成果。

（3）建立教育培训平台。在企业内部，建立教育培训平台是宣传和营造创新文化的重要手段。这样可以帮助员工了解公司的创新战略和理念，并提供相应的技能和知识培训，以提高员工的专业素质和创新能力。同时，通过内部交流、互动和协作等方式，促进员工之间的沟通和合作，形成良好的企业创新氛围。

（4）倡导公益活动。倡导公益活动是企业宣传创新文化的另一种有效方式。通过参与公益活动，企业可以将自己的文化理念传递给更广泛的社会群体；同时也可以为社会做出贡献，树立起良好的企业形象和信誉。例如，企业可以组织志愿者服务活动、赞助科学研究项目或召开学术会议等，向社会传递企业创新的价值观和精神。

（5）创新奖项颁发。颁发创新奖项是企业宣传创新文化的一种重要方式。这能够激励员工投入更多的精力和热情，提高工作效率和创新能力。同时，通过颁发创新奖项，企业可以向外界展示自己的创新成果和优势，并向员工传递肯定和鼓励。

（6）利用社交媒体平台。在当下信息时代，社交媒体已经成为一种非常广泛的宣传和营销平台。企业可以通过在社交媒体上发布相关内容、分享创新成果或组织互动活动等方式，让更多人了解企业的创新文化。通过利用社交媒体平台，企业可以更好地了解消费者的需求和反馈，提高品牌忠诚度和知名度，并根据数据分析和用户反馈不断改进和优化产品和服务。因此，在今天的数字时代，利用社交媒体平台已经成为企业管理创新中不可或缺的一部分。

4. 创新文化的案例

以下是一些企业管理创新中的创新文化建设案例。

（1）谷歌。谷歌是一个致力于创新的公司，它的核心价值观之一就是"不断创新"。为了营造创新氛围，谷歌采取了以下措施：

1）鼓励员工提出创新想法和方案，并组织内部创新竞赛活动。

2）创立"20%时间"的政策，即让员工抽出一定时间进行自由探索和创新实践。

3）提供完善的培训计划和资源支持，以帮助员工提升专业素质和技能。

这些措施有效地激发了员工的创造力和激情，并带来了众多创新成果，使谷歌在市场上保持了领先地位。

（2）亚马逊。作为全球最大的在线零售商之一，亚马逊一直以来都注重创新，通过多种方式推动创新文化的建设：

1）采用"双门户"管理体系，即开发部门或业务部门可以通过内部网站向全公司展示他们正在进行的创新项目。

2）举办"发明日"活动，鼓励员工提出新的产品或服务创意，并提供相应的资源支持和奖励措施。

3）采用"门槛低、快速迭代"的创新模式，即不断试错、反馈和改进，以最小化风险和成本，并尽快将新产品或服务推向市场。

这些创新文化建设案例使得亚马逊在业界内被视为一个开放、灵活、快速响应市场变化的公司。

（3）中国平安。中国平安是一家保险企业，其创新文化建设也取得了显著的成效。以下是其中的一些措施：

1）建立创新实验室和科技发展中心，吸纳一批高素质的研究人员和专家，探索数字化、智能化、互联网化等前沿科技的应用。

2）制定"智慧生态系统"战略，以数据为基础，构建多元化的金融生态圈，不断拓展业务领域。

3）实施"创新创业计划"，为员工提供资金和资源支持，帮助他们实现自我价值和创新梦想。

上述措施使得中国平安在保险行业内拥有了领先的创新能力和研发实力，成为一家具有强大竞争力的企业。

（4）苹果公司。苹果公司在社交媒体平台上有大量的粉丝，其官方推特账号、Facebook 主页等都成为展示苹果最新产品和服务的重要渠道。此外，苹果还通过社交媒体平台与客户进行互动，回答客户的问题和反馈，以提高客户的满意度。

（5）电影《寻梦环游记》。该电影在社交媒体平台上的宣传效果极佳，电影制作团队在微博、微信等平台上发布了许多关于电影制作过程和幕后花絮的照片和视频，吸引了众多观众的关注和期待。同时，该电影还与国内各大知名网站合作，开展了线上推广活动，如网络投票、短视频制作比赛等，增加了电影的曝光率和口碑。

（6）美妆品牌 Sephora。Sephora 在 Instagram、Facebook 等社交媒体平台上拥有庞大的粉丝群体，其官方账号发布了许多与美容护肤相关的内容，如化妆技巧、美容产品推荐等，并通过线上互动活动和优惠券等方式吸引消费者进行购买。

总之，企业管理创新中的创新文化建设案例表明，建立创新文化是企业成功的关键所在。通过采取多种方式，如鼓励员工创新、提供培训计划、举办创新竞赛活动等，可以激发员工的创造力和激情，促进企业不断推出新的产品、服务或商业模式，并获得市场的认可和支持。

六、要求企业家成为创新管理者

随着经济全球化和信息技术的不断发展，市场竞争越来越激烈，企业家们需要在创新上走得更远、更快、更好。为了应对这种挑战，企业家需要成为一位创新管理者。

1. 企业家作为创新管理者的角色

作为企业的领导者，企业家扮演着重要的角色。在创新管理方面，企业家需要具备以下几点：

（1）领导力。企业家需要具备领导力，能够带领团队朝着创新的方向前进。他们需要有坚定的信念和明确的目标，有勇气做出决策并承担后果。同时，他们还要善于沟通和协调，激励员工不断创新并将创新成果转化为企业竞争力。

（2）创新思维。企业家需要具备开放、包容的思维方式，能够接受和借鉴他人的意见和想法。他们还要能够在快速变化的市场环境中保持前瞻性思考，并在组织管理中注重创新，以保持企业的竞争优势。

（3）系统思维。创新不仅仅是单一的产品或服务，而是一个系统性的过程。企业家需要全面理解创新的本质和规律，并能够将创新融入组织的文化和价值观中，从而实现创新的可持续发展。

（4）资源整合能力。企业家需要善于整合公司内外各种资源，包括人力、财务、技术等，以支持企业的创新活动。同时，他们还需要认真评估和管理风险，确保企业的长期发展。

（5）战略眼光。企业家需要有远见卓识，能够预测市场趋势和行业变化，并制定相应的战略和计划。他们还需要不断进行自我反省和学习，以适应不断变化的市场和技术环境。

2. 如何成为创新管理者

要成为优秀的创新管理者，企业家需要采取以下几个步骤：

（1）建立创新文化和价值观。企业家应该建立一种开放、包容、鼓励创新的企业文化和价值观。这样可以激发员工的创新热情和积极性，从而推进企业的创新发展。

（2）加强人才培养和引进。企业家需要注重人才培养和引进，以提高员工的专业素质和创新能力。同时要关注人才的多元化和激励机制，以吸引更多的优秀人才加入企业。

（3）推崇市场导向和用户需求。企业家应该始终保持市场导向和用户需求至上的原则，将创新与市场紧密结合，不断深入了解客户需求和市场变化，并为用户提供最具竞争力的产品和服务。

（4）建立创新团队和平台。创新需要团队协作和支持，企业家应该建立一个创新团队和平台，汇聚公司内外部的创新资源和人才，并注重信息共享和知识管理，以促进创新的实现。

（5）鼓励试错和失败。创新是一个不断试错的过程，企业家应该鼓励员工在实践中不断尝试和创新，并允许他们犯错误。同时也应该从失败中吸取教训，不断改进和完善创新方案，提高创新成功率。

（6）推动数字化转型。数字化转型可以加速创新的实现，企业家应该推动数字化转型，利用信息技术、人工智能、云计算等工具，优化企业的管理和运营，提高效率和竞争力。

（7）引领行业变革和发展。优秀的创新管理者应该有宏观视野和全局思考能力，能够引领行业变革和发展，开拓新市场和新领域，为企业的可持续发展注入新的动力和活力。

七、实施管理创新要点

企业管理创新是指在企业运营管理过程中，采取先进的管理理念、方法和技术，不断推进卓越改进与创新，从而提高企业核心竞争力、适应市场变化，实现可持续发展的一种管理方式。

1. 构建创新型组织文化

企业的组织文化对企业的发展非常重要。要进行企业管理创新，需要构建创新型组织文化，包括：

（1）开放、包容的文化氛围。企业应该鼓励员工表达自己的想法，并积极听取并采纳他人的意见和建议，以开放、包容的态度面对来自内外部的挑战和变化。

（2）面向未来的价值观。企业应该具有长远的眼光，关注未来趋势和发展方向，同时重视社会责任，秉承可持续发展的理念和价值观。

（3）激励创新的文化机制。建立奖励机制、评估体系，激励员工探索新的商业模式、产品或服务，鼓励员工创新思维和创新行为。

2. 注重人才培养

要进行企业管理创新，需要有一支高素质的员工队伍。企业应该采取以下措施：

（1）制订专业化培训计划。提供系统化的、针对性强的培训课程，帮助员工提高专业技能和实际操作能力。

（2）建立知识共享平台。构建员工之间交流、学习和分享知识的平台，以促进知识、经验和最佳实践的传承和交流。

（3）引入多元化人才。吸收来自不同背景、不同职业领域的人才，提供平等机会，并减少文化差异、认知差异等问题，增强团队协作和创新能力。

3. 运用信息技术

信息技术可以大大提高企业的效率和创新能力，企业可以运用以下方法：

（1）数据分析与挖掘。借助数据分析和挖掘技术，深入了解客户需求、市场变化，预测未来趋势，从而优化产品或服务策略。

（2）云计算与物联网技术。通过云计算、大数据等技术，实现信息共享、协作和远程办公等，从而提高企业运营效率和员工创新能力。

（3）开展数字化转型。采用人工智能、机器学习等技术，实现管理自动化，降低人力成本，并优化流程和决策效果。

4. 推动组织结构变革

企业管理创新需要进行组织结构的变革与重构，以适应不断变化的市场需求和竞争环境，包括：

（1）扁平化组织架构。取消烦琐的层级结构，采用扁平化的组织架构，减少管理层次，使决策更加快捷和灵活。

（2）细分任务并分配权利。细分任务并分配权利是提高企业内部协作效率和质量的重要措施。这可以帮助企业更好地管理任务的复杂性，并确保专门的人员负责每个任务。同时，适当的权力分配和监管机制也对任务完成起到了至关重要的作用。

第二章 管理创新方向和重点领域

创新是引领发展的第一动力，是建设现代经济体系的战略支撑。公司作为关系国家能源安全和国民经济命脉的特大型国有重点骨干企业，在国家创新体系中具有重要位置，是国家技术创新、管理创新的"大国重器"和"顶梁柱"。

第一节 管理创新方向

一、公司战略目标

国家电网有限公司战略目标可概括为"五个明确""六个领先""三大体系"，战略重点可概括为"八大工程""三十五项举措"。如图 2-1 所示。

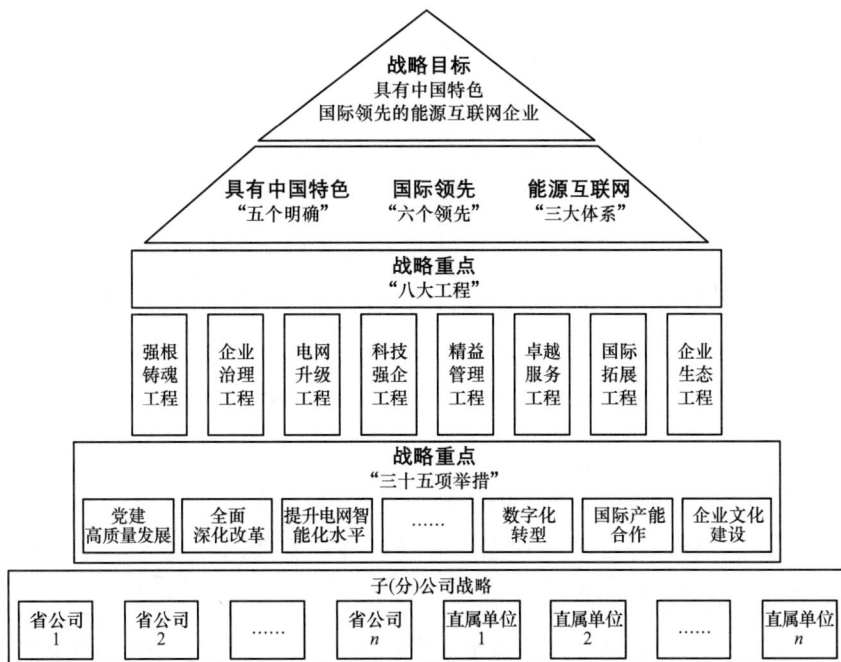

图 2-1 公司战略体系

（一）五个明确

明确以习近平新时代中国特色社会主义思想为指导。公司明确将习近平新时代中国特色社会主义思想作为公司战略的指导思想，紧跟时代发展步伐，注重创新和改革，以实现国家现代化和人民幸福为目标。

明确坚持党的全面领导。公司始终坚持党的全面领导，加强党的建设和领导班子建设，把党的路线方针政策贯彻到公司经营管理中去，确保公司方向、政策和行动符合党的要求。

明确坚持以人民为中心的发展思想。公司始终以人民群众的需求和利益为出发点，将以人民为中心的发展思想贯穿于公司发展的全过程，为人民提供优质满意的服务和可靠的能源供应。

明确走符合中国国情的能源转型发展道路。公司将根据中国国情，推动能源转型，加强清洁能源和可再生能源的开发和利用，实现绿色、低碳、可持续发展。

明确走中国特色国有企业改革发展道路。公司坚定地走中国特色国有企业改革发展道路，不断提升企业核心竞争力和市场竞争力，推动企业可持续发展。

（二）三大体系

能源网架体系。能源互联网的物质基础，承载能源流，涵盖能源生产、转换、传输、存储和消费等各环节的能源基础设施，以电为中心实现电、气、冷、热等各类能源灵活转换、互通、互济。

信息支撑体系。能源互联网的神经中枢，承载信息流，是覆盖能源开发利用各环节及相关社会活动的信息采集、传输、处理、存储、控股的数字化智能化系统，以互联网技术为手段提升能源网络的资源配置、安全保障和智能互动能力。

价值创造体系。能源互联网的价值实现载体，承载业务流，是在深度融合能源网架体系和信息支撑体系的基础上开展的各类业务活动和价值创造行为，以赋能传统业务、催生新的业态，构建行业生态为重点实现价值的共创和共享。

（三）六个领先

经营实力领先。电网发展水平和企业经营业绩国际领先，资源配置能力和运营效率位于世界前列。

服务品质领先。服务能力和水平国际领先，为人民美好生活提供高品质服务。

绿色发展领先。践行绿色发展理念，促进可持续发展国际领先，成为能源清洁发展、绿色消费的示范者和推动者。

核心技术领先。自主创新能力和技术水平国际领先，能源互联网关键技术引领国际能源电力行业发展。

企业治理领先。企业治理能力和水平国际领先，具有中国特色的治理模式成为全球现代企业样本。

品牌价值领先。品牌美誉度和商业价值国际领先，成为全球行业典范和现代企业标杆，具有广泛国际影响力。

此外，公司战略重点还包含党建高质量发展、全面深化改革、提升电网智能化水平、数字化转型、国际产能合作、企业文化建设等在内的"三十五项举措"，以及本章第二节将详细论述的"八大工程"。

作为地市级供电企业，如何围绕国家电网有限公司战略体系不断提升企业核心竞争力和市场竞争力，国网浙江省电力有限公司各地市供电公司给出了参考。以深入践行"电等发展"、服务高质量发展为主题，以全面建设"两个示范"为战略任务，以数字化牵引深化改革创新、加快"两个转型"为主线，以旗帜领航、党建引领构建风清气正的政治生态和风生水起的发展生态为保障，奋力谱写中国式现代化浙江电力新篇章。

国网某供电公司将立足先行示范窗口，坚持党建引领和数字化牵引，深化强基固本与创新示范，加快推动电网、服务、公司"三个高质量转型"发展，高标准建设"五个杭电"，全力答好四张新答卷。答好"电等发展"新答卷，推动智慧电网转型。服务杭州建设中国式现代化城市范例，政企协同实施电网建设三年攻坚行动。建设数字化牵引新型电力系统主阵地，打造泛亚运都市级低碳综合示范，投运国际领先的低频输电、氢电耦合等重大示范工程。答好"共富示范"新答卷，推动卓越服务转型。适应开放办赛新要求，决战决胜亚运保电，打造"五最"数智营商环境，推广新时代新农村新电力服务"大下姜"模式，让电力卓越服务看得见、摸得着、感受得到。答好"高质量发展"新答卷，推动公司高质量转型。全面加强提质增效，攻坚应收款项回收，整合内外部创新资源，打造更多"大示范""大成果""大应用""大专家"，健全"大合规"管理体系。答好"旗帜领航"新答卷，汇聚团结奋斗的强大合力。发挥党的二十大代表引领作用，开展党的二十大精神"大学习、大宣讲、大落实"。加强全面从严治党，促进"业务＋廉政"深度融合。开展队伍建设全面登高年活动，将供电所和一线班组作为人才培养的主阵地，市县一体推进"育苗计划"。

国网某供电公司将锚定数智能源互联网建设"一个主阵地"，紧扣"两个转型"主脉络，打造党的建设、精神文化和高质量发展"三个标杆"，奋力建设新型电力系统和现代化企业市域样板，争当国网浙江电力"两个示范"建设排头兵。以数字化牵引开创新型电力系统市域样板。加快建设具有领先性、示范性、可推广性的城市级数智能源互联网。提升主网安全高效承载、配电网灵活智慧调节、新能源消纳利用"三个能力"。

增强数据融合、全要素互动、示范引领"三个能力"。联动市场、政府、企业，营造共同发展生态。以全要素发力打造现代化企业市域样板。加快建立适应电力市场化改革和新型电力系统建设运营的公司经营管理体系。激发市场潜能，挖掘市场空间，提升客户黏性，培育服务品牌。提升管理效能，稳固企业基础，优化经营策略，优化管理模式。解放思想，盘活队伍，激发内生动能。以奋斗者姿态努力争当中国式现代化电力先行排头兵。高举党建引领旗帜，高站位抓牢政治建设，高标准全面从严治党，高效率构建党建生态。厚植精神文化根基，发扬楷模精神，拓展文化内涵。积蓄高质量发展势能，强化争先意识，凝聚干事合力。以勇争先、立潮头、展形象的气魄，打造党的建设、精神文化、高质量发展"三个标杆"。

国网某供电公司将深入践行"电等发展"，全力以赴争当"两个示范中的标杆"，谱写中国式现代化嘉电新篇章。落实电力保供稳价，坚决守好"红色根脉"。完善地方电厂顶峰、长三角电力互供等增供举措，强化密集通道安全管理、供电可靠性提升等网侧保障。打造市级电力保供稳价行政管理与技术服务体系，联合政府加快新型储能等政策机制突破，提升调节能力和能效水平。完成杭州亚运会、乌镇峰会十周年等重大活动保电任务。聚力数字化牵引，打造新型能源体系市域样板。全面落实国网浙江电力和嘉兴市政府合作内容，高质效推进主配网协调发展、数字化牵引赛道任务，加快数字孪生配电网智能规划系统、禾城数据中心等示范项目建设。实施产业单位光伏"双百"、全要素综合能源服务等行动，引领规划建设市级新型能源体系。全面强化发展保障，实现以稳促进、以进固稳。树牢"大安全观"，严格防范化解各类风险。拓展青苗工程、供电所提质增效等实践成果，推动核心业务能回尽回、能干尽干。用好双创分中心、劳模工作室等平台，打造"嘉电创造、嘉电引领"。持续开展争先创优行动，形成比学赶超良好氛围。坚持旗帜领航，持之以恒深化"红船精神、电力传承"特色实践，擦亮为民服务金字招牌。

国网某供电公司将全面对标"两个示范"，坚持"目标引领、差距管理、过程控制、考核激励、以实绩论英雄"工作理念，加快打造区域新型电力系统绿色样本，为美丽湖州赋能。在服务大局上展现更大担当。做好特高压白浙线及湖州廊道属地运维。推进负荷管理中心实体化运作，加快企业移峰填谷数字化项目建设，精准建立"一库一池一图"，全力做好电力保供。深入践行"电等发展"，全力支撑"六个新湖州"建设，服务浙江省"两个先行"。在生态赋能上作出更大贡献。全面建设"数智两山"新型电力系统市级先行示范区，全力推进湖州"国网新能源云电碳协同"新型电力系统示范工程，持续提升系统调节能力。深化能源大数据中心建设，不断丰富应用场景，提升数智治理水平。深化安吉绿色共富乡村电气化示范县建设，力争农村表后抢修试点区县全覆盖。奋力在党建引领上发挥更大作用。厚植"两个生态",开好第六次党代会,着力打造国网浙江电力"三个高地"市域样板。清单化管理巩固提升基层党建规范化、精细化、体系化水平。项目化推进"党建+"工程,巩固"一组织一特色",创树基层党建品牌。深化意识形态责任制,构建"大宣传"格局,持续擦亮"生态能源看湖州"责任品牌。

国网某供电公司将紧密围绕国网浙江电力建设"两个示范"战略任务,持之以恒强基础,勇于突破促创新,奋力打造"两个示范"市域样板。深耕负荷资源,守牢电力保供"主阵地"。聚焦调节能力提升,加快"分层聚合、分类控制"负荷无感响应建设,多点汇集可调资源,全年建成 50 万千瓦资源池。聚焦能效水平提升,建好用好企业"用能画像库",深入生产工艺和关键设备,挖掘能效提升潜力,前置提供节能改造、绿色金融、碳资产交易等服务。强化基础管理,夯实高质量发展"基本盘"。夯实电网基础,全力推进"一交一直"特高压工程前期工作,加快建设现代智慧配电网,稳步推进末端联络、标准接线改造,打造"户均 0.8 小时、户均 1.5 次"国际领先高可靠性示范。夯实管理基础,迭代优化经营转型策略,强化法、纪、审、财一体联动,加快建设合规管理数字化平台,确保稳健经营。坚持创新引领,激活争先领先"新动力"。开展全域配电网智能开关量子化改造,探索全量子变电站、量子量测等技术攻关和场景落地。推进新昌"全域碳最优"场景建设,打造源网荷储全要素感知创新示范。深化体制机制变革,迭代优化业务驱动的组织模式,完善"以量定薪,以质定酬"薪酬分配体系,推广领导人员"能上能下"积分机制,提升组织效能和员工动力。

国网某供电公司将深入践行"电等发展",大力实施"四大工程深化年"行动,全力保障电力供应,以数字化牵引提升电网调节能力和全社会能效水平,奋力开创支撑"两个示范"建设的新局面。推动电网转型升级,答好"强电网"新答卷。勇于争抢"十五五"项目提前落地。坚定履行保供责任,深化政企联动,完善保供"三项机制"。加快建设现代智慧配电网。推动柯城抽蓄项目年内开工。推动管理精益创效,答好"精管理"新答卷。探索精益化成本管控措施。强化县区公司与市本级同质化管理,推动法律法规、制度标准与企业管理深度融合。借助四省边际产业联盟,合力打造新能源产业生态圈。推动服务优质透明,答好"优服务"新答卷。深化电力接入工程费用分担机制信息化平台应用。深化业扩报装提质增效和"绿能+能效"服务模式。规范重塑住宅小区供配电工程管理流程、机制,厘清主业、产业单位权责边界,推进自有队伍建设,打造 VIP 服务体系。推动队伍淬炼提能,答好"炼队伍"新答卷。探索基于人才画像、履历分析等多维度评价机制,加强领导人员针对性补强规划。深化职务、职员、专家三通道并行互通,拓宽岗级晋升通道,培育一岗多能复合型人才。优化完善以业绩、能力、贡献为依据的考核奖惩机制，推动核心业务能回尽回、能干尽干。

国网某供电公司将坚决贯彻落实本次会议精神，加快打造浙中枢纽型新型电力系统市级示范区，推动"老浙西"电力精神在新时代焕发新形象，扛旗争先谱写"两个示范"金电新篇章。推动基础管理提升。完善全员安全述职制度，做到人人过关。率先试点居配工程纳入地方招投标平台，联合政府挂牌市公共资源交易中心鹿湖分中心。做好调查研究和谈心谈话，确保队伍和谐稳定。着力强化数字牵引。加快各级电网发展，加强空调负荷管理，推进全域虚拟电厂建设，建成省、市、县三级协同调度控制体系。实现义乌商贸型、磐安山区型2个微网系统接入。推进新一代集控系统高级功能应用，提升变电"两个替代"覆盖率和应用率。拓展优质服务内涵。根据不同服务对象，构建"3+3"客户经理服务体系。深化推广吸顶式、移动式充电桩等新型设备应用。把握经营转型机遇。开拓光伏运营商、充储运营商、负荷聚合商新兴业务"三大板块"。推进宾王变综合利用项目，稳妥实施变电站迁建工程。建立闲置资产库，实施分层分类盘活策略。放大党建引领优势。全力推进党建"七个再登新台阶"。加快打造"企业文化、先进文化、品牌价值"三大典型，"一域一特色"文化阵地实现全覆盖，健全道德模范、干部人才培养体系，深化"亮相发声"宣传，推进"清廉金电"建设。

国网某供电公司将紧紧围绕国网浙江电力决策部署，率先建成以"新能源"为主体的新型电网，以"新数字"为主体的现代企业，团结奋斗谱写"两个示范"温州新篇章。在"电等发展"上聚力争先。科学规划未来新能源的空间布局和建设时序，建成"千万千瓦级新能源基地送出示范"场景，并网乐清湾港区、国能梅屿等省级新型储能示范工程。在"用电无忧"上聚力争先。打好电力保供"增供精用"组合拳，落地电源聚合顶峰、燃煤热电机组增发等措施，完成监测空调负荷33万千瓦目标。实施"用电无忧"营商环境建设三年行动，打造"温心"服务品牌，提升全社会综合能效水平。在"长治久安"上聚力争先。做强生产管控中心，推动"三位一体"安全管控机制。建设智慧变电站，打造输电"立体巡检＋集中监控"省级示范区，推动环亚运区域配电网设备"5G＋量子"全监测。在"要素发力"上聚力争先。坚持"数字＋专业"和"全域推进"的攻坚态势，高质量完成数字化牵引重点任务。深入打造"近零碳能源数智技术实验室""近零碳数智创新基地"高能级科技创新平台。在"旗帜领航"上聚力争先。持续掀起学习宣贯党的二十大精神热潮，深入开展"五争五为"学习实践活动。构建数字化牵引的党建智治体系，加强地域文化的价值提炼与共荣互促。

国网某供电公司将聚焦聚力高质量发展主题，牢牢把握"三条主线"，持续巩固"三个生态"，自信自强、接续奋斗，奋力谱写"两个示范"湾区样板建设新篇章。坚定不移抓好电力保供。聚焦系统调节能力和社会能效水平提升，大力实施空调负荷管理三年行动，深挖通信机房、用户侧储能等其他社会可调节资源，加快全要素虚拟电厂建设，围绕六大重点领域打造能效提升典型模式，推动点滴资源可调可控、能源消费"吃干榨尽"。坚定不移推动发展转型。深度融入台州新能城建设，深化新能源与电网协同发展，统筹推进"新能源短路电流主动控制""配微一体新形态配电网"示范工程，加快储能市场化模式突破落地，打造区域最大光伏运营商。加快数字化牵引落地实践，高质量建设"基建项目部数字化"等专项示范。用好新型电力系统人工智能重点实验室，探索构建"人工智能＋"数字化应用体系。创新"113"融合管控机制，一体推进"战略落地攻坚＋新型电力系统建设＋数字化牵引"，推动各项重点任务有效落地。坚定不移夯实基层基础。构建"懂法知规、依法合规、违规必究"合规管理体系，推进"蓝领队伍建设、核心业务回归、薪酬考核激励"三大机制建设，保障企业发展行稳致远、长治久安。

国网某供电公司将围绕"建设双碳目标下以新型电力系统为核心载体的能源互联网企业"主线，以"三基夯实""三力提升"提供坚强的支撑保障和动力保障，为全面建设"两个示范"作出积极贡献。一是把握主线不动摇。挖掘源储荷可调资源潜力，把握发展先机，加强顶层设计，以能源信息和电网枢纽为基础，构建多要素融合智慧能源互联网平台。紧抓科技创新能力提升机遇，推动政策机制赋能，推进能源互联网新业态蓬勃发展。二是夯实"三基"强支撑。夯实安全保供基础，用好"行政＋市场技术"组合拳，推进安全管理体系和治理能力现代化。夯实物质基础，提升电网优化配置资源能力，提高配电网的适应性、可靠性以及数字化水平。夯实班组基础，建立标准化、精益化建设体系，坚持数字化、机械化减负增效，实现班组梯队建设的良性循环。三是"三力提升"筑保障。以党建提升领导力，用活用好解放思想利器，切实把山区劣势转化为特色样板。以管理精益提升驱动力，探索适应新业态的组织架构，全面构建人岗匹配、多元发展的人才培养机制，探索绩效驱动企业数字化治理体系。以服务发展提升竞争力，加快构建新型服务体系建设，开拓综合能源业务，加快产业单位绿色转型。

国网某供电公司将抢抓舟山经济发展进入"快车道"和舟山电网发展迈入转型跨越关键期的大好机遇，做足"海"字文章，成就"舟山精品"，贡献"舟山经验"，开创电网高质量发展新局面。构建数字化牵引新型电力系统。落细落实国网浙江电力与舟山市政府"十四五"合作协议。深化舟山市能源大数据中心和数智大脑中枢建设，形成一批数字化牵引实践成果。推动海岛同质化供电服务。护航"小岛你好"海岛共富行动，获得电力指标冲刺"国家优异"。促请政府出台负荷管控支持性政策，抓好客户侧用电安全服务。打造电网建设精品工程。落实电网建设"六精四化"管理要求，制定体系化的质量管理标准和工艺流程，打造能干善管的基建队伍，争创一批示范精品工程，铸就"舟山出品、必是精品"金字招牌。创建国家电网有限公司重点实验室。"产学研用"联合攻克海缆"先敷后埋"等关键核心技术，当好海洋输电领域的主力军和领跑者。促进产业单位高质量转型发展。推动专业化管理水平再上新台阶。整合科研、施工等优势资源，进一步贯通政策链、资金链、创新链。构筑全景式海岛特色数智党建。用好用活"党建＋"工程、"凝聚人心"工程等各项成果，巩固拓展"红船精神、电力传承"海岛特色实践，推动党建工作提质登高。

二、公司战略路径

推动战略落地要沿着"一个引领、两个驱动、三个升级"（党建引领，改革驱动、创新驱动，电网升级、管理升级、服务升级）的战略路径，明确战略重点，细化战略举措，实施"八大战略工程"。

（一）一个引领

党建引领既是战略实施路径的核心内容，也是实现战略目标的根本保障，本质上就是要坚持和加强党的全面领导，把党的建设贯穿公司改革发展全过程，将党建独特优势转化为公司创新优势、竞争优势、发展优势。公司制订"强根铸魂工程"实施方案，提出要构建党的领导、思想文化、基层组织、干部人才、监督保障"五大体系"，并明确了30项重点措施，把党建引领具体化、实操化，体现了"具有中国特色"这一战略根本和公司的政治本色。

2022年，国网某供电公司坚持强基固本、靶向施策，党建引领聚合力，持续开展"唯实强基础 惟先作示范"专项行动，巩固党建基层基础，"旗帜领航 提质登高"行动计划实现新突破。该公司以完善治理体系为重点加强党的领导，以"登高进阶"为路径建强组织，以培育基层党建"带头人"为切入点塑强队伍。4月14日，在田乐变电站老旧设备改造工作中，该公司积极落实"党建＋"工程，组建临时党支部，把"战斗堡垒"驻在工作最前沿，充分发挥党员先锋模范作用，确保按期投产。施工项目部党员突击队将工作职责细化成任务清单，推动工作网格高效运作，为电网改造攻坚提供了坚强的政治保障。围绕"旗帜领航"党建工程，该公司深化党建工作与生产经营双向融合，一体化推进"党建＋"十大工程，定期开展推进会，安全生产、电力保供、优质服务等10个专业领域，探讨各专业"党建＋"工程提质提效举措，充分激发"党建＋"活力。同时，设置党员责任区212个，圆满完成了党的二十大、乌镇峰会、"长三角"三周年大会等重大政治保电任务。5月7日，2022年度"书记项目"揭榜攻关正式发布，明确了"迎接党的二十大 提升党建发展引领力和价值创造力""聚焦碳达峰碳中和和助力建设新型电力系统省级示范区"等 9 个选题方向,共立项"揭榜项目"29 项,"自选命题"26 项,以项目化运作方式提升党建价值创造,凝聚和激发基层组织活力。此外,该公司还以数字化牵引为抓手,推出"书记谈心日"线上模式,利用"线上＋线下"多维平台,推动党建凝心务实见效。实施"智慧党建驾驶舱"项目开发,着力构建集数字化管理、信息化服务、全景化展示、精准化评价的"智慧党建"平台,助推基层党组织提质、减负。

(二)两个驱动

(1)改革驱动。改革促进发展,变革孕育新机。公司落实"放管服"改革要求,推动各单位根据实际优化生产组织方式,强化现场安全管控,提升设备状态、生产业务管控能力,夯实安全生产管理基础;规范各省超高压公司生产业务管控,启动 500(330)千伏超高压输变电设备属地化管理,完成部分单位属地化调整;推进县公司生产管理模式优化,着手完善生产组织架构和业务流程,提升县公司生产管理质效,更好服务能源转型、乡村振兴和新型城镇化建设。

为全面落实网省公司设备运检全业务核心班组建设重点工作任务部署,国网某供电公司聚焦"五个能力"提升,以 110 千伏汇龙变重过载主变改造工程作为"试金石",以关键业务自主实施为抓手,以练代学,创培一体加强核心骨干队伍建设,推动变电全业务核心班组建设走深走实。为保障工程顺利实施,该公司组织"线上＋线下"多次踏勘研讨,班组从项目可研、设计评审、施工勘察、方案编制、现场管控等全过程参与,深入掌握工程内容;采取"班组-部门-市公司"三级方案评审,严把安全关;设备主人每日做好做实开收工安全措施核查,确保安全措施全过程无盲区,全流程不走样;重点管控"登高、起重、动火"三大关键环节,按日进行细化拆解,对照典型违章库,明确各环节实施对策,从源头规范高风险作业现场;提前梳理工程人员、机具、物料三大清单,指定专人审查跟踪,实现人员机具零违章、物料零延迟。作为年度重点工程,该公司选派青年骨干参与检修运维全流程,以干促学、实战练兵,夯实业务自主实施能力。班组优先确定负责人和设备主人,对项目全过程开展预演,确保各作业环节可控、能控、在控;检修人员自主实施开展套管更换、非电量装置更换及保护校验、耐压试验等检修关键环节,实现关键业务"自己干""干得精";运维人员充分发挥"设备主人"职责,做好全过程安全、质量管控,做到有结果也有过程。本工程共涉及变电运维、变电检修、电气试验、变电二次检修四个班组Ⅰ类关键业务 23 项、Ⅱ类关键业务 31 项,自主实施覆盖率达 100%。在工程实施中,该公司积极推进数字化应用,围绕"业务在线化、作业移动化、信息透明化和支撑智能化",强化"一平台、两系统、一终端"应用。开展数字化工作票单轨制应用,工作票许可、开收工、终结效率提升 25% 以上;利用工业视频等数字终端，开展远程现场督查，及时制止不规范行为；利用巡检机器人开展远程特巡，促进"两个替代"深入实践；运用智能风控系统，对因♯1主变停役导致重载的♯2主变进行冷风循环降温，确保供电安全可靠。此外，班组利用自主研发的变压器分接开关吊装装置开展分接开关检修，攻克室内起重难关，保证设备检修质量，提高检修效率。同时，该公司注重技能传承，结合工程现场开展"干练式"培训，提升关键业务自主实施能力。7名青年员工参与本次工程，涵盖变电运维、检修、试验、二次等多专业，在实操中总结经验，检验、巩固、提升核心技能，大力营造"比学赶超 争先创优"的氛围，让更多青工有学习技能、展示技能的平台，更有向下扎根，向上生长，留在基层干事的意愿，形成技术为先的自豪感和归属感。同时安排经验丰富的老师傅开展"传帮带"，倾囊相授"独门秘诀"，关键环节重点讲解，实时解答疑难问题；开展专题技术交流，及时复盘工程，总结提炼经验，由青年员工分享所学所得，持续推进业务能力提升，加快人才培养。

（2）创新驱动。国网浙江省电力有限公司坚持需求导向、重点突破，深入实施创新驱动发展战略，以全员创新激发活力，以全面创新提升核心竞争力，发挥中央企业的示范和带动作用。进一步优化完善创新体系，整合国内外创新资源，加强投入产出考核，提升劳动、信息、知识、技术、管理、资本在创新中的效率和效益。围绕特高压、智能电网、大电网安全、新能源开发、储能、新材料应用等重点领域，加大科技攻关力度，尽快在基础理论、核心技术、关键设备等方面取得一批重大创新成果。健全科技攻关、成果转化等激励机制，统筹推进科技、管理、品牌、商业模式创新，依托"互联网＋"、大数据等新技术，提高运营管理水平和服务能力。加快建设创新人才队伍，健全科研和产业人才双向流动机制，调动科研人员创业积极性，形成吸引优秀人才、留住高端人才、加速创新人才成长的良好环境。

2023年，国网浙江省电力有限公司坚持创新驱动，加快业务管控模式变革，提升设备精益管理水平。该公司创新输电巡检模式，构建协同机制，推动建立省、市两级重要输电通道联合防控工作办公室和电力安全专委会，使重要输电通道安全管理工作被纳入公共安全和社会治安管理范畴、地方防灾减灾救灾体系，形成内外贯通、多方发力的重要输电通道防护工作模式。该公司深化"无人机＋可视化＋在线监测"立体协同巡检模式，在重要线路通道内共安装可视化高清视频监控设备4963套及各类在线监测装置1992套，提升设备监测覆盖率。结合特高压线路巡检工作实际需求，该公司在重要线路通道巡检站点部署固定式、移动式无人机机巢34座，配置氢能长续航、无线中继等新型无人机16架。为应对夏季强对流天气，该公司还在重要线路通道及邻近区域易受雷击的中、高风险线路区段加装避雷器1080支，运用卫星遥感和无人机扫描等技术常态化开展隐患排查，提升线路、设备安全水平，保障能源大动脉安全。

（三）三个升级

（1）电网升级。城市发展，电力先行。国网浙江省电力有限公司坚定践行"电等发展"重要嘱托，迭代优化新型电力系统建设方案，推动先进能源技术和现代信息技术深度融合，电网规划、建设、调度、运行、检修等全环节实现数字化管控，基本实现"电网一张图、数据一个源、业务一条线"。区块链等新技术逐步推广应用，推进产业链加快升级，打造能源产业生态圈。

2022年6月28日，杭州市人民政府与国网浙江省电力有限公司签订合作协议。根据协议，双方将共同合作推进高标准决胜攻坚亚运保电，高水平建设新型电力系统等六方面重点工作。2022年以来，国网某供电公司充分发挥电办"资源统筹、协同对外"优势，初步实现市县电办实体化运行机制，着力构建"内外协同、专业联动"的电网建设与资源利用全向统筹机制，推动杭州市发改委出台《杭州市电网发展"十四五"规划（含配电网规划）》，统筹做好城西科创大走廊电力专项规划。促成国网浙江省电力有限公司与杭州市政府签订合作协议，并推动杭州市政府发布"杭州电网三年攻坚计划"。开展与大规模新能源、大电网间协同研究，提前谋划建设骨干网架项目。2022年，该公司领先建设新型电力系统，迭代优化新型电力系统建设方案，深入实施"365＋N"落地行动计划。打造"泛亚运高弹性电网"和"西部绿电大走廊"两大工程。该公司泛亚运都市级低碳综合示范场景获评浙江省双碳科技发展十大优秀案例，为推进全省绿色低碳高质量发展提供示范样板。

（2）管理升级。随着能源革命和数字革命的加速融合，能源电力行业加速数字化转型也是大势所趋，数字化成为提升管理的重要手段，在数字技术和业务双轮驱动下，企业业务、组织、流程、产品和商业模式的全方位创新，实现价值的创造。

（3）服务升级。公司推动全域优化电力营商环境各项服务举措快速落地，多维度开展客户侧精准画像，刻画用户典型用电趋势、响应潜力以及响应特征，构建科学精细、安全精益的差异化需求侧响应策略，实现海量用户侧资源"一键响应"。同时，提供持续安全可靠电力保障供应，实现高效率办电、高品质服务、高质量供电，让人民群众"用好电"，为经济发展"赋能充电"。

管理创新是企业保持活力的根源，是事关公司发展的全局性、基础性工作，是一项长期的战略任务。管理创新要适应公司发展战略，实现创新方向更加精准、路径选择更加科学、要素管理更加有效、资源配置更加合理、体制机制更加完善、环境氛围更加浓厚、创新能力显著增强，不断研究，积极探索服务战略目标和战略重点的管理创新实践与模式，不断提升管理创新水平，推动公司高质量发展。

第二节 管理创新重点领域

一、公司管理创新工作体系

管理创新至关重要，永远在路上。面对复杂的内外部形势，坚持守正创新，让管理创新贯穿公司战略落地全链条，将现代企业科学管理方法融入公司体制机制的创新和实践，培育一批具有先进性、示范性和战略意义的创新成果，以成果创奖为推手，以管理提升为目的。公司管理创新工作体系如图 2-2 所示。

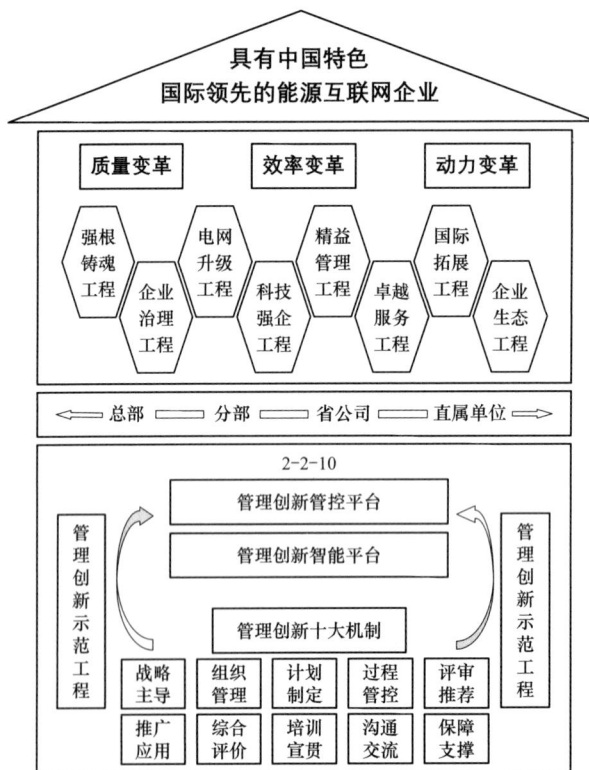

图 2-2　公司管理创新工作体系

（一）"一主线三层次"框架模型

公司管理创新体系以公司"具有中国特色国际领先的能源互联网企业"战略为主线，分为战略引领层、实践实施层、运行管理层。

（二）"2-2-10"管控模式

管理创新实行"2-2-10"管控模式，即"两大工程""两个平台""十大机制"。

1. "两大工程"

"两大工程"是指管理创新示范工程、管理创新推广工程。

(1)管理创新示范工程是贯彻党中央决策部署，落实国资国企、电力体制改革要求，运用现代管理学理论，推动建设具有中国特色国际领先的能源互联网企业中企业制度、管理理念、管理方式等方面的创新，对公司创新发展具有决定性作用，在实施过程中涉及诸多系统、诸多管理层次、诸多生产经营要素的重大管理创新实践。其定位是围绕公司战略目标，矢志不移地推进管理创新，实施管理创新示范工程，以科学实践引领公司高质量发展，为公司可持续发展提供不竭动力。其思路是紧紧围绕公司战略目标，全面贯彻落实战略重点和战略举措，加强全过程管理，构建常态机制，全方面、多层次推进管理创新活动，打造精品成果，推动公司管理水平提升，促进公司管理品牌与企业生态建设，为公司高质量发展提供管理支撑。其原则是坚持管理创新融入管理实践，围绕公司战略重点和战略举措，开展管理创新，使管理创新实践效果和管理创新理论成果有机统一。

管理创新示范工程有利于构建管理创新实践机制。明确管理创新重点领域，探索公司管理创新基本方法、管理工具、管理途径、管理经验。实施管理创新工程，不断完善管理创新计划管理、项目管理、总结提炼、成效评估、推广应用、持续改进等工作机制，指导公司管理创新实践。

管理创新示范工程有利于引领公司管理创新实践。实施管理创新示范工程，服务具有中国特色国际领先的能源互联网企业建设。各部门、各单位紧密围绕公司战略，结合重点工作，组织实施管理创新示范工程，为公司管理创新树立榜样和样板，引领公司管理创新方向，服务公司高质量发展。

管理创新示范工程有利于营造管理创新氛围。围绕战略领域，运用先进的管理理念和方法，全方位推进管理创新实践。总结提炼公司管理创新的经验和成果，把丰富的、具体的管理实践升华为理性的、具有普遍指导意义的管理理念和管理规律。

管理创新示范工程有利于总结管理创新经验。积极探索员工广泛参与创新的途径和方式，让每名职工都参与到管理创新实践中来，营造尊重知识、尊重劳动、尊重人才、尊重创造的浓厚氛围，激发职工中蕴藏的创新精神和潜能，引导好、发挥好、维护好广大职工的工作热情和创造活力，建设创新型企业。

管理创新示范工程有利于推动公司管理提升。推进公司发展方式向依靠科技进步、劳动者素质提高、管理创新转变，将实施管理创新工程，全面推进管理创新作为管理升级的重要内容，进一步增强公司内在质素和综合实力。

(2)管理创新推广工程。管理创新推广工程以近年来公司优秀管理创新成果为载体，深化成果落地，扩大成果共享范围，增强管理创新成果推广实效，实现管理创新成果价值最大化。其定位是全面系统推进管理创新成果的推广应用工作，构建符合公司战略和管理实际的管理创新成果推广模式。其思路是以促进创新成果价值最大化为目标，以促使管理创新各要素的协调为手段，通过有效的机制、方法和工具，实现管理创新成果推广应用目标。其原则是将管理创新成果推广应用作为管理创新体系框架的重要组成部分，不断丰富和发展公司管理创新体系。聚焦管理创新成果后续研究、挖掘、推广、转化、应用，丰富方式方法，实现管理创新成果更广泛的适用范围和更深厚的价值内涵。

营造创新氛围。营造创新成果推广氛围，积极倡导和宣扬创新成果，促进创新成果推广的理念深入根植。借鉴国内外企业成功经验，围绕现代经营理念和公司发展战略，引入新的管理模式，开阔创新推广参与者视野，拓展创新推广思路。

创新推广模式。根据创新成果推广实际和要求，合理设计并创新组织形式，形成成果推广的良好组织基础。各部门、各单位是成果推广的责任主体，要将优秀管理创新成果推广作为重点工作之一，试点推广与全面推行相结合、典型经验与最佳实践相结合，增强管理创新成果推广的专业参与力度，引领专业领域管理创新成果推广实践。

加强过程管控。对管理规范和业务流程进行梳理和动态调整，使成果推广适应客观实际和工作需要。各创新主体发挥自身职能，不断探索成果推广的新思路、新方法。加强管理创新成果推广应用的计划性，从水平、能力、效益、效率等方面加强成果推广过程管控，增强管理创新成果推广实效。

重视保障支撑。通过优化配置，将公司资源进行整合，使各种资源在激励、约束、保障等职能中切实发挥作用，为成果推广应用提供有效支撑。营造良好生态环境，通过政府、院校、机构、媒体、社团的广泛参与，促进创新主体能力提升，扩大创新主体能力边界，通过创新成果推广应用，最大限度发挥创新主体的创新能力。

2. "两个平台"

"两个平台"是指管理创新管控平台、管理创新智能平台。

（1）管理创新管控平台。基于"沟通·传递·分享·协作"的原则，以激发全员创新活力为核心，以过程监督、全面沟通、任务协同、信息传播、资源连接、知识共享为支撑，搭建管理创新管控平台。

（2）管理创新智能平台。应用大数据、人工智能等互联网新技术，将创新成果拆分为条款级，适配流程、岗位，构建知识图谱，使创新成果成为多维度、智能化的业务管理资源，与员工形成动态感知、按需使用、快速响应、友好互动和辅助决策的良性管理生态，通过文本分析与知识图谱有效执行和智能管理，保障公司依法治企、能力建设和可持续发展。

3. "十大机制"

"十大机制"是指战略主导、组织管理、计划制定、过程管控、评审推荐、推广应用、综合评价、培训宣贯、沟通交流、保障支撑。

（1）战略主导。以公司战略目标为依据和出发点，强化创新与战略的关联互动，形成公司整体框架内全员、全要素、全时空创新活动的全面安排，实现核心竞争力持续提升。引入战略主导的管理创新技术分析方法，结合内外部创新环境和创新需求，确定创新方向。战略主导示意如图 2-3 所示。

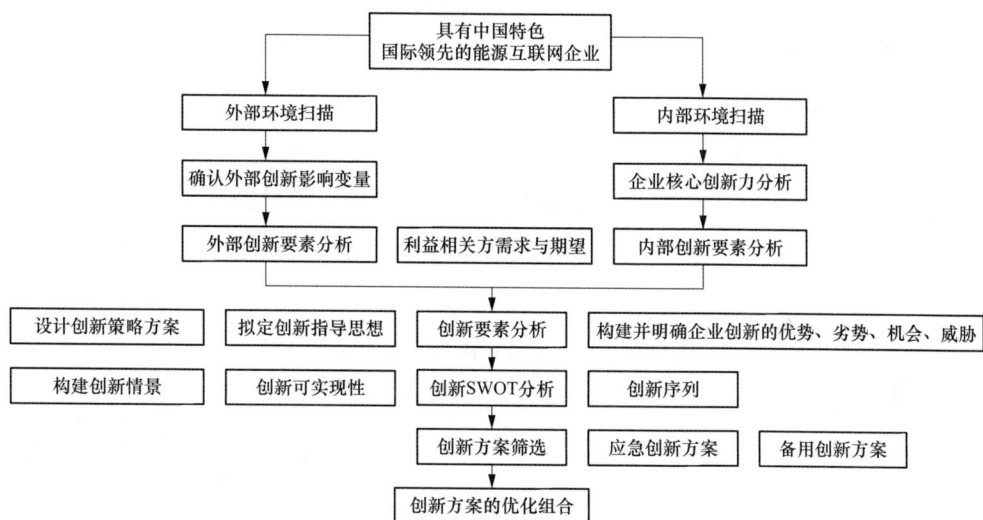

图 2-3　战略主导示意

实施以战略为主导的管理创新是一项系统工作，引导各创新主体要以更加宽广的视野谋划和推进创新，找准定位，明确方向，激荡创新源头活水，推动创新与公司发展的深度融合。围绕发展战略制定创新方向，以核心业务的管理创新实践为载体，凝聚力量，营造氛围，形成管理创新合力。

（2）组织管理。公司管理创新工作按照"统一领导、分层组织、系统部署、统一标准"的原则开展。总部负责管理创新战略制定、全局方向把控；浙江某供电企业负责创新项目实施、统筹创新资源，突出战略执行和省级创新平台建设支撑；直属单位负责支撑、新兴、省管产业创新与主导产业服务支撑创新。

（3）计划制订。统筹创新发展需要与现实能力、长远目标与近期工作，鼓励各级人员积极参与创新立项，促进战略目标与创新选择有机统一、高度融合。

建立层级精益、维度全面的创新计划制订机制，将公司战略目标逐级分解，转化为各专业创新目标，确保目标一致、权责分明、相互配合。

将所确立的创新点引入创新矩阵，根据战略重要性和实施复杂性两个维度确立创新性质，分为重大创新、重要创新、一般创新、储备创新。重大创新是指对推动公司发展战略、管理变革和提升效益有重大支撑，解决公司管理的深层次、总体性问题，对公司创新发展具有全局性的推动作用，在实施过程中涉及较多管理层次、较多管理要素的创新。重要创新是指解决公司管理某专业领域的主要问题，具有应用性创新作用，在实施过程中需要某个子系统或某个层次的协同管理的创新。一般创新是指解决某一管理问题，具有单一的突破性创新作用，在实施过程中需要某个控制点、某个管理环节协同的创新。储备创新是指目前暂不具备条件开展的创新方向，可作为培育，进行前期准备工作。同时根据战略的不断发展变化，自身创新能力的提升，储备创新可以随主客观条件的变化向其他类型创新转化。

以项目形式固化创新点，开展创新项目的立项。一是符合公司具有中国特色国际领先的能源互联网企业战略目标。二是在促进企业改革发展、提升公司经营管理水平方面有较高的应用价值，对企业经营管理实践具有重要参考意义、较强引导作用、广泛兼容性和可推广性。

各部门、各单位结合分析结果和工作实际确定管理创新项目。各级归口部门组织项目立项评价，确定管理创新项目，制定年度管理创新项目计划。

（4）过程管控。采用项目组合管理的方式，通过设定优先级，精确判断交付能力，并监控项目成果的实现，驱动价值的创造与传递。

（5）评审推荐。设立评审委员会、专家评审组、评审办公室三级评审机构。

成果初审。根据公司管理创新评价机制的要求，设置管理创新成果初审标准及评价指标体系。初审标准为否决性与专业遴选结合，即遴选出符合管理创新成果基本属性和各专业工作要求，内容客观、结果真实、方向正确、条件成熟的成果进入下一阶段评审。

专家评审。采取分组评审方式进行，内部专家现场集中分组打分，外部专家在线分组打分，提出获奖成果等级建议名单。

综合审定。公司评审委员会根据专家评审组的建议综合审定，确定年度公司管理创新成果获奖等级名单，客观、公正、全面总结评价公司年度优秀管理创新成果。

评分标准、根据国家和行业管理创新成果评审办法，结合公司实际，按百分制对"管理创新示范工程""管理创新推广工程"成果设定评分标准。

（6）推广应用。建立"四化两库两平台"，多角度、全方位宣传并推广公司优秀管理创新成果。

"四化"即指标设计前瞻化、推广模式多样化、重点培育常态化、过程管控规范化。

指标设计前瞻化。增强创新成果评审指标体系前瞻性,在成果评审期间对其推广的价值和可能性进行前瞻性的分析。规避风险、挖掘潜力。

推广模式多样化。利用多种手段推广公司管理创新优秀成果。定期召开成果交流发布会、表彰会议,通过会议交流学习与现场考察等方式,取长补短、相得益彰。

重点培育常态化。开展管理创新优秀成果的汇编、入库。刊载等基础性活动,开展成果现场交流、发布与表彰,积极参与全国企业管理现代化创新成果、中国电力创新奖的评选。

过程管控规范化。开展管理创新优秀成果的汇编、入库、刊载等基础性活动,积极开展成果现场交流、发布与表彰,参评全国电力行业优秀成果,开展全国现代化管理创新成果的评选,制订下一年度管理创新工作计划,制订申报当年公司优秀创新成果的参评项目方案。

"两库"即管理创新专家库、实践案例库。

管理创新专家库,定期更新有关信息,积极探索专家库与管理创新内训师、诊断师相结合的机制。

实践案例库,将公司优秀管理创新成果利用信息化手段进行共享,编制年度管理创新成果集,为开展管理创新成果转化应用工作奠定重要基础。

"两平台"即通过信息化支撑,建设管理创新管控平台和管理创新智能平台。

将平台作为宏观、微观机制建设的重要基础。管控平台实现过程监督、全面沟通与任务协同。智能平台实现创新成果的智能管理与应用。通过实施管理创新推广工程,按照"纵横联合、共享深化"的原则,深化创新成果的应用推广。

(7)综合评价。公司对管理创新工作统一开展考核、评价工作。

载体作用。通过开展管理创新工作评价,有效提高管理创新工作实效。

导向作用。引导各单位按照公司管理创新工作思路开展相关工作,紧密契合公司发展。

激励作用。通过开展管理创新工作评价,增强外部动力,营造内部争先氛围。

抓手作用。通过对各单位管理创新工作的分析,查找问题,提出改进措施,促进工作水平提升。

(8)培训宣贯。建立培训宣贯体系,将整体培训与个别指导相结合,将理论培训与案例指导相结合,将专家培训与实际操作相结合,构建立体化管理创新培训宣贯机制,实现创新理念、创新意识、创新方法、创新手段、创新实践、创新总结各环节能力的全面提升。

组织管理创新专业知识和技能培训，提升企业管理创新的组织、策划、实施、提炼、应用"五项能力"，构建以培训组织、培训师资、培训课程、业务管理、效果评价、创新传播等为主体，集约高效、体系完整、标准统一、特色鲜明的管理创新培训体系。

（9）沟通交流。实施开放式管理创新，发展以公司为主体，多方力量参与的管理创新模式，利用内外资源，与利益相关方进行合作，实现创新效益最大化。在政策上支持管理创新工作，奖励在管理创新上取得重大成果的单位和个人，组织创新成果交流推广；借助外部资源，将企业实践的经验提升为管理理论，同时用管理理论反哺管理实践；发挥智库作用，以专业化的管理工具、方法、制定实用的流程、制度、标准，通过在理论和实践间搭建便捷桥梁，加速创新进程；广泛开展媒体宣传，充分利用媒介发布信息，报道典型，搭建平台，推广经验；与社团组织保持紧密联系，广泛凝聚力量，争取支持，推动公司管理创新。

（10）保障支撑。保障支撑机制是管理创新工作规范、高效运转的制度保证。保障支撑机制由组织保障、能力保障、资源保障、信息保障、激励保障五部分组成。各项保障措施通过流程制度建设进行固化。

（三）实施路径

以创新驱动为核心理念，以"激发活力、资源共享、交互融合"为主要原则，以管理创新示范工程、管理创新推广工程、管理创新管控平台、管理创新智能平台为主要内容，以"聚合性、交互性、协同性"为主要特点。

倡导创新理念，鼓励创新实践，积极营造勇于创新、善于创新的良好氛围，使管理创新真正成为促进公司高质量发展的动力和源泉。瞄准战略重点，围绕具有中国特色国际领先的能源互联网企业战略重点，实施示范工程，培育成果精品，树立典型经验，发挥示范引领作用；实施推广工程，实现成果充分及时共享，最大程度发挥成果价值。关注管理前沿，引进、消化和吸收先进管理理论、方法工具，打造符合公司战略要求的创新方式，实现创新驱动公司发展。应用信息技术，将数字化建设与管理创新工作深度融合，全面对接管理创新链条，对接管理创新体制机制建设，形成科学完整的管理创新工作的智能载体。

二、公司管理创新重点领域

围绕"具有中国特色国际领先的能源互联网企业"战略目标，按照问题导向、目标导向、结果导向，对接战略重点"八大工程"，明确公司管理创新重点领域。

（一）强根铸魂工程

深入贯彻新时代党的建设总要求和新时代党的组织路线、严格落实管党治党责任，以高质量党建引领高质量发展。

重点为落实中央重大决策部署、党建高质量发展、党风廉政建设、打造高素质专业化队伍、企业文化建设。

（二）企业治理工程

贯彻"两个一以贯之"，学习借鉴国际先进经验，完善公司管控机制，动态优化各层次权责配置，改善和提升企业治理，建立和完善中国特色现代国有企业制度。

重点为全面深化改革、法治国网建设、优化集团管控。

（三）电网升级工程

协同推进特高压和各级电网发展，积极利用先进信息通信技术、控制技术和互联网技术改造提升电网，不断提高电网灵活性、安全可靠性和运行效率，推动电网向能源互联网升级。

重点为各级电网协调发展、提升电网智能化水平、提高安全风险防控能力、提高新能源消纳能力、源网荷储协调发展。

例如，源网荷储协调发展方面，促进新能源主动消纳，提升电力系统平衡调节能力。通过将源、网、荷、储各环节应用信息化技术联通，实现一体化协同调度，将有助提升新能源消纳能力、促进削峰填谷、提升事故应急处置能力等，大幅提升电力系统的平衡调节能力。智能微电网可以有效解决分布式能源并网难题，以及辅助大电网"削峰填谷"等，是电网未来重要建设方向之一。微电网是指由分布式能源、储能装置、能量转换装置、相关负荷及监控组合而成的小型发电配电系统。智能微电网则是在微电网基础上，通过传感器来对供电与用电设备起到实时监控与收集整合，由控制系统来对电力系统起到优化管理的作用。智能微电网能够在充分利用清洁能源的同时，由智能化管控解决分布式能源不稳定的问题，同时还能对大电网起到"削峰填谷"的辅助作用，是国家电网有限公司与南网"十四五"重要投资建设方向之一。国家高度重视智能微电网建设发展，工信部等八部门联合印发的《物联网新型基础设施建设三年行动计划（2021—2023年）工信部联科〔2021〕130号》中强调：要加快电网基础设施智能化改造和智能微电网建设，部署区域能源管理、智能计量体系、综合能源服务等典型应用系统。显示出国家对于智能微电网建设的高度重视。

（四）科技强企工程

始终把科技创新作为不竭动力，完善创新体系，打通创新链条，加强核心技术攻关，着力提升自主创新能力，抢占能源电力技术发展制高点。

重点为数字化转型、核心技术攻关、科技创新能力建设、成果标准和专利工作、"双创"工作。

例如，在数字化转型方面，加快推进全业务、全环节、全要素数字化发展，打造公司高质量发展数字引擎，为数字中国建设贡献国网力量。围绕能源电力数字化，有力支撑能源互联网建设。推进先进信息通信技术、控制技术与先进能源技术深度融合应用，不断提高电网资源配置、安全保障、灵活互动能力，加快电网向能源互联网升级，提升能源综合利用效率，推动能源清洁低碳转型。围绕运营服务数字化，全面提升运营服务效率效益。以数字化手段推进管理变革，推动实现经营管理全过程实时感知、可视可控、精益高效。深化大数据、区块链等技术在营销服务领域的应用推广，提升精准服务、便捷服务、智能服务水平。围绕能源数字产业化，积极打造能源互联网产业生态圈。大力推进"一体四翼"业务协同联动，着力培育新业态新模式。深化北斗、5G等技术集成应用，加快能源电商、智慧车联网等创新发展，提升市场竞争力、价值创造力、产业带动力。

（五）精益管理工程

突出效率效益导向，强化开源节流、降本增效，管好盘活存量、发展做优增量、有效防范风险变量，协同推进各业务板块发展，在稳定资本、资源、劳动力等传统要素投入的同时，强化知识、技术、管理、数据等新要素投入，提高全要素生产率，加快培育新动能。

重点为主导产业挖潜增效、支撑产业创新发展、新兴产业培育壮大、省管产业规范管理。

（六）卓越服务工程

把服务作为公司的根本价值所在，利用现代服务理念和手段，创新服务方式，不断提高服务标准和质量，打造国际一流的电力营商环境，为客户创造价值，持续提升客户获得感和满意度。

重点为优化电力营商环境、乡村电气化提升、实施企业能效服务、服务机制优化、服务创新创效。

例如，在优化电力营商环境方面，制订"互联网＋"思维下综合能源服务平台运营的新模式，实现"引流-留存-促活-转化-分析-引流"闭环管理。加强用户引流。开展品牌宣传、活动宣贯、搜索引擎推广等传统手段，开辟服务专栏，增大客户访问量。强化用户留存。基于用户类型及其行为的差异，提供"千人千面"的个性化服务，提高用户对平台的依赖性。组建专家咨询团队，为用户提供专家答疑、培训和各类服务资源，推送高质量能效诊断报告，刺激平台活跃度。加强用户转化。制订平台专属会员体系，促使部分注册客户转化为付费会员，实现平台商业化运作。强化数据分析。持续跟踪用户行为，分析用户数据，并利用分析结果进行平台产品迭代和服务优化。

（七）国际拓展工程

以服务和参与"一带一路"建设为重点，充分发挥公司信用、规模、技术、管理等综合优势，统筹利用两个市场两种资源，积极参与国际市场竞争，努力开拓国际市场、不断增强公司国际业务服务力、竞争力、风险控制力和品牌影响力。

重点为境外资产并购与运营、绿地项目开发、国际产能合作、同周边国家联网、国际技术交流与合作。

（八）企业生态工程

树立开放合作理念，吸引更多社会资本和各类市场主体参与能源互联网建设和价值挖掘，带动产业链上下游共同发展，积极履行企业社会责任，强化品牌建设和理念传播，持续增进利益认同、情感认同和价值认同，打造共建共治共享的能源互联网生态圈。

重点为增强产业带动能力、强化企业品牌传播、履行企业社会责任等。

第三章　管理创新成果材料撰写

管理创新成果材料撰写包括申报书和PPT两部分，这两部分材料内容相同，只是表现形式有所区别。申报书主要说明该成果采用什么办法，解决什么问题，取得了什么成效。企业管理创新成果来源于实践，申报书是对成果理论与实践的总结、提炼与升华，要紧紧围绕主题，突出创新点，不要包罗万象，面面俱到；要条理清晰，逻辑性强，不要写成论文、工作总结或领导讲话；文字表述要科学、准确、严谨、朴实，对于过于专业的术语要作必要解释。管理创新成果一般由标题、摘要和正文三个部分组成。

第一节　确立管理创新课题标题

给管理创新成果拟定标题，是管理创新写作的基础的环节，不是简单地取个好听或者好看的名字，而是要看是否能凝练出一个到位的管理学方法，是否能让同行确切体会到你所研究课题的科学假说、期望要解决的问题以及要达到的管理目标和形成的成果等。为此，管理创新的撰写研究者要认真斟酌、谨慎选择管理创新成果的每一个字，力争用最少的词语，准确而有效地表达研究的管理课题的核心内容。在实际工作中，有些人专注于内文写作，在标题设置上较为随意，不清楚一些标题拟定的基本规则，结果导致拟定的标题存在诸多问题。

紧跟企业发展大势，总结目的要融入时代、融入企业、融入生活。切实和掌握好国家积极倡导、企业积极实施、社会积极关注、对企业有积极影响的企业生产经营活动中的那些管理创新实践经验成为总结成果的前提。简要说：不脱离现实，融入生活；不背离特色，融入企业；不落入俗套，融入时代是第一要求。用一句极为简明而且通俗的话说明管理创新标题的重要性，即"用标题来推销你的管理创新成果"。这句话也许能更明确地提醒作者在命题上要多费些"心血"。作为管理创新的研究者，有必要在标题上多下些功夫，多动些脑筋、对标题中的每一个字都要谨慎地加以选择、细心地取舍。

一、管理创新标题的层级及基本要求

标题一般分为主标题、副标题、分标题几种（以下所说的标题如无说明均指主标题）。主标题是管理创新文章内容的集中体现，其要求是恰如其分地概括文章基本内容，做到精炼、醒目。最常见的方式是展现管理创新文章的关键研究点，如主要观点、研究对象、研究内容、研究目的等。副标题是用于对主标题进行补充、强调，如研究范围的界定、管理创新侧重面、研究路径等。有时候，主标题是虚题，副标题为实题，副标题形为副，实为主。层级小标题又叫分标题，设置分标题的目的是清晰地显示文章的层次，使管理创新文章脉络清晰、便于阅读。分标题的设置必须层级明确，切不可"以下犯上"，即下级标题比上级标题更大。同时，分标题应该是对总标题的层层解析，反映出作者的写作思路，也使读者阅读时更易抓住纲目。在结构上，同一层级标题应尽可能追求相同或相似，意义相关，语气一致，以求工整，做到科学性与形式美的统一。也就是说，所使用的词组应是同类或大致同类，但要注意避免为求形式美而不顾科学性和技术性需要。需要注意的是，管理创新大标题拟定应着眼简洁、流畅、准确，管理创新小标题应着眼简洁、工整、对仗、形似或形近。标题拟定应做到：追求完美，但不苛求完美。

总而言之，一篇管理创新要分析、回答的一般有三个关键问题：

（1）本成果（也就是企业在一定背景之下）所要解决的核心问题是什么？

（2）为了解决这一核心问题，企业在管理上同过去相比，做了哪些改变，这些改变概括起来说，属于哪方面的管理问题？（改变就是创新）

（3）管理上的这些改变，从总体上看，特色是什么？

1）通过比较找特色：特色就是和过去的做法相比，或者和其他企业通常做法相比，不同的地方什么？

2）通过思考本成果的关键找特色：本成果之所以能取得很好的效果，关键是把握了什么东西？例如：以什么为目标，以什么为导向，以什么为主线，以什么为基础，以什么为主要方法，解决的核心问题是什么，基于什么，遵循什么，等等。

二、遵循原则

（1）准确规范。所谓准确，就是管理创新成果标题应完整反映所研究的管理课题的中心意思、核心问题和研究内容，让读者一看就能明确、直接地知道研究者具体要做什么研究，研究对象是什么，拟解决什么管理问题等。具体来讲，标题应该贴切、合适，不可过大或过小。好的管理课题往往是"大中取小""以小见大"的。有些管理创新标题很宽泛，内文却仅论及某地域、某方面，或者空洞地阐述一个大话题。如《试论知识产权保护的理论与实践》，此管理创新标题过大，足可做一部专著标题。这个时候，就需要在主标题下加副标题进行限定。一般地说，要想准确无误地反映文章的主要观点，标题不能缺失四要素：管理创新研究对象、研究目的、研究范围、研究方法。只有标题准确地反映出这四者及四者之间的关系，才能凸显管理创新的研究内容和研究深度。标题中不仅四要素俱全，而且四者的关系也要交代清楚：范围→对象→内容→方法，通过层层领属关系构成复杂的偏正短语充当标题，这是标题的基本格局，也是最标准、最典型的标题撰写方式。

按照标准规定，正标题一般不宜超过 20 字。如果确有必要，可以加副标题。再比如，要确保管理创新的研究对象或核心议题在标题中是处于主语的位置，而不应该是定语、助词，或修饰词。

现在有的管理创新中往往出现以下问题：一是标题用形象化的文学语言；二是太流于口语化，用口头语言作为标题，显得有些不规范；三是标题有明显的语病；四是可用可不用的词语、重复的词语时常出现。如《认真贯彻二十大精神，构建我国文化安全机制》等此类标题，有点儿像工作总结，没有管理创新研究的"范"儿。管理创新写作虽然提倡创新，但文章标题却不宜跨界，而应该得"体"。管理创新当然是需要创新的，但这种创新不是无边际的，而是必然要遵从管理创新的内在逻辑。

（2）新颖独特。管理创新标题要鲜明地体现创新性，新颖夺眼球，让读者有"眼前一亮"的感觉。这就需要在"新"上下功夫。所谓新颖独特，是指标题应具有新意和创意，要反映出所研究领域的前沿，具有独具特色、独树一帜的特点。管理创新名称尽可能要与其他人的标题（目前或将来的）有所区别，显示出自己的特色和新颖性。从根本上讲，管理创新标题的新颖来源于管理创新选题的新，选题新是标题新的前提。在此基础上，我们还要在语言上进行推敲打磨，力求表达有新意。从语言表达来看，"新"就是抛弃老路子、旧套子的出新求异，尽量不去套用"试析""浅谈"或千篇一律地冠以"探讨""体会"之类的陈词俗套。"新"不是哗众取宠，而是要求写作者生动新鲜地表达管理创新的特定内容，醒目地反映研究的范围和深度，这样的标题才是有特色、不落俗套的好标题。要写好经验交流类材料，不能只用常规表述，要尽量做到：用足用好数量词、名词、动词、形容词、地名等关键词，务必让标题就能传递出完整的信息。比如，《探索"三联三共"模式，构建城市班组管理新格局》。这里突出数字"三"和动词"联"、介词"共"的组合。这也是常见的一种操作手法，有数字，大家就会看看是哪三种"联"的方法，哪三种"共"的地方。相比传统、机械的平铺直叙，还是相对有吸引力的。要精心研究管理创新标题内容，如果能让读者产生一看到标题，就迫不及待想去看看全文的心理，那这篇文章不能说是非常好，但是肯定有一定的优势。新颖的意思就是创新、创造、别人没有的提法和做法，能敢于去运用，而且恰当；别人用过的，我巧加借鉴和运用，也能产生新意。比如曾写过一篇《在基层党支部构建 360 党风廉政监督体系》，文章在国家核心期刊发表，工作成效也得到公司领导的肯定，除了在文章内部突出工作成效、工作方法得力，较为吸睛的文字，也起了一定的作用。

（3）简练自明。契诃夫说："简洁是天才的姊妹。"好的标题要尽量做到直截了当、一语破的、文约事丰、言短旨远，不可冗长或语焉不详。所谓简练自明是指标题的文字应简练、概念准确、语意清晰，能自我解释，能十分清楚地、直截了当地告诉读者管理创新的内容，而不是让读者自己去体会或猜测标题的含义。要做到这一点，标题不可过短，也不可过长。过短的标题，提供的信息量不足，且不易表达完整的含义；标题过长不仅会使逻辑关系变得复杂，也容易引发读者的理解障碍，使人产生烦琐和累赘之感，而且难以让读者得到鲜明的印象，从而影响对文章的阅读。标题内容能用一个字、一组词即可表达清楚的，就不要用两个字、两组词来表达。简练的意思不是说字数越少越好，而是在管理创新写作时的语言必须精练。标题应该提纲挈领，清晰展现管理创新主旨。要避免标题过长，就要在拟定时，尽量不用或少用一长串起修饰作用的名词，避免词语重复、语序错乱，做到语言修辞正确。力求用最简洁、最鲜明的语言，贴切地传递出管理创新的精髓。因此，在保证能准确反映"最主要的特定内容"的前提下，标题字数应越少越好。当然了，字数的多少不是标题绝对的唯一标准，它应该服从内容的需要。

（4）删繁就简。力求简洁美标题中有些常用词语，作为一种变体词，可以界定管理创新属性，但应适可而止。如尽量少用"浅析""浅论""试论""浅谈""刍议"等谦辞，少用或不用"关于……的思考""……之我见"等闲词。当下，"研究"字样似乎正充当拟定管理创新标题的"万能"词汇。随机抽样管理创新标题，大标题中出现"……的探究"或"研究"字样的概率一直居高不下，并呈"泛化"趋势。实际上，无论是题首用"研究"，抑或题尾用"研究"字样，均属赘语，有故意拔高之嫌。试想，管理创新或课题本身就是实验、观察、研究，无需在标题中再赘述。若去掉这些"实验""观察""研究"等"废词"，既不影响意思的表达，又能体现适当与谦逊之美。

（5）修辞结构做到逻辑美语言表达离不开修辞。叶圣陶说："修就是调整，辞就是语言，修辞就是调整语言，使它恰好传达出我们的意思。"写作中，运用好各种修辞手法，是使语言生动的重要方法之一。一般说来，比喻、比拟、夸张等，可以使所表达的人和事物更加鲜明；对仗、排比等，可以增强管理创新课题的气势；顶真、拈连、反复等，既可增进语言的节奏感，又能使语言丰富多彩。管理创新标题，不妨借鉴学习修辞的手法，习惯性多用以名词或名词性词组为中心的偏正词组表达，尽可能不用动宾结构。最好遵从标题用语习惯和简洁性原则，删去赘语。若中心词带状语，则可用动宾结构，体现通俗之美。管理创新的写作，如果只是追求辞藻华美，内容不精准，文章就没有内涵，说明标题是连接读者和文章的桥梁，要在行文上做到言之有理，言之有物。

（6）详略得当。达成通顺美针对滥用虚词或虚词位置不当或堆砌实词或漏掉实词等现象，在不违背语法修辞的前提下，如果标题不用某词（字）也通顺，就尽量不用；一个好的管理创新标题，应该是用最少的字，尽可能多地涵盖所研究课题的核心关键词、尽可能全面地体现出课题的科学假说或科学结论。当你拟出一个简洁明了并抓住课题最重要层面的标题，那么你也就为写一篇有力、优质的管理创新做出了关键的准备。综上，要想写好管理创新，必须注重学习必要的写作知识，掌握管理创新写作的要求和写作过程。从某种程度上讲，对管理创新标题的斟酌、确立，就是对管理创新立意的深化提炼的过程。标题是管理创新的门面，关乎人们对管理创新的观感、态度、评价，不可不用心对待。同时，标题也是写作者自身实力的展现，唯有用心实践，方能做到标题拟定的规范、准确、新颖，真正让标题起到管理创新课题旗帜的作用。

第二节　管理创新课题摘要的写法

管理创新的"摘要"是论文的一个缩影，从某种意义上讲，管理创新"摘要"同管理创新正文可以说是同样重要的。通常出现在一篇研究论文的开头，一篇好的摘要应该能让普通读者对整篇论文的主要发现有个清晰的认知。

摘要，是以提供文献内容梗概为目的，不加评论和补充解释，简明、确切地记述管理创新课题重要内容的短文。规范的摘要是一篇管理创新课题的浓缩与精华，即使读者不阅读全文也能获得必要的基本信息，且便于各级评价机构对管理创新课题水平的评析，有利于管理创新课题的收录，增加管理创新课题的在管理学中的实际价值。即一是"摘其要点而发"；二是摘要是对论文内容不加注释和评论的简短陈述；三是摘要又称概要、内容提要。四是摘要就是论文内容提要，是在对文章进行总结的基础之上，用简单、明确、易懂、精辟的语言对全文内容加以概括，提取论文的主要信息。管理创新"摘要"是指用最简洁、清晰的语言，在客观、真实的前提下，不加修饰地描绘出研究（或论文）的中心议题或研究结论。一般情况下，管理创新"摘要"出现在管理创新标题和作者之后，且置于管理创新课题"关键词"之前。当人们阅读一份管理创新报告时，首先要看的往往就是摘要。也是同行评审中的一个决定性要素，其重要程度不容忽视。摘要写得如何，可能是读者最先阅读的内容，也可能是被阅读的最后内容，看完摘要，读者将会决定是否继续阅读。

一、管理创新课题摘要的作用

管理创新"摘要"至少有三方面的作用：

（1）让读者迅速知"文"全貌，从而决定是否继续阅读，知晓文章是否可为自己所用。

（2）在论文检索上为读者、期刊等多方提供便利，在查阅时可迅速通过"摘要"等寻找资料，且摘要多从第三人称视角来写，内容应尽量客观。

（3）一篇优质的"摘要"往往能使审稿专家节省审稿时间，提高审稿效率，且为论文的采纳、意见的评估争取更多时间。就目前所接触到的管理创新样本来看，许多论文在"摘要"的规范写作和编排上仍然存在不规范现象。接下来，将针对管理创新存在的共性问题进行分析。

二、管理创新课题摘要写作规范要点

（1）我国新闻出版机构及管理部门对管理创新"摘要"和"关键词"的规范编排和写作有一个严格的要求与标准，如日常的管理创新写作和稿件的编排要符合中华人民共和国国家标准之文摘编写规则（GB 6447—1986）的规定。从一些管理创新中可以看到，部分管理创新"摘要"的写作和编排明显不够规范。部分管理创新的"摘要"偏重研究背景和研究过程的介绍与说明，而对管理创新应该说的研究结论和研究成果避而不谈，没有抓住管理创新"摘要"要求的重点和核心内容，显得喧宾夺主，不得要领。此外，有的管理创新（包括一些已经在期刊上公开发表的论文）在"摘要"的表现形式上处理不当。部分管理创新"摘要"应写成报道式的"摘要"，却写成了指示式的"摘要"，从而没有体现出管理创新的真实内容；有的管理创新"摘要"本该是指示式的"摘要"却写成了报道式的"摘要"，结果洋洋洒洒地写了一大篇文字，却没有表达清楚这篇管理创新所要论述的主要内容。

（2）从管理创新"摘要"的内容来说，若要形成一篇内容翔实、质量尚好的"摘要"，以下三个方面的问题是作者亟待思考的：一是需要明晰课题研究的主旨、缘起、目的，即作者自身需十分清楚"为何要进行此项工作的研究"的原因；二是"摘要"需明确此研究的主要对象、范围、过程以及方法论和成果展示，即回答"怎么做，这么做得到了哪些结论"的问题；三是需谈及研究的价值意义，特别是对社会发展、学术研究有哪些价值，也就是回答进行此项工作研究的学术价值和社会意义的问题。不同的学科及研究在"摘要"部分并非千篇一律、一成不变，其结构会随论文主体内容的变化而变动。一般而言，一篇管理创新"摘要"的内容应尽量写成报道式的"摘要"，包括研究的目的、方法、成果和结论等部分；应尽可能地给审读者提供定性和定量信息，充分反映管理创新的创新之处；一般不要求对管理创新作出解释和主观性评论。

（3）一篇优质的管理创新"摘要"应该是客观规范、内容充实、篇幅精练、结构完整、语言表达流畅、准确的。"摘要"须讲求完整性，应有连贯的结构和完整的内容呈现，从而方便编辑在录入论文时可使用完整"摘要"而非论文节选。"摘要"须讲求准确性，这要求论文表达内容精准，所呈现的量化数据皆应精确，实验成果也应当用真实、准确的数字或语言文字呈现。"摘要"须讲求客观性，这是指"摘要"应对一篇管理创新作最忠实的陈述，在高度概括全文（或研究）内容后浓缩凝练而成，且不加文学修饰和描写工笔，极尽客观地阐述实际情况。"摘要"须讲求简短性，这和"摘要"本身的性质相关，"摘要"本就为论文初始之文，其内容应以全文概括为基础，在概括的基础上用短短几笔勾勒出文章的大致样貌。总体而言，"摘要"在全文中的占比不宜过大。

（4）一篇管理创新的中文"摘要"要求字数一般控制在300字以内。明白易懂的中文"摘要"则要求语言高度凝练，让人一目了然。一篇管理创新的中文"摘要"一般应具有独立性和自涵性，宜采用"第三人称"的写法，不要使用"本文认为""作者认为""本人认为"等第一人称作为主语。切忌将本学科领域中的常识性内容和家喻户晓的知识写入"摘要"中，同时避免将管理创新中的引言部分再次纳入管理创新"摘要"中去。在日常的办刊实践中，我们常常会看到有的管理创新"摘要"经常出现使用"本文认为""作者认为""本人认为"等主观性的表述，未能满足高校文科学报关于管理创新中文"摘要"要"客观地反映管理创新主要内容的信息，具有独立性和自含性"的要求。应以第三人称写作。摘要是完整的短文，具有独立性，可以单独使用，即使不看论文全文的内容，仍然可以理解论文的主要内容，作者的新观点和想法以及论文所要实现的目的，采取的方法，研究的结果与结论。叙述完整，突出逻辑性，短文结构要合理。文字简明扼要，不容赘言。采用直接表述的方法，不使用不必要的文学修饰，做到用最少的文字提供最大的信息量。

（5）管理创新中文"摘要"一般只用文字表达，而不用公式、图表、缩略语以及不规范的符号和术语。须按照一定的逻辑关系来安排"摘要"的词意表达，应简明扼要，尽量避免使用空泛、含混不清的词语。

以下，给出管理创新摘要写作的模板，以供借鉴。

句式一：近年来，国内××（研究问题所属的研究领域）有关××（本文的研究主题）范式转型的呼声日益高涨，即从原先注重……（之前研究管理方法的特点）的范式转向注重……（本文研究的管理方法的特点）的实证主义范式。（以上便是本文的管理创新研究的问题）这一呼声有其必然性和重要价值，但实证主义范式的××（本文管理创新的研究主题）只是诸多研究取向中的一种范式，不应作为主导××（本文管理创新的研究主题）的唯一范式。如何在……（本文管理创新的研究背景）的背景下去思考……（本文管理创新的研究问题），是摆在我们面前的一项紧迫任务。基于……（本文管理创新的研究背景）的……（本文管理创新的研究问题）。与实证主义范式的××（本文管理创新的研究主题）所可能造成的……（之前的管理创新研究结果）不同……（本文管理创新的研究观点）具有……（本文管理创新的研究价值）。

句式二：……（本文管理创新主题的特点）的××（本文管理创新的研究主题），在××（本文管理创新研究主题所在领域）中的主要表现是……（本文管理创新研究主题的主要表现）。……（本文管理创新的研究发现）。但是为了实现××（本文管理创新的研究主题）科学、稳定、健康发展，推动××的需要……（本文的管理创新研究问题），并谨防××（本文的管理创新研究主题）的非理性化发展。

句式三：业界关于×××（本文的管理创新研究问题）包含以下观点……（一些的观点）认为……（另外对于本文管理创新研究问题的观点）……（本文的管理创新研究问题）不是抽象地、普遍地肯定或否定，而是……（作者对于本文管理创新研究问题观点的详细阐释）。经过文本和理论的双重澄清，……（本文管理创新作者的最终观点）。

句式四：××（本文管理创新的研究主题）是……（本文管理创新研究主题的具体含义）。业界对××（本文管理创新的研究主题）的研究和探索已取得一定进展，但仍存在……（本文管理创新的研究问题）等问题。为厘清××（本文管理创新的研究问题），本文……（本文管理创新的研究过程）。研究发现，……（本文管理创新的研究发现）。本文通过××（本文管理创新的研究方法）呈现了……（本文管理创新的研究问题），……（本文管理创新的研究价值）。

下面通过对几个典型案例的分析，以为所有管理创新团队提供借鉴。

【案例1】　××企业管理创新涌现出诸多成功案例，其影响因素和形成机制的探索性研究亟须展开。通过××案例研究发现，××企业管理创新的主要影响因素共有××项，各影响因素交互影响，具有层次关系，并且存在××、××等几个特殊因素。××企业管理创新主要包括"××→××→××→××→××"五个阶段的演进过程。××企业管理创新形成的根本引力是××，其成败高度依赖××或××。借此××产业发展政策制定需要更加精细化，重点关注××、××等多项要素，引导××企业管理创新。

【案例2】　××供电公司将线损管理工作放在企业提质增效工作的首位，且台区线损管理作为支撑企业战略实施和提升企业经济效益的主要手段之一，是营销日常基础管理工作的龙头。××供电公司通过运用卓越绩效思维模式和人机料法环、PDCA 循环等卓越绩效管理的方式手段和工具方法，推动公司营销台区线损管理工作全面提升，持续加强台区线损精益化管理，提升线损管理水平、提升线损稽查水平，全力压降台区线损电量。持续推进线损责任制建设，深化异常线损台区消缺治理，优化台区线损稽查机制，强化人员队伍建设，全面完成全年降损提质增效任务，助力线损治理向标准化、精益化、数字化方向发展。

【案例 3】 围绕专业卓越绩效管理诊断过程中发现的台区线损精益化管理存在管理维度不足、现场提升能力不足、技术改进措施不够的前期现状，××供电公司营销部借助卓越绩效管理理念对改进机会成因进行全面分析，并针对专业改进需求成立柔性工作小组，结合××台区降损提质增效管理改进提升工作实际需求，明确改进目标、责任分工、改进内容与措施、资源保障措施等内容，通过阶段性现场核实分析，再次部署落实降损工作计划，全面推进"短半径、降压差、增线径"的技术改造工作思路，强化计量技术改造、消缺现场"跑冒滴漏"问题整改时效性问题研判。通过多种技术与管理措施促进××公司整体线损指标有效提升。

三、特别注意

目前摘要编写中的主要问题有：要素不全，或缺目的、或缺方法；出现引文，无独立性与自明性；繁简失当。以下几点是撰写管理创新文章需要注意的事项：

（1）切忌把应在引言中出现的内容写入摘要；一般也不要对文章内容作诠释和评论（尤其是自我评价）。

（2）不得简单重复标题名称中已有的信息。要使用规范化的名词术语，不用非公知公用的符号和术语。新术语或尚无合适汉文术语的，可用原文或译出后加括号注明原文。

（3）除了实在无法变通以外，一般不用数学公式和化学结构式，不出现插图、表格。

（4）不用引文，除非该文献证实或否定了他人已出版的著作。

（5）缩略语、略称、代号，除了相邻专业的读者也能清楚理解的以外，在首次出现时必须加以说明。

另外，对于项目的创新程度，明确是否是全新的产品，是否是全新的技术原理，是否有重大工艺设计改进，在工艺流程、成品率、产品性能等技术指标方面是否有突破，需要给出专家鉴定或查新报告，尽量提供权威机构或国家和国际的技术标准，比较国内外同类产品的主要技术指标。

对于项目的成熟度，应明确分析项目的技术风险，关键技术和工艺是否掌握，是否已经有产品和样机，提供性能水平、产品质量和用户意见，论述是否具备规模化生产条件。

对于申报项目的市场分析，应在分析市场空间和发展趋势的基础上着重论述产品是否是市场急需，性能价格是否可以被用户接受，尽量避免笼统地分析和按比例放大等。分析方面，如果能够通过用户使用情况和产品订单来证明更好。

第三节　管理创新课题正文的写法

管理创新成果正文是材料的主体，要求以充分有力的材料阐述观点，条理要清晰，逻辑要严密，要求内容扎实、丰厚。成果正文主要应包括以下几个方面：前言、实施背景、成果内涵和做法、主要创新点、成果效益、附件及其他。

一、前言

创新成果主报告之所以要写前言，是因为创新成果具有借鉴推广价值，写出来之后，不仅本企业要看，还要提供给其他企业看。而且还要提交审定委员会进行审定，专家需要了解创新主体企业的基本情况。这样就需要把企业的基本情况交代清楚。

前言部分应包括以下内容：

（1）企业名称、企业资本的所有制性质、资产规模、企业的基本历史沿革。

（2）企业的主营业务或主营产品，生产或销售规模及其在国际、国内同行业所处的地位或排名。

（3）品牌及其他无形资产的情况。

（4）人员的基本情况。

示例一：国网××省电力有限公司简介

国网××省电力公司是国家电网有限公司下属的全资子公司，主要承担建设、运营、发展××电网，为全省经济社会发展和人民生活提供可靠优质的电力保障，促进全省电力资源优化配置的重要责任。在服务于经济社会发展、加快电力工业发展中，××省电力公司不断地成长壮大，公司拥有××个市级供电企业、××个直供直管全资县级供电企业、×个水电厂和××家主要面向电力行业服务的建设、设计、试验科研、学校等单位，公司管辖范围有员工近××万人。公司近年来先后荣获中国一流电力公司、省文明行业、全国五一劳动奖状、电力行业 AAA 级信用企业、全国电力供应行业排头兵企业、全省最具社会责任企业、浙企常青树和浙江省文化建设示范点等称号。

总之，是把企业的基本情况介绍给审定专家，介绍给外界。

二、项目背景

项目背景主要介绍企业为什么要进行本项管理创新，该项成果是针对企业面临的哪些具体问题而创造的，并将企业在实施管理创新之前所存在的内部自身问题、外部环境变化等进行详细分析和归纳，着重反映企业或本单位所遇到的突出问题。一般先分析外部环境变化给企业管理创新提供的机遇或挑战，然后再分析企业发展面临的机遇或挑战，反映出管理创新的必要性、迫切性和可能性。换言之，企业是针对什么问题和所处的内外部环境条件的变化，促使企业必须实施这样的创新，中心内容是回答为什么要创新这一管理方法、管理模式？是在一个什么情况下推出这一新的管理模式和方法的？

其内容大体包括三个方面：①适应环境形势变化及自身发展对管理提出的新的要求；②现有管理方法、方式达不到要求的管理效果；③已经具备了某一方面开展创新的条件。

写好背景要注意"五要""五不要"：

（1）背景的描述或挖掘要紧扣题目，回答清楚为什么要进行这一创新，不要脱离题目去写背景，否则会出现题目和背景逻辑上的扭曲。

（2）要把理由一条一条梳理清楚，彼此之间不重复，有一定逻辑关系，不要写乱了。

（3）要把理由一条一条表述清楚，让读者看得明白，不要匆匆忙忙，一条没有讲透彻就转入别的话题。

（4）背景是针对企业存在的问题和差距或所追求的目标和上级的工作部署进行归纳的，要有一定的深度，眼光要看得高一些，充分说明它的重要性、迫切性，不要仅仅就事论事讲理由，否则会限制"做法"的归纳和挖掘。

（5）背景部分的语言表达有一定的规律可循。就一般情况而言有以下表达方式可借鉴，同时背景要与后面的具体内容和做法相照应，不要前后无关联性。如，

……的需要；

……的要求；

……的必然选择；

……的必然要求。

项目背景可从各种社会、经济、政治、文化和科学技术等领域的发展和变化，以及在这些领域中所提出的问题、亟须解决的矛盾和需要研究的课题等。项目背景扮演着指引研究方向、明确研究内容、提高研究的实际意义和科学价值等作用。一般可以从以下六点来考虑：

（1）社会背景。文化、教育、社会制度、社会结构和社会意识等方面。这部分内容主要是说明社会环境对研究的影响。例如，研究某种社会现象需要了解国家政策和法律法规对该现象的规定，掌握当地的文化背景和尊重当地的社会风俗等。

（2）学术背景。学术背景主要指相关领域内的研究成果、发展趋势、学科体系、理论框架等。研究者需要做到既掌握学科前沿的理论研究，又要深入调研现有的学术成果，以推进研究的深入和发展。

（3）经济背景。经济背景主要包括数据、指数、统计等信息。例如，研究一种产品的市场前景需要掌握该产品在市场中的历史表现、消费者评价以及需求量等数据。

（4）环境背景。环境背景主要指被研究对象所处的环境和空间位置，包括季节、天气、地理位置等。例如，研究某种植物的生长环境需要考虑到季节、气候变化等影响因素。

（5）人文背景。人文背景主要涉及种族、宗教信仰、文学与艺术、历史和社会道德价值等方面。例如，研究某种艺术形式的鉴赏需要了解该艺术形式所处的时代背景、艺术流派等相关背景内容。

（6）技术背景。技术背景主要指当前的技术发展状况、前沿技术和应用技术等。例如，研究某种新型技术的推广需要了解该技术的产品性能、产品价格和市场销售情况等信息。

项目背景是构建研究框架，制订研究目标，阐释研究价值等的基础。切记要准确描述，科学分析。可将项目背景归纳总结成 3 至 4 点即可，字数控制在 3000 字以内，切记：要紧紧地针对成果题目，回答清楚为什么要进行这一创新，不要离题；要把理由一条条梳理清楚，彼此之间不重复，有一定逻辑关系，不要写乱了；要把理由一条一条表述清楚，让读者看明白，并且心服口服，不要匆匆忙忙，一条没有讲透彻就转入别的话题；眼光要看得高一些，充分说明它的重要性、迫切性，不要仅仅就事论事讲理由。

示例一：企业全面强化基础管理的创新与实践

1. 企业快速发展需要全面强化基础管理；

2. 企业重组整合需要全面强化基础管理；

3. 安全生产形势严峻需要全面强化基础管理；

4. 提升企业竞争力需要全面强化基础管理。

示例二：发电运行现场量化创优管理的背景

1. 企业指导思想转向了以安全为基础，以效益为中心；

2. 随着内部潜力的挖掘，企业发展空间越来越小；

3. 企业面临"厂网分开，竞价上网"的电力体制重大改革；

4. 推进管理创新，寻求带动企业持续提高效益的关键在现场。

总之，是对该创新的必要性和必然性的挖掘与阐述。上述表达方式仅是常见的，但不是绝对的。执笔人完全可以根据文章的要求写出合乎逻辑的、符合实际情况的表达方式。

三、成果内涵和做法

成果内涵和做法主要描述管理创新成果的理论根据和基本内容，要围绕主题、内涵、主要创新点展开具体做法，对成果所采用的现代理论、理念或具体实践进行高度概括总结，突出反映成果的创新特色，切勿将各种做法简单罗列。成果内容的描述，一是描述成果的主要构架与功能、操作步骤、具体做法、实施的关键点、难点及解决过程和主要措施，创新中的主要体会和注意的问题。二是要有必要的数据、实例、图表、公式等，做法必须具体，有可操作性。

该章节是成果材料的核心，也是最重要的一部分。其中，内涵需要提炼、概括，各项做法应包括以下内容：是什么？为什么这么做？怎么做？成果必须要在管理经验基础上进行提炼和升华。不能只写企业做了什么事，只作是一般性的总结和归纳，而没有蕴藏其中的管理道理和理论基础。

（1）理论依据。理论依据是理论层面的依据，在行动之前要从理论上去论证行动的合理性，必要性等，就是人们在各种物质性的和精神性的实践活动中的思想观念基础或出发点。表示以某种事物作为论断的前提或言行的基础；作为论断前提或言行基础的事物；以某种既定的理论规则为依据。

理论依据的特点包含抽象性、逻辑性、系统性、可证实性与可证伪性，是理论的五大本质特征。人类形象思维的成果，如书法艺术作品不是理论。没有抽象性与严密逻辑推演过程的随感、散文、技术、实验报告、可研报告、方案设计、模式设计、数学模型、政策建议等不是理论，只有观点不成逻辑体系的看法不是理论。可证伪的不科学理论、不可证实也不可证伪的非科学理论不是理论。暂未证实也未证伪的学说或假说也不是理论。学术规范是指学术研究必须运用一般科学方法，研究成果必须符合科学学基本原理，理论阐述必须符合形式逻辑与对称逻辑，文字表述必须符合学术论著格式要求。

选择的理论依据要紧扣中心论点，做到观点和论据统一。选择的论据必须具有典型性：即典型性具有代表性和普遍性，是人们普遍认可的。包括经典著作、权威言论、知名事例、自然科学的原理、定律、公式等。有些同学在写作时习惯用身边的人和自己的经历来说理，因为平时积累不够。真伪就不用说了，很难鉴别，概率也很大，很难让人信服。选择的论据必须是新颖的：要在生活中积累，在阅读中收集，在应用中创新。选择的论据必须是真实可信的：不能胡编乱造，错误的论点或片面的捏造都会导致经不起推敲的论点。

（2）基本内容。成果的基本内容是报告书的主题，占主报告总篇幅的70％。它要回答成果"是什么"的问题。基本内容要讲清楚我们针对什么问题进行怎样的创新，即：创新的基本思路和基本做法。写好做法是一个深度思考的过程，必须进行深度的、系统的挖掘、归纳、梳理才能写好。怎么写好基本内容，主要注意以下三点：

1）紧扣主题，呼应背景，做法的内容要保持与主题、背景逻辑上的一致性。

2）抓住创新点去归纳做法。创新点从哪儿入手去切入呢？我们在前面讲什么是管理创新的时候，曾经讲过，管理创新是企业运用现代管理思想及理论，借鉴国内外先进管理经验，从企业实际出发，在管理理念、组织与制度、管理方式、管理方法和手段等方面所进行的成果探索。那么，理念、组织、指挥、制度、措施、流程、方式、方法、手段等就是切入点。

3）注重创新点的体系性归纳。任何一项管理创新它所涉及的创新点都不是单一的，而是一个体系。是一系列管理要素的集合。我们在归纳做法时务必把这些"点"、这些"要索"都要归纳进来，使其成为一个整体。

注意：

（1）成果的理论依据不要照抄书本，而要在内涵、特征的表述中体现管理的理论经验。

（2）主要做法一定要围绕题目来总结，不能偏离主题另写一套。

（3）内容要生动、例子要鲜活成果能否成功，除了选题准确、总结提炼要有一定高度外，内容是否生动也是非常重要的。因此，要注意成果的可读性，把企业生动鲜活的实施例子写进去。

（4）语言要朴实。多用动词和名词，少用形容词和副词。该怎样就怎样，过多的感情描述对成果没有任何帮助只能使人感到华而不实。同时，也不要有什么议论和评论，怎么做的就怎么写，有什么效果就写什么效果，文样才实在。成果材料无论如何撰写，千万不能像有些宣传稿，靠通俗的语言，表达一种感觉，模棱两可，甚至不着边际。

示例：发电运行现场量化创优管理的主要做法

一、确定提升发电运行工作绩效管理的组织结构

二、确定评分方式，制定评分标准

三、工作绩效量化评分

1. 安全管理积分制

2. 经济指标竞赛评分

3. 文明生产检查评分

四、集体双向排名，做到奖优罚劣

五、个人实行业绩管理，做到优胜劣汰

1. 管理人员实行末位淘汰制

2. 岗位员工实行岗位动态等级管理

六、采取多种手段保证现场创优管理均衡、有序、公正、合理进行

1. 健全制度，规范管理

2. 宏观政策调控

3. 专业技术指导

4. 公正合理统计评比

四、成果主要创新点

成果主要创新点的归纳非常重要，是成果的核心要点。创新点要简明扼要、鲜明突出、让人一目了然，既要切合实际，又不能随意拔高，否则将弄巧成拙。

（1）创新的定义与性质。创新学对创新的定义："首次进行的有价值的活动及其成果"。创新的主要性质：①首创性——只承认第一；②价值性——必须推动某一方面的进步。创新的其他性质：时效性；过程性；地域性；系统性；确定性与不确定性；风险性。

（2）创新的类型。主要类型：①渐进式创新与飞跃式创新；②单一式创新与综合式创新。

其他类型：原始创新（源头创新）与模变创新（在模仿中求变化形成创新）。

（3）创新意识和思维。

1）总结前人的工作：①继承——站在巨人的肩膀上；②发扬——提出和凝练问题——解决——创新。

2）前人未发现或未解决即为原创。

3）前人未彻底解决即为完善。

4）前人解决的问题可以考虑用新的论和新方法（大量）。

（4）创新点归纳可从以下几个方面考虑。

1）第一次用书面文字的形式把新信息的主要部分记录下来，这可以称为"发现"；

2）继续前人做出的独创性工作（在前人的基础上的独创性前进）；

3）进行导师设计的独创性工作（导师提出了可能做出"独创性"成果的方向）；

4）在并非独创性的科研工作中，提出一个独创性的方法、视角或结果；

5）含有其他研究生提出的独创性的观点、方法和解释（几乎是同时提出）；

6）在证明他人的观点中表现出独创性（方法、途径等）；

7）在进行前人尚未作过的实证性研究工作（对前人提出的假设的实证性研究，或新的实证性方法）；

8）首次对某一问题进行综合性表述（首次相关性研究，同样是独创性成果）；

9）使用已有的材料作出新的解释（对前人发现的现象，实验结果等做出新的解释）；

10）在本国首次作出他人曾在其他国家得出的实验结果（被封锁的实验方法、科研成果）；

11）将某一方法应用于新的研究领域；

12）为一个老的研究问题提供新证据；

13）应用不同的方法论，进行交叉学科研究（研究方法的创新）；

14）注视本学科中他人尚未涉及的新的研究领域；

15）以一种前人没有使用过的方式提供知识。

以上几种方法可以解决大半部分管理创新中创新点归纳问题，指导或启发我们在工作中不断地总结经验、积累知识，不断在自己的领域内进行创新。

示例一：如某省级企业申报"基于 ERP 的投资全流程整合管理及可视化应用"材料归纳有五个主要创新点，围绕题目中的三个方面：

（1）进行投资全流程优化整合，打通了部门间的流程壁垒，解决了项目、合同、订单、发票不同步的疑难问题；

（2）推动了外围管理流程信息化与 ERP 系统的对接与互动以及系统刚性约束与管理软约束的对接与互动；

（3）实现了投资全过程可视化应用。

示例二：企业全面强化基础管理的创新与实践

1. 实施管理体系整合

针对公司目前全面质量管理、HSE 管理、内控管理、计量检测、法律风险防控、惩防腐败等管理体系并行，体系林立不可避免地造成一些程序性文件和管理制度内容相互冲突或重复，管理效率降低的问题，进行公司范围内的体系整合工作，通过搭建涵盖业务、制度、流程、标准和表单的管理规范平台，统一规范体系、文件及表单，建立一套既符合公司实际情况、又能满足上级部门要求的简洁、协调的管控体系；

2. 建立特色的检查考核机制

以制度为基础建立涵盖公司制度、上级要求、HSE 审核标准、专业检查标准、和绩效考核等内容的岗位责任检查标准体系，形成"四级检查、双向互动"的岗检考核模式，积极引入体系审核思想理念，建立岗位 PDCA 管理和问题整改的闭环管理，逐步实现检查考核方式由制度执行性检查向管理体系符合性、有效性审核的转变。

3. 培育自主管理的工作机制

通过强化全员参与、分工负责、过程控制、责任考核管理措施，提高专业部门、二级单位及车间参与公司强化基础管理各项工作的深度，逐步培育各单位、部门自己发现问题、自己分析原因、自己确定改进目标和制定对策、自己组织实施、自己检查效果和评定总结的工作机制，有效发挥专业管理和基层管理的主观能动性、不断提升每个专业、每级组织、每个岗位的执行力，实现企业自主管理。

五、成果效益

成果效益主要突出实施效果，反映实施本项管理创新使企业或单位发生的显著变化，既可反映经济效益的提高，也可反映社会效益、生态效益的改善。实施效果必须真实客观，可以只写经济效益、社会效益、生态效益中的一种，也可以是几种效益的组合。效果部分应与背景部分有所呼应，一般先总结管理创新的直接效果，然后介绍间接带来的变化。

成果实施前后的对比效果，文字内容要提纲挈领，并用必要的数据表述。比如优化作业流程，比原来减少了多少流程，哪方面的工作效率提高了多少，减了多少工作量，减了多少人，成本节约了多少，哪些具体的通信服务质量指标提高了多少，年创造的经济效益是多少等等。

编写成果效益时应注意：内容要紧扣成果题目；要分成几个方面，注意社会效益要用数据说话，不能空讲效果；要与企业自身，行业水平，国际水平进行对比。

（1）经济效益。经济效益是指该项成果的经济产出总值扣减实施该项成果所投入的费用而得出的效益，测算新增经济效益可采用以下两种方式、三种方法：

1）直接方式测算。也就是根据项目直接产生的年经济效益进行测算。测算时，不能把新增业务收入作为新增效益额计算，而应把新增业务收入扣除该收入相应的各项成本税金，再扣除本项目的实施成本后计算。比如实施该成果新增年业务收入为 1 亿元 该收入的相应收入成本（含税）率为 70% 项目实施费用 500 万元，那么该项目新增效益额为 10000 万元×（1−70%）−500 万元＝2500 万元。

2）间接方式测算。对于无法计算出直接经济效益的项目，可以把企业新增的年度总效益额再剥离（剔除）以下五项数据后取得。

a. 正常年景下自然增长的企业利润（以前三年企业利润平均增加额计算）；

b. 当年新增投资而相应新增的利润；

c. 非企业生产经营活动带来的效益，如投资收益，营业外损益等；

d. 非本管理创新带来的效益；

e. 项目实施费用等。

成果经济效益主要计算方法：

a. 单项因素直接测定法（缩写为 MTP）。MTP 是成果实施后在成果效益计算年度内实测效益（效率）数据，与该成果实施前一年度的实际或定额进行对比的差量，折算为价值量，再扣减成果实施所需费用后而得出的成果效益。

MTP 只适用于能直接计算经济效益的单项成果，如节约投入材料项目的工、料、管理费、资金、工程费等；增加产出项目的产值、销售收入等；提高市场占有率项目的新增利润数等。

MTP 的通用计算公式为

$$E_m = (Q_1 - Q_0) \cdot r - (\sum_{a=1}^{n} C_a + I) - F$$

式中：E_m 为按 MTP 方法计算出的单项成果经济效益，以现行价格计算的价值量表示；Q_1 为成果实施在成果效益计算年度内的实际完成数；Q_0 为成果实施前一年度的实际数；$Q_1 - Q_0$ 为两者的差额，Q_1、Q_0 可以代表定额、标准、实测数等，可以表现为绝对数、相对数，$Q_1 - Q_0$ 差量可能是劳动量或实物量或价值量，但最终必须换算为以现行价格计量的价值量；r 为将非价值量 Q 换算成计算年度价值量所需的一系列换算用数乘积的总称，如 Q 是产品某原料的消耗定额时，r 就等于计算年度的产品产量乘该原料的价格；$\sum_{a=1}^{n} C_a$ 为所花的各种实施成果费用之和，（I 为实施成果损失费用，F 为非本成果实施所产生的效益）。

b. 相关因素合成计算法（写为 PCP）。PCP 是按综合性成果的构成因素先分别计算出单项因素效益，然后再合成为总效益，并从中减去非本成果实施所产生的效益及实施费用和实施损失费用，即得成果创造的效益。

PCP 适用于成果本身具有相关而又可分离的构成因素，并能按本身构成因素分别计算效益的综合性管理创新成果。

PCP 的计算公式如下

$$EP = \sum_{a=1}^{n} S_a - F - H - (\sum_{b=1}^{n} C_b + I)$$

式中：EP 为按 PCP 计算的各相关多因素的合成效益，以现行价格计算的价值量表示；$\sum_{a=1}^{n} S_a$ 按单项因素直接测定法计算的各种因素的经济效益之和；F 为非本成果实施产生的效益；H 为各因素之间重复计算的效益；$\sum\limits_{b=1}^{n} C_b$ 在单因素计算中未包含的各种综合性实施费用之和；I 为在单因素计算中未包含的综合性损失费用。

3）复合因素分离计算法（缩写为 CSP）。CSP 是在成果效益计算年度内，以成果实施后每年企业实现利润与成果实施前一年度企业完成利润差数为基数，逐项分离并相应扣减与本成果无关因素所创造的效益，得出每年成果效益，然后把成果实施后每年成果效益相加，最终得出成果总效益。这是一种企业总体利润按构成因素反算的计算法。计算公式一般由企业总效益差数、非本成果因素效益、成果实施费用等部分组成。

CSP 适用于不易看出构成因素的综合性管理创新成果效益的计算。这种综合性成果一般具有以下特点：成果作用的范围具有全局性，涉及企业总系统和大部分分系统，或涉及企业总体管理和大部分专项管理领域；成果的多种功能同时作用于某个管理对象；成果在时间和空间上具有交叉性，成果作用的时空界限很难在构成因素间作明确划分。

CSP 的计算公式如下

$$E_c = (P_1 - P_0) - \left(N \pm \sum_{a=1}^{n} T_a \pm \sum_{b=1}^{n} R_b \pm \sum_{c=1}^{n} F_c\right) - \sum_{d=1}^{n} C_d$$

式中：E_c 为以 CSP 方法计算出的综合管理成果效益，以企业实现利润表示；P_1 为成果实施后在成果效益计算年度内的企业总效益；

P_0 为成果实施前一年度的企业总效益；N 为未实施本成果时在正常年景下自然增长的经济效益。通常采用成果实施前三年（未实施本成果）的平均值；$\sum\limits_{a=1}^{n} T_a$ 为各项投入效益之和，投入效益是指新投入固定资产（包 $a=1$ 括基建、技改）而扩大生产能力或提高产品水平而取得的效益；$\sum\limits_{b=1}^{n} R_b$ 为各项外因效益之和，外因效益是指非企业生产经营活动带来的效益，而是因外部条件而获取的效益；$\sum\limits_{c=1}^{n} F_c$ 为各项非管理效益之和，非管理效益是指非管理因素而获取的效益；$\sum\limits_{d=1}^{n} C_d$ 为成果实施所花的各项费用之和；I 为实施成果损失费用。

（2）社会效益。社会效益是从全社会的角度考察企业社会责任的履行情况及产生的效益，包括企业获得的非经济效益和社会因企业行为而获得的效益，即企业对社会发展做出贡献的过程中得到的非经济回报，以及积极践行社会责任，给利益相关者带来的非经济效益，包括因特殊贡献而得到政府、社会的认可，创造就业机会、支持公益事业、促进"三农"发展、为推进我国企业管理现代化提供示范等。社会效益可从竞争力的提升、市场地位及工作效率的提高、经济质量的改善、员工观念改变、积极性的提高、制度的完善、流程的改进、新体制机制的建立等方面来综合考虑，最好用数据说话，要有期初、期中、期末数据对比或与目标单位对比。

示例一：企业全面强化基础管理的创新与实践

1. 部员工的观念、认识发生转变

2. 各专业基础工作得到改善

3. 现场环境较以前明显改观

4. 装置长周期运行水平明显提高

5. 安全生产形势明显好转

（3）生态效益。生态效益是从生态平衡的角度来衡量效益，即企业以减少浪费和污染、实现可持续发展的环境理念为指导，通过管理创新活动，在减少生产投入量、废弃物的产生量，提高产品可回收率、耐用程度和使用价值等方面取得的效益。企业提高生态效益就是在提供优质、实用产品的同时，将产品整个生命周期内对环境的影响及资源的耗用降到最低程度，可从三废减排、三废综合利用、自然环境的改善、生产多样性的影响、生态经济建设、对气候的影响等来综合考虑。

示例一：现代电力企业生态文明管理

1. 初步形成现代化生态文明管理格局

2. 电力系统可持续发展水平显著提高

3. 树立了良好的社会形象

六、附件及其他

附件内容主要是为了说明管理创新成果的完整性，但编入正文有损于正文的处理和逻辑性，这一类材料包括比正文更为详细的信息研究方法和技术的叙述，对于了解正文内容具有重要的补充意义。主要包含：由于篇幅过大或取材于复制品而不便编入正文的材料；某些重要的原始数据、数学推导、计算程序、注释、框图、统计表、打印机输出样片、结构图等。

第四节　管理创新课题的注意事项及常见问题

一、管理创新课题注意事项

（1）主报告应控制在 5000～15000 字。省级以上成果应在 1 万字左右，并附有目录。主报告中未能详述的内容，可以附件的形式加以补充。主报告以第三人称阐述，一般采用企业简称，不要以"我们""我厂""公司"简称等。撰写前查阅历届获奖成果，避免重复，写出新意，严禁虚构成果和抄袭已经发布的成果。

（2）主报告在表述方式上应与一般的工作总结、经验介绍、实施方案和论文有所区别，要围绕主题，突出创新点，不要面面俱到。成果来源于工作实践，但它是将工作经验进行严格的科学提炼后的升华，并经过一定时间实践考验后的结果，未经一定时间实践考验的论文等不能当作管理成果。管理成果一般要求实际应用一年以上时间。管理创新成果要结合企业管理基本原理对创新活动进行理论阐述，应具有一定理论性、科学性、系统性和可操作性，单纯的工作经验或工作总结不能当作管理创新成果。工作总结围绕某项工作来写，主题是多元，基本结构是做了哪些工作、取得了哪些成绩、存在哪些问题及改进措施，或者是下步工作安排等。

创新成果只有一个主题，有理论价值，围绕管理思想、管理方法、管理技术的创新来编制的，只写正面的东西，不写反面的东西。创新成果与经验介绍、实施方案、论文的区别与联系如下。

1）经验介绍。区别：经验介绍可以有多个主题，一条措施就是一条经验；经验侧重于总结是成功之处，创新成果侧重与众不同之处。联系：都是总结实践经验，选取经验中的某一点可以编制管理创新成果。

2）实施方案。区别：实施方案是事先设计，强调可操作性，不注重创新；管理创新成果是事后总结，着眼于有成效的创新。联系：部分方案实施后可以改造成创新成果。

3）论文。区别：可以是纯理论探讨，不必进行实践；也可以是对实践进行理论抽象，总结一般规律，创新成果总结是创新点；论文是一个论证过程，创新成果说明过程。联系：创新成果一般可以改成论文，但论文不一定可以改成创新成果。

（3）管理成果的主题要明确突出，要有特定的工作对象，功能和作用范围，要围绕主题直截了当地表明用什么办法解决了什么问题，切忌面面俱到，包罗万象，更不能随意拼凑。

（4）主报告文字表述要科学、准确、清楚、朴素，各类表格、数据、计量单位等要按照公开出版物的标准编排，对过于专业的技术或专门术语要做出解释。报告中应辅以必要的实例和数据、图表。但主报告层次不宜太多，尽量不要超过"一、（一）、1、（1）"4级。图表尽量选用现实状态，过去状态可以用文字介绍。举例说明时，每个问题最好只选取一个例子。

（5）要正确掌握"创新"要领，注意突出反映该成果的创新点。"创新成果"可以是运用已有管理方法和手段的结果，但是必须在关键环节上要有所突破，做到结构有所不同，性能有所提高，有明显区别于已有方法和手段的特点并具有明显高于已有方法和手段的效益、效率和水平。

（6）要准确确定成果的名称。成果名称一定要简短明了，要能够顾名思义、一目了然地反映该成果内容，避免小题大做和大题小做。

（7）善于用统计、财务等数据说明问题既然我们做的是管理创新成果，管理的味道就要很浓。这种浓厚的管理味道不仅表现在题目上、内容结构上、语言风格上，而且善于运用统计、财务等数据来说明问题。用数据说明问题，不仅使文章增色不少，而且具有很强的说服力和震撼力。管理的各个环节、各个领域都有很丰富的统计数据，我们要善于挖掘和运用这些数据来说明问题。有不少企业的同志在写这类文章时，不善于运用数据，而是罗列许多词汇，不仅使文章冗笔较多，而且缺乏说服力。除了数据之外，各种图表也是我们常用的工具。如流程框图，组织结构图、饼图、柱状图等等。

（8）不要写成 QC 成果或科技项目成果。有些管理创新成果与 QC 成果有相关性，但 QC 成果是某一个技术或管理上的点，而管理创新是综合性的管理成果，不能按照 QC 的套路写。科学项目的成果重点是新技术的研究和利用，而管理创新重点是经营管理。因此即使是从科技项目衍生而来的管理创新项目，成果报告中技术是支持管理的一个手段而已，技术本身的内容不要展开。

管理创新成果的主报告相互之间虽然它们都在进行着内容不同的各自分述，但自始至终它们都在为课题这条主线来服务，几者之间既相互独立、又承上启下，既环环相扣、又前后呼应。因此，请大家在撰写主报告时务必把握好前言、背景、内涵和做法、创新点、效果、附件及其他之间的关系。前言就是简单明了的大致讲解企业现状和特点；背景就是为课题的提出做好铺垫，为内涵的思路打好基础，为最终的效果埋下伏笔；内涵就是为解决背景中的问题提出的构思，为做法的实施谋划出框架，做法就是按照内涵中构思构架组织实施的过程介绍，为最终效果提供依据；创新点就是高度概括本文与现有方式在方式方法上的不同之处；效果就是对背景中问题解决后的结论，对内涵和做法组织实施后产生效益的答案；附件及其他中补充说明正文中的内容，起到侧面论证的作用。

二、管理创新课题常见问题

（1）主题方面存在的问题。

1）主题不明确，究竟是什么主题，或以什么为主题，笔者都难以说清；

2）主题太一般或者不能将创新的成果提升、突出，一看就觉得创新性不够；

3）主题太大，让人难以抓住，做法也难以表达；

4）主报告题目与做法所体现出的主题不一致。

（2）背景方面存在的问题。

1）内容太宏大，可放之四海而皆准；

2）描述的现状太糟糕；

3）文字太多，不精练；

4）与主题扣得不紧，与做法不相照应。背景是背景，做法是做法；

5）背景中没表述现状（存在问题），而做法中充满了问题。

（3）标题方面存在的问题。

1）用两段甚至三段文字表述；

2）明显表现为论文、工作汇报交流类文章的标题；

3）标题没有准确表达创新主题，甚至不知道表达的是什么；

4）标题文字片面追求高、新、全；

5）概括提炼不够，文字太多，没反映本企业的特色或者推广价值有限；

6）没有吸引力，不能引起评审老师或者读者的兴趣，显得很一般。

（4）内涵方面存在的问题。

1）多表现为理论表述或"什么管理"的解释，没有总结和升华；

2）与后面的做法没有直接的关系，似乎在讲另外的问题，或者整篇不知所云；

3）实际为内涵的文字放在了其他地方。

（5）做法方面存在的问题。

1）做法很粗糙，没有把做法写清楚，体现不出可操作性；

2）没有把创新点真正挖掘出来，显得很空洞一般；

3）做法上缺乏归纳提炼，逻辑不严谨，或层次不明晰甚至混乱；

4）每个做法的标题与下面所述内容不一致；

5）小标题不准确、简练，甚至硬性凑成排比形式或者某种模式；

6）理论论述过多，如何将管理创新运用在企业实践中没有论述，理论没有联系实际，发生两张皮的现象；

7）图文不能并茂。或者整个成果全是文字，没有图表；

8）层次太多，有的多到六、七个层次，没有归纳总结。

第四章　典　型　案　例　分　析

案例1　基于电力物联网的综合能源服务
体系构建与实施

一、背景

（一）实现国家能源安全新战略、助推高质量发展的需要

作为保障国家能源安全、参与全球市场竞争的"国家队"，作为党和人民信赖依靠的"大国重器"，以国家电网有限公司为例，该公司牢记使命责任，深入贯彻党的十九大精神和"四个革命、一个合作"能源安全新战略。为实现国家能源安全新战略，迫切要求解决两方面问题：一是能源强度高，是世界平均水平的1.5倍，是经济合作与发展组织（OECD，美欧日为主的36个市场经济国家）平均水平的2.7倍，能源效率明显偏低，污染物排放严重，危害人民群众健康安全水平；二是能源系统安全性有待提升，当前我国终端能源消费中石油、天然气等对外依存度很高，各类能源相互解耦，未能实现跨能源种类的系统性优化运行。国家电网有限公司顺应能源革命和数字革命融合发展趋势，大力发展基于电力物联网的综合能源服务，推动能源消费从技术节能和管理节能向系统节能转型升级，推进多能互补协调优化，助推经济增长与高能耗"脱钩"的高质量发展。

（二）创新电力物联网发展应用、建设世界一流能源互联网企业的需要

新一轮科技革命和产业变革正在重塑全球经济结构，互联网与传统产业跨界融合已成为新常态和大趋势。在瞬息万变的互联网时代，跨界竞争日趋激烈，部分传统行业遭受剧烈冲击，大批互联网高科技企业快速进军和布局能源领域，加速传统行业格局重组。这给公司带来了前所未有的机遇和挑战。国家电网有限公司顺应跨界融合趋势，借助"云大物移智"技术发展，以建设电力物联网为主攻方向，推进用能设备的泛在接入、实时感知、智能计算、优化控制，打破信息壁垒，促进公司更好地面向客户提供精

准服务，着力拓展新市场、开辟新领域、打造新业务，大力开拓综合能源服务等新兴蓝海市场，将传统依靠投资的动能转变为依靠综合能源服务市场创新、技术创新和模式创新的新发展动能，促进公司早日成为世界一流能源互联网企业。

（三）破解综合能源服务发展难题，提升综合能源服务价值创造力的需要

随着能源转型升级提速，能源、电力、用户三者之间的关系变得越来越紧密，"综合能源服务"应运而生并快速发展，打破了不同能源品种单独规划、设计、运行的传统模式，实现了横向"电热冷气水"多能源品种之间，纵向"源网荷储用"能源多供应环节之间的协同以及生产侧和消费侧的互动。

随着电力市场化改革的深入推进，市场化交易比重不断提升，经济发展新常态拉低用电量增速，围绕终端用户的综合用能服务和价值创造，逐渐成为各方争夺的焦点战场。各类售电公司、能源服务公司在开展市场化业务的同时，把为客户提供电力增值服务、用能优化、能源托管等全方位延伸服务作为主攻方向，建立与客户高度黏性关系，同时各类市场竞争主体（燃气公司、发电公司、互联网公司等）依托各自主业优势积极拓展综合能源服务，国家电网有限公司传统售电市场、供电服务面临极大竞争压力，存在"被管道化"风险。国家电网有限公司发展综合能源服务，持续深入挖掘终端用户需求，有利于提升客户粘性，实现对"管道"和"内容"的双重把控，避免"被管道化"风险。

2019年，国家电网有限公司提出"建设具有中国特色国际领先的能源互联网企业"战略，将促进公司能源服务方式转型升级，综合能源服务将成为高成长性的市场化主营业务。综合能源服务全方位承载打造"枢纽型、平台型、共享型"企业的重要任务。电力物联网和综合能源服务均聚焦终端客户，是基于供电业务向客户侧的拓展延伸。公司充分发挥电网企业的品牌优势、网络优势、客户优势、资金优势、技术优势，积极破解综合能源服务当前存在的机构、人才、技术、机制等方面的短板，积极抢占万亿级综合能源服务市场，有利于落实国家能源发展战略，推动全社会节能减排；有利于巩固公司售电市场、拓展业务范围、提升客户服务新能力；有利于推进电能替代，带动公司相关产业发展，培育新的市场业态和效益增长点。

二、内涵和主要做法

以电力物联网技术为"引擎"，以"智慧能源服务平台"为"支撑"，以国家电网有限公司电网基础设施、用电客户、服务资源、数据资产、品牌形象五大独特优势资源为"油箱"，以综合能源服务业务与传统用电业务融合为"龙头"，构建以电为核心、覆盖客户全生命用能周期、业务融通、服务增值、管理精益的"361"电力物联网综合能源

服务体系，靶准 3 个服务定位（能源综合服务运营商、能源产业资源整合商、能源生态系统服务商），全面构建综合能源服务 6 大业务营运体系（综合能源服务组织体系、业务体系、营销体系、生产体系、支撑体系、保障体系），打造 1 条综合能源服务全产业生态圈价值链，提升综合能源服务水平，提高能源生产转化效率、电网设备利用效率和能源综合利用效率，助力能源绿色转型发展，开创综合能源服务业务新局面。基于电力物联网的"361"综合能源服务体系构建与实施架构如图 4-1 所示。

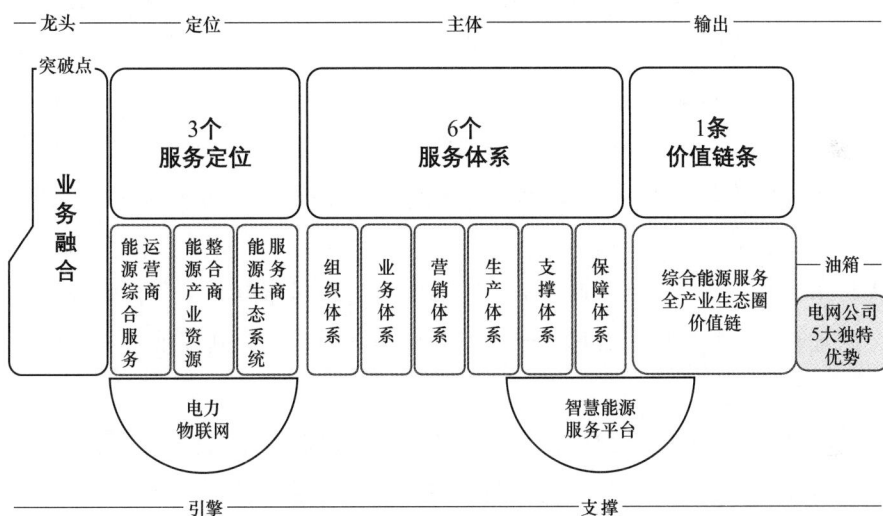

图 4-1 基于电力物联网的"361"综合能源服务体系构建与实施架构

（一）借鉴国内外综合能源服务先进经验，聚焦综合能源服务目标

1. 研究借鉴国内外综合能源服务典型案例

（1）详细探索综合能源服务的产生与历程，深入研究国外较早开展综合能源服务业务的国家，包括德国、美国、日本、新加坡、英国的综合能源服务发展战略、主要做法，为综合能源服务目标规划奠定了坚实基础。

（2）全面研究国内政策概况和发展现状。在我国能源革命的宏观背景下，新一轮电力体制改革丰富了综合能源服务的能源交易方式，能源互联网和多能互补集成优化示范项目建设指明了综合能源服务的发展方向。深入分析国内综合能源服务发展路径、综合能源服务价值定位分析、综合能源服务目标客户、综合能源服务收入模式、综合能源服务业务服务内容等，为聚焦综合能源服务目标提供了有益借鉴。

（3）选取国内综合能源服务先进经验研究对象。目前国内典型的综合能源服务供应商有南方电网综合能源有限公司、广东电网综合能源投资有限公司、华电福新能源股份有限公司、新奥泛能网、协鑫分布式微能源网、远景能源、阿里云新能源等。

（4）总结综合能源服务两类发展路径。一类是产业链延伸模式，如新奥、协鑫和华电的发展模式：新奥是以燃气为主导，同时往燃气的深度加工——电、冷热供应方向发展；协鑫以光伏、热电联产为主导，同时向天然气、智慧能源布局。另一类是售电＋综合服务模式，是将节能服务或能效服务等增值业务整合在一起的能源服务，相比于前一种模式对其产业基础要求较低。

2. 制订综合能源服务总体目标思路

国家电网有限公司基于"建设具有中国特色国际领先的能源互联网企业"战略目标，聚焦世界一流能源互联网企业建设，借鉴国内外综合能源服务发展先进经验，推动电力物联网与综合能源服务高度融合，不断加强技术、运营和机制创新，以客户侧泛在物联网为基础，以综合能源服务平台建设为依托，打造综合能源服务六大体系，全力支撑综合能源服务生态圈构建，着力推动公司综合能源服务水平的提高、管理能力的提升。

加强技术创新，构建泛在物联。充分把握电力物联网建设对于综合能源服务的核心作用，不断加强电力物联网设备层、平台层和应用层的技术创新，推动客户侧电力物联网建设。

加强运营创新，创造平台价值。充分发挥综合能源服务平台渠道、资源优势，加快推进内外部合作共享，营造开发合作创新生态。基于互联网思维不断创新综合能源服务平台的运营模式，重点突出引流、赋能和运营三大核心要素，打造综合能源服务平台经济，全力支撑综合能源服务生态圈构建，协助政府制定能源发展政策，推动平台合作，推动产业升级发展。

加强机制创新，实现合作共赢。积极推动公司内部综合能源服务机制创新，整合社会资源，建立综合能源服务生态圈，实现合作共赢。以综合能源公司混合所有制改革为抓手，激发企业活力，组建属地分公司，加强前端服务能力，创新薪酬激励和分级决策机制，持续提升综合能源公司核心竞争力。组建综合能源服务产业联盟，开展平台撮合交易，建立专家团队，不断扩大生态圈影响力。

（二）全力推进客户侧电力物联网建设，推动综合能源业务发展

1. 建设客户侧电力物联网标准体系

（1）建立客户侧电力物联网设备技术标准。编制《综合能源服务平台系列规范：采控设备技术规范》，提出针对终端采集设备的技术要求、安装规范及调试流程。

（2）建立客户侧电力物联网平台接入规范。编制《综合能源服务平台系列规范：总则》《综合能源服务平台系列规范：采控设备调试规范》《综合能源服务平台系列规范：信息交互和通讯规范》，规范综合能源主站数据接入、交互、终端调试的要求。

（3）建立客户侧电力物联网施工管理规范。编制《综合能源客户侧接入工程实施管理方案》，明确各参与方的职责分工，制订详细的管控措施和要求。

（4）建立客户侧电力物联网标准采集方案。编制《工业企业综合能源标准化采集控制方案》《楼宇综合能源标准化采集控制方案》《综合能源通用设备采控终端标准化安装位置方案》，规范现场数据的采集要求。

2. 研发客户侧电力物联网关键技术装备

（1）研发综合能源智慧网关。采用统一标准的系统开发环境，应用物联网硬件平台化和软件 App 化的整体架构，实现对多种能源采集终端的数据汇集、规约转换、数据处理和设备管理等功能。

（2）研发非侵入式检测终端。通过对电力负荷入口处的电压、电流及功率信息进行测量，运用迭代优化负荷识别算法，获取负荷内部不同用电设备实时功率消耗情况，采集客户用电特征。

（3）研发客户用能设备控制终端。集能源采集、能效分析、开关控制、通信功能于一体，实现客户侧电能信息采集、负荷分析和控制，自动匹配需求响应，提升客户侧电能使用效率。

（4）研发用户行为感知互动技术。在用户多能数据整合分析建模基础上，利用 5G 技术进行多能数据的实时采集、传输，对用户数据进行智能分析预测，实现用户行为感知，智能互动。

3. 聚集客户侧电力物联网建设合力

（1）加强政府沟通，争取政府支持。主动对接政府，向发改委、工信厅等相关部委汇报，推动市场化售电、需求响应等政策及相关法律法规的发布，并与政府等相关部门共享数据资源，助力客户侧电力物联网建设。

（2）创新盈利模式，推动市场化进程。逐步开展能源金融服务，如碳交易、绿证交易，促进节能减排与电能替代，研究平台自身的盈利模式，适时建立会员制，推行客户侧差异化服务。

（3）加强大数据分析，引导客户参与。针对客户侧能效监测数据开展大数据分析，挖掘客户潜在价值，为客户提供用能建议和方案，引导客户主动参与电力物联网建设。

（4）加强社会合作，形成工作合力。以电网公司为主体，以构建平台经济为导向，以高黏性服务为核心，以信息化系统为基础，以合作共赢为依托，打造社会、企业、服务商多方共赢的格局。五是加强系统和数据运维，保证服务质量。建立专业运营团队，开展平台的日常维护以及主站数据接入联调的统一管理，及时发现系统及数据监测中存在的问题并加以解决，大大提升了客户侧能效监测的准确性和服务质量。

4. 打造全场景客户侧 CPS 系统示范项目

积极推进客户侧电力物联网建设，聚焦商业楼宇、工业企业及园区、社区多能服务等典型场景，试点在天津、山东、江苏、浙江等浙江某供电企业推进信息物理系统（CPS）项目建设，打造园区、医院、楼宇、商业综合体、工矿企业等重点示范项目。

（1）建设园区多能互补协调优化系统。如国网山东电力建成国内首个"电力物联网"示范台区。国网河北电力开展"中国供销华北农副产品交易中心农商综合体智慧能源"项目，打造智慧园区与综合能源服务的双示范工程。

（2）建设商业楼宇空调智能控制系统。如江苏某供电企业在国内率先创新开展商业楼宇空调智能控制系统建设，对商场、写字楼等商业楼宇中央空调开展柔性控制改造。

（3）建设工业企业自动需求响应系统。如江苏某供电企业建成国内首个工业企业自动需求响应系统——南京钢铁集团有限公司自动需求响应示范项目，实现了柔性负荷控制技术在工业领域应用的突破；首创了用户预案管理子系统；单次需求响应规模可达 8万千瓦，项目成果达到国际领先水平。

（三）精心打造智慧能源服务平台，全面支撑智慧城市发展

1. 搭建先进的综合能源服务平台技术架构

适应内外部形势和综合能源服务业务发展需求，运用先进的技术架构，遵循信息化统一规划，广泛应用"大云物移智"技术，建成以客户侧用能控制系统（CPS）为基础，以共享服务为核心，以灵活微应用为手段，具有"社会用能全面监测、能源使用智慧高效、柔性负荷可调可控、源网荷储协调互动、客户服务智能便捷、架构柔性敏捷迭代"六大特征的智慧能源服务平台，全面支撑综合能源服务业务发展和客户侧电力物联网战略落地。智慧能源服务平台总体架构如图 4-2 所示。

2. 构建开放共享的综合能源服务平台功能体系

（1）建设基于电力物联网的能源数据及能效评价中心。汇集内外部数据资源，包括客户侧能效在线监测数据、省综合能源服务公司专属平台数据、区域能源服务中心数据、各类园区、楼宇、工矿企业等客户定制化能源管理子系统数据和社会能源企业服务平台数据，依托综合能源评价体系理论成果，开展大数据分析，支撑平台服务和运营。①依托综合能效评价体系各层级评价模型，实现"设备-用户-行业-区域"全方位综合能效评价；②基于各类能源数据，研究开发潜力项目挖掘模型，通过模型计算和样本验证，生成潜力项目，催生平台合作机遇，如浙江某地市某供电企业打造国内城市级综合能源监测平台，广泛采集能源经济数据；③开展行业和产业能源数据分析，辅助支撑政府和行业主管部门制定区域能源政策和产业政策。

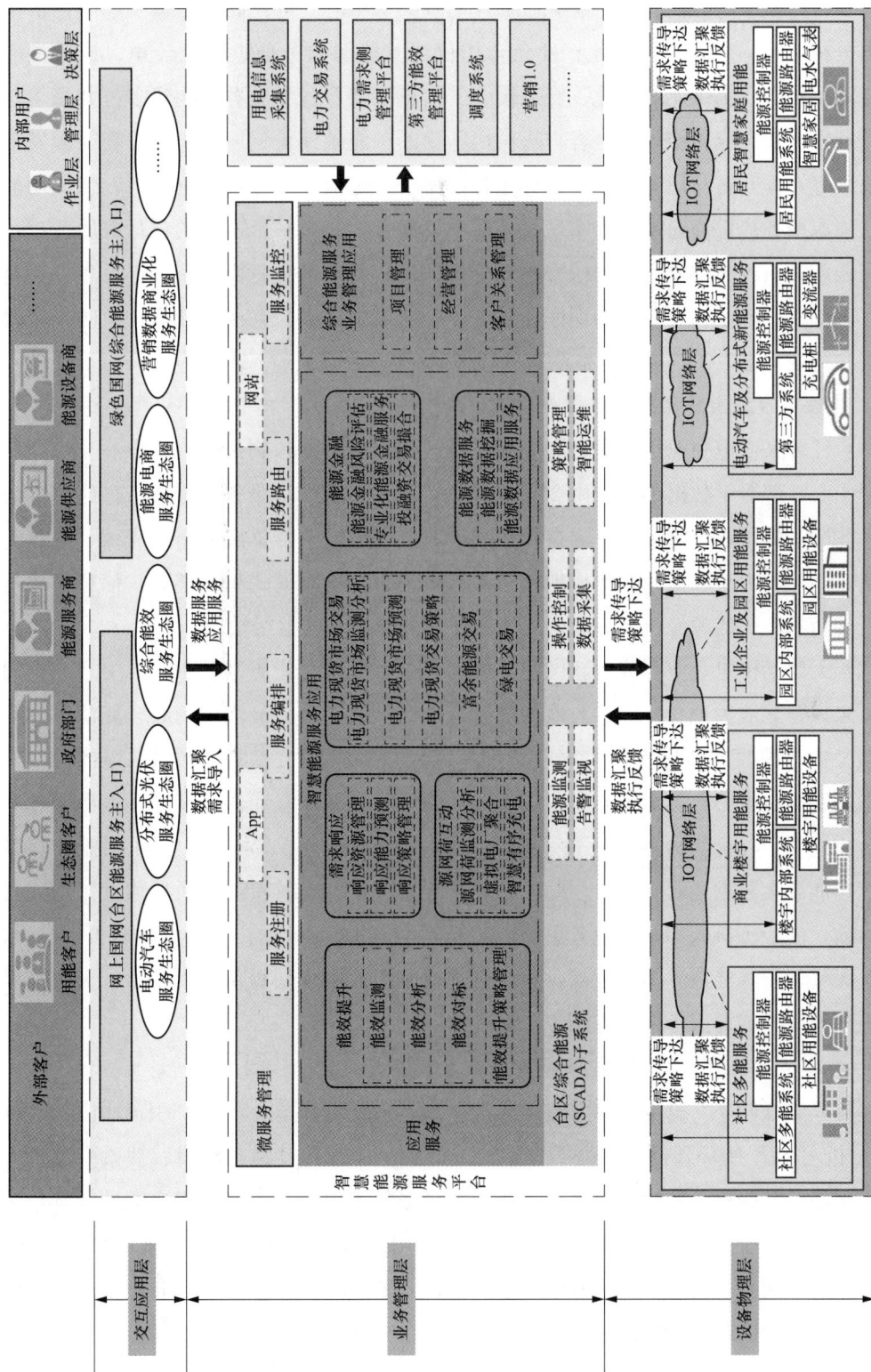

图 4-2 智慧能源服务平台总体架构

（2）打造基于电力物联网的能源服务互动及共享中心。依托能源数据及能效评价中心数据分析结论，为政府、企业、社会合作伙伴（能源服务商、售电公司、设备供应商、金融机构等）提供能效优化、交易撮合、信息互动等各类服务，构建多方共赢生态圈。①利用大数据分析结果，为客户提供用能诊断、能效评价、应急抢修、新能源发电等增值服务，提升客户用能水平；②构建客户需求资源池和服务响应资源库，促成用能客户、能源服务提供商通过平台实现交易或项目撮合；③对平台撮合的项目或服务进行全过程跟踪，对各参与方行为与信誉进行分析评价，引导平台良性运营，提高各方参与平台互动黏性；四是构建平台知识库，共享综合能源服务优秀案例和成果，及时发布政策法规和行业动态。

3. 建设城市级智慧能源服务管理中心

（1）江苏某供电企业在同里自有能源交换区建立全直流预制式"三站合一"综合能源数据中心，部署了数据中心，由 24 面机柜、130 台 2 路 PC 服务器组成，存储总容量达到 1.8PB，提供综合能源服务泛在物联采集环境。数据中心集成分布式光伏、冷热电三联供、储能及大型数据站，形成地域空间有机集合、功能模式相互整合、信息物理高度融合的信息流、能源流、业务流"三流合一"的能源互联枢纽站。

（2）天津某供电企业在滨海新区建立中国首个省级综合能源服务中心，为客户全面展现了未来智慧能源理念、技术与应用场景，并提供最全面、最优质的综合能源整体解决方案。中心规模 4720 平方米，分为三层，涵盖"体验中心、运营中心、研究中心、数据中心和交付中心"五个中心定位，实现"两网融合展示互动体验、综合能源服务项目平台化运营、社会综合能效评价、综合能源方案库与产品库构建、产业联盟活动基地、客户能源大数据运营服务、'供电＋综合能源'方案定制和工程项目建设"八大功能。目前，中心已接入 189 套业务系统，628 万用户的实时数据；数据种类涵盖了电力、交通、天气、宏观经济等多个方面，为政府进行能源发展规划提供强大助力。天津某供电企业建设综合能源服务中心如图 4-3 所示。

4. 创建"互联网＋"综合能源服务平台运营模式

制订"互联网＋"思维下综合能源服务平台运营的新模式，实现"引流-留存-促活-转化-分析-引流"闭环管理。加强用户引流。开展品牌宣传、活动宣贯、搜索引擎推广等传统手段，开辟服务专栏，增大客户访问量。强化用户留存。基于用户类型及其行为的差异，提供"千人千面"的个性化服务，提高用户对平台的依赖性。推动用户促活。组建专家咨询团队，为用户提供专家答疑、培训和各类服务资源，推送高质量能效诊断报告，刺激平台活跃度。加强用户转化。制订平台专属会员体系，促使部分注册客户转化为付费会员，实现平台商业化运作。强化数据分析。持续跟踪用户行为，分析用户数据，并利用分析结果进行平台产品迭代和服务优化。

图 4-3　天津某供电企业建设综合能源服务中心

（四）全面构建综合能源服务业务营运体系，提升客户服务核心竞争力

1. 建设综合能源服务组织体系

经过近两年实践探索，国家电网有限公司建成"1＋N"综合能源服务组织体系，完成组建包含综合能源服务有限公司等 27 家省级综合能源公司、83 个分支机构，包含以各省公司及其下属综合能源服务公司为核心，国网节能服务公司、国网电动汽车公司为辅助的 1 组实施主体，各大产业、科研单位为 N 个支撑。省级综合能源业务基本形成了较为完备的"2＋2"组织架构。省综合能源公司是业务主体，负责各省业务的整体运作；分支机构和地市公司构建市场前端，挖掘潜在项目；产业单位和科研单位是后台支撑主体，提供专业的技术和设备支撑；集体企业全力配合省综合能源公司，重点承接设计、建设、运维等工作。国家电网有限公司"1＋N"综合能源服务组织体系和省级综合能源业务组织模型分别如图 4-4 和图 4-5 所示。

2. 建设综合能源服务业务体系

（1）构建业务融合流程。以业务融合为龙头，充分发挥传统供用电业务的入口作用，构建"供电业务＋综合能源服务业务"一体化协同的多维流程体系，实现业务主动挖掘与被动受理相融互通。综合运用 95598、App 客户端等线上渠道与营业厅、现场作业等线下渠道，汇聚客户综合用能需求，以传统业扩报装为主线，与供电方案答复同步，推介贯穿客户用能全生命周期的综合用能整体解决方案，按照"一口受理、两线实施、同步施工、有序投运"的项目建设目标，实现传统业务与综合能源服务业务的深度融合。

（2）拓展规划设计业务布局。①依托各地经研院专业优势，建设自主研发创新的规划设计团队。②提升关键规划设计资质，培养引进能源规划设计专业人才。③加大"强强"联合，积极合作开展大型项目方案联合设计。

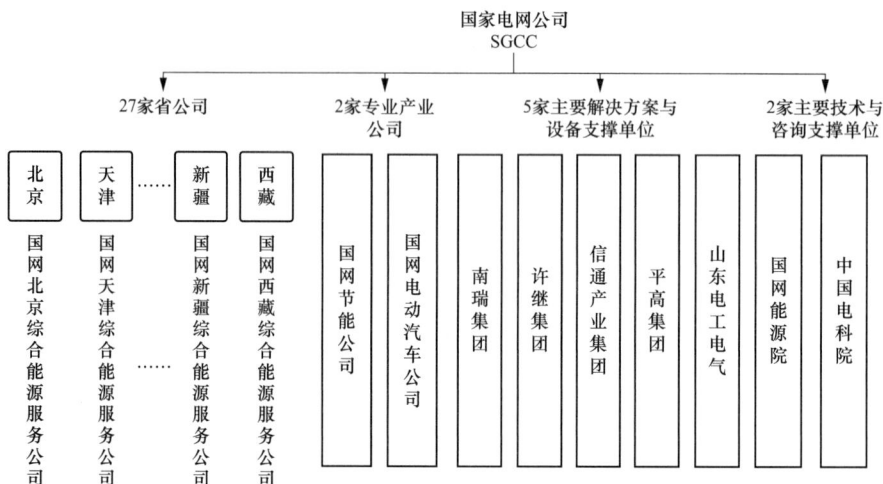

图 4-4　国家电网有限公司"1＋N"综合能源服务组织体系

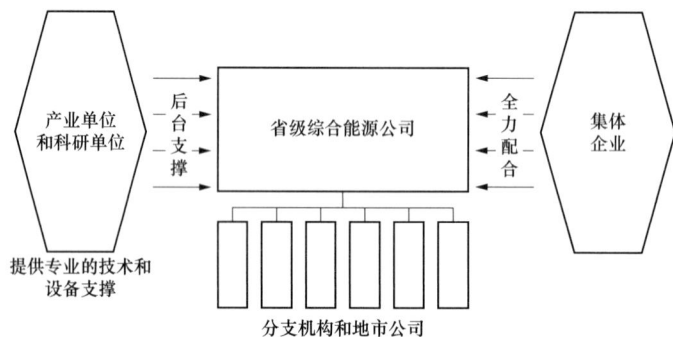

图 4-5　省级综合能源业务组织模型

（3）创建多元产品体系。根据国家能源发展战略，基于电力物联网技术应用，结合地域特点和公司核心能力、企业资质及供应商情况，不断优化迭代公司服务产品序列，整合形成动态更新的综合能源服务产品池，支撑模块化快速组合，满足多元化用能需求。

（4）定制综合用能方案。围绕楼宇（政府机关、商业综合体等），园区（工业园区、软件园区等）、工业企业、社区（居民小区、智能家居等），景区（特色小镇、旅游景区等）等客户应用场景，按照"电＋综合能源服务"产品组合模式，配置典型的综合能源服务整体方案，为客户提供个性化定制综合用能解决方案。

3. 建设综合能源服务营销体系

（1）有序推进混合所有制改革。贯彻落实国资委"双百行动"计划，积极推进省综合能源公司混合所有制改革，引入与公司业务方向一致、优势互补的其他国有或非公资本，营造开放共享、合作共赢的综合能源服务生态。

（2）探索市场化人力资源管理模式。探索建立市场化导向的人力资源管理新模式，积极开展多元化用工形式，多渠道引进复合型优秀人才，完善对市场拓展人员的激励机制，建立与市场业绩挂钩的薪酬体系。

（3）健全投资分级决策机制。深入落实"放管服"各项措施，下放综合能源服务项目审批决策权限，实行综合能源服务项目分层分级管理，进一步构建流程高效的综合能源业务体系。

4. 建设综合能源服务生产体系

（1）综合能源规划。综合应用电力物联网信息技术、智能技术以及提升管理模式，为客户最优化能源投资建设做好能源规划顶层设计，提升能源使用效率和体验。

（2）综合能源建设。在综合能源规划实现"用户敲门"的基础上，各分子公司即能够有效承接综合能源建设任务，例如河北电力采用 BOO 模式建设投运"保定红光桥充电站"项目。嘉兴电力就综合能源建设探索出能源建设 EPC、EMC、BOT、PPP 等多种工程建设模式。

（3）能源智能设备。基于综合能源规划和建设，公司围绕产业链上下游，积极延伸风光储等智能微电网设备等能源智能设备供应服务。

（4）综合能源运维。基于电力物联网，按照 MRO（maintenance、repair、operation）模式（维护、维修、运行），积极探索为用户提供变配电站智能运维、配电网运维、新能源运维等综合能源运维服务。如嘉兴电力全面推广智慧电务业务，河北电力面向 10 千伏及以上电压等级专变客户积极拓展"四季阳光电管家"业务。

5. 建设综合能源服务支撑体系

（1）完善综合能源服务网络。组建省综合能源公司属地分支机构，统筹调配属地服务力量，提升市场响应速度和项目拓展效率。

（2）构建"强前端"服务支撑体系。在地市公司建立"1＋2"3 人业务拓展团队（1 名营销部或市场室分管负责人和 2 名专职人员），统筹组织开展综合能源服务工作；在地市公司组建客户经理团队和电管家团队，了解和挖掘客户综合能源服务业务潜力。

（3）建立"大后台"业务支撑团队。依托国网产业单位、科研单位和浙江某供电企业相关直属机构、集体企业以及社会厂商等单位，在系统内外选聘综合能源服务专家，提供技术支持、产品研发和业务支撑，提升公司综合能源服务行业内的话语权。

6. 建设综合能源服务保障体系

(1) 建立人才队伍保障。建立由综合能源服务公司自主决策、自负盈亏的市场化运营机制。省级公司由业务管控向业绩管控转变，给予综合能源服务公司充分的人才决策自主权。

(2) 建立专业协同保障。制定浙江某供电企业营销部、发展策划部、财务资产部、物资部、人力资源部、后勤工作部的主要职责。省级综合能源公司为综合能源服务业务的实施主体，并明确经研院、电科院的配合定位。

(3) 建立制度标准保障。按照市场化建设要求分别制定国家电网有限公司系统内公用系列管理制度、国家电网有限公司系统内公用专业管理制度、市场化专业系列管理制度、混合所有制公司内部系列管理制度。

(4) 建立激励机制保障。①省级综合能源服务公司成立市场化激励管理领导机构；②建立混改公司激励机制；③构建市场化薪酬激励机制，包括核定单位工资总额、企业负责人薪酬、员工绩效考核和薪酬分配，以贡献度和增量薪酬方式实施分支机构负责人差异化。

(五) 打造综合能源服务生态圈，提升综合能源服务能力水平

1. 创新综合能源服务商业模式

(1) 创新"产业发展联盟＋服务"模式。积极推动政府主导、企业搭台，由能源供应商、能源服务商、设备供货商、行业协会等市场主体共同组建综合能源产业发展联盟，加速构建综合能源服务生态圈。如天津电力组建"天津综合能源服务产业发展联盟"，助推天津高质量发展。

(2) 创新"平台＋服务"模式。依托智慧能源服务平台建设，强化数据驱动，构筑基于电力物联网的新型综合能源服务模式。

(3) 创新"政企协作＋服务"模式。争取地方政府支持，打造综合能源监测平台，深化能源数据价值挖掘，开展企业级能源消费分析，综合评价企业用能行为，为企业能源消费优化提供依据。如宁夏电力建设"宁夏能效监测平台"，天津电力加强中国铁塔、教育局等大型政企集团客户合作。

(4) 创新"智慧＋增值服务"模式。基于对用户用能数据的采集监测，通过智能化服务手段提供用能监测、专业电力运维等服务，满足用户对于用电设备安全运行、设备管理优化等诉求。

2. 打造综合能源服务试点示范

(1) 加强国家级示范项目建设。结合国家"一带一路"建设等重大战略规划，在雄安新区、苏州同里等地区，选取国家示范区、大型园区、标志性建筑等建设一批示范效

应显著的综合能源服务示范项目，引导构建以电为中心的终端能源消费体系。

（2）加快重点示范项目建设。遴选重点优质客户，以多能互补集成优化、区域能源互联网等为方向，建设一批规模较大、效益良好的综合能源服务示范项目，提升公司经营效益。

（3）开展技术试验示范项目建设。根据能源技术发展方向和市场需求，重点实施一批涵盖分布式能源、储能、物联网等技术的试验示范项目，确定公司发展技术和市场潜力。

3. 积极开拓综合能源服务市场

（1）精准拓展能源服务市场。准确掌握客户能源服务需求，匹配服务资源，提供标准化服务、产品和整体解决方案。为各类园区、工业企业、大型公共建筑、居民住宅提供丰富多元的综合能源服务。

（2）加强潜力项目转化。强化潜力项目前期收资与项目方案可研论证，确保落实立项条件。各级供电公司协助省综合能源服务公司做好项目跟踪推进，促成项目落地。

（3）做好经营风险防控。加强项目前期论证、中期管控和后期评估，建立全过程风险防控体系。充分利用政府、能源供应商、设备厂家等合作资源，以股权投资、融资租赁等模式，建立风险共担机制，加强风险防控。

4. 积极开展综合能源产学研用合作

（1）建立专家合作机制。通过组织协同产业单位、科研机构、高校、合作伙伴等各领域单位，组建专家团队。团队涵盖综合能源关键技术方向，实行动态补录机制。

（2）建立平台式专家响应机制。打造平台问答模式，将专家研究方向等详细信息固化形成属性特征及标签画像；建立专家信息库，通过平台分析，实现专家与企业问题精准遴选与匹配；建立专家评价和激励措施，形成平台、专家、企业多方共赢。

（3）推进产学研融通创新。协同产业联盟及平台合作伙伴申请国家和地方的各类产学研合作项目，开展产业技术研发和相关课题研究，集聚产业内外创新资源，实现以产促学，学以致用。

5. 增强综合能源服务核心竞争力

（1）研发能源规划设计系统。通过自主培育、项目合作、团队引进等方式，积极培养引进能源规划设计专业人士，为客户提供能源整套解决方案。

（2）加强建设管理能力。指导省综合能源公司取得工程关键资质，不断提升工程项目承接能力。

（3）提升运营管理能力。结合综合能源服务平台搭建、综合能效评价体系建设以及客户侧 CPS 系统建设，构建行业客户层评价模型，实现项目运营的规范管理和效益增值。

三、实施效果

（一）客户侧电力物联网有效落地

基于电力物联网的综合能源服务体系的实施有效推动了电力物联网建设向客户内部延伸，强化负荷端用能感知，优化完善源网荷储间互动方式。

（1）为客户开展内部能效在线监测，安装采控终端、智能网关。对变配电设备、主要用能馈线、主要用能设备开展物联采集。采集设备级用能状态、能效信息，为客户开展能效分析，主动向客户推送用能优化建议或用能分析报告。通过综合能源平台对外服务网站向客户实时展示，强化客户用能感知，降低客户用能成本。如国网江苏电力在国内率先创新建设商业楼宇空调智能控制系统，通过柔性控制改造提高空调系统能效，可降低能耗达 15%～20%。

（2）自主研发物联采控设备，降低客户侧泛在物联建设成本，强化采控设备的边缘计算功能，有效执行平台控制策略，大幅提升平台运行能力。安装采控设备，为客户侧泛在物联建设提供有力支撑。

（3）结合园区、楼宇、工业企业等不同场景，如国网江苏电力打造园区级综合能源服务子平台—红豆工业园区，园区的综合能源利用率从 55.26% 提高到 58.09% 以上。天津和平区汇金中心商业大楼 CPS 示范项目，实现了工业、商业、园区用户能源优化配置与源网荷友好互动。

（二）综合能源服务能力质效全面提升

（1）综合能源业务快速发展。浙江某供电企业聚焦四大重点业务领域，开展了楼宇空调节能、工业余热余压利用，热泵、电锅炉供暖（制冷），分布式光伏、风电、生物质发电，以及公交、物流等专用充电站建设运营等业务。截至 2019 年 7 月底，累计实现综合能源服务业务收入 59 亿元，同比增长 159%，净利润 4.7 亿元，同比增长 93%，利润率为 12%。

（2）综合能源产业政策取得积极进展。推动各级政府出台产业发展政策或专项资金，深化与政府的战略合作，全面推进能源托管业务发展。促成地方政府出台综合能源服务推进方案，明确扶持政策，实现高位推动，助力综合能源产业快速发展。在综合能源产业链中引入了国际通行的 BOT、特许经营权、信托贷款和股权投资、融资租赁等多种方式，拓宽了用能企业和综合能源服务商的投融资渠道。构建产业联盟，实现用能客户与综合能源服务商的供需对接，促进金融、法务、科研等各类辅助服务要素重组，综合能源服务"朋友圈"不断壮大。

（3）综合能源技术开发成效显著。研发并应用非侵入式检测终端、移动式能效诊断终端、供冷供热供电多能互补协调优化控制技术（系统），完成磷酸铁锂电池梯次利用技术在配电自动化、移动电源车等试点应用，助力综合能源产业装备或技术总体技术水平保持国内领先。

（三）全社会综合能效水平有效提升

（1）社会用能企业节能效益凸显。如河北电力实施石家庄正定朱河城市能源综合体项目等4个节能项目，探索多种能源协同供应和多站融合的综合解决方案，为周边用户提供电动汽车充电、供冷供热、自助查询缴费等服务。2016～2018年，通过实施或推动社会用能企业开展能效提升项目，江苏电力累计实现节约电量45.1亿千瓦时，实现节约电力94.2万千瓦，为企业节约成本31.57亿元，山东电力累计实现节约电量36.42亿千瓦时，实现节约电力76.79万千瓦。

（2）广泛开展能效评价。如天津电力与天津大学共同建立综合能源计量与评价校企联合实验室，是国家电网有限公司27家供电企业内首个可以向社会提供综合能源方面公正数据的第三方评价机构。江苏省能效评价体系研究成果获得陶文铨院士、管晓宏院士等专家的广泛认可，成功上升为江苏省工信厅节能处进行能效测评的标准。通过平台为1万余户客户开展能效评价服务，发现能效异常客户700余户，成功促成能效提升类项目140余个。

四、保障措施

（一）提高思想认识，强化高位推动

从落实"建设具有中国特色国际领先的能源互联网企业"战略高度出发，提升对国家电网有限公司推进综合能源服务业务发展重要性、紧迫性的认识。加强组织领导，勇于担当作为，完善体制机制，强化协同推进，争取支持政策，激发干事创业动力，全面推进综合能源服务业务发展。

（二）强化监督考核，确保取得实效

将综合能源服务工作任务纳入本单位同业对标和专业工作考核指标体系，压实工作责任建立行动计划执行情况反馈、全过程跟踪督办和管控机制，及时发现并解决推进工作中的问题，确保取得预期效果。

（三）加强宣传推广，打造产业品牌

充分利用各公司网站、App、微信公众号、微博等线上渠道，以及营业厅等线下渠道，加强与外部媒体合作，常态化开展公司综合能源服务理念、典型案例及社会成效等宣传，全力打造公司综合能源服务宣传阵地和窗口，扩大公司综合能源服务品牌影响力。

案例点评：

综合能源服务作为能源行业绿色低碳转型的有力抓手，是近年来各地高度关注的话题，本成果围绕"综合能源服务"，充分分析国家层面、国家电网有限公司层面以及行业发展层面对于能源服务转型的要求，借鉴国内外综合能源服务先进经验，以电力物联网为基础，以综合能源服务平台建设为依托，打造"361"电力物联网综合能源服务体系，全力支撑综合能源服务生态圈构建，不仅涉及技术的变革，也是管理方式、理念、架构的提升和创新，有力破解当前综合能源服务存在的机构、人才、技术、机制等方面的短板，为推动公司综合能源服务水平的提高、管理能力的提升提供了更多决策支撑。

内涵部分辅以形象鲜明的框架图，让读者一目了然地弄清楚成果的整体逻辑，成果做法按照技术-运营-机制的逻辑逐一介绍，并穿插了成果参与各方的亮点做法案例，使成果丰富充实。经过一系列做法，取得突出管理、经济和社会效益，助力成果参与各方综合能源服务能力质效全面提升。

成果写法整体符合管理创新成果撰写基本要求，但其中有些地方还需要进一步思考，一是在正文"二、内涵和主要做法"中二级标题仅概括了本部分的中心思想，建议增加该做法的成效，使用二段论句式，同时加以打磨，尽量保持同一大做法下各小做法标题的对仗工整；二是报告层次不宜太多，尽量不要超过三级，但"二、内涵和主要做法"部分使用了第四层级，如果内容较多，可采用分点阐述方法，例如"一是、二是、三是"这种形式，报告中也有此类写法；三是最后一部分，"四、保障措施"建议融入"二、内涵和主要做法"部分，使整体更加符合管理创新成果的格式要求。

案例2　供电企业以"清洁低碳、智慧共享"为目标的城市能源互联网转型管理

一、背景

（一）落实国家能源安全战略，推动清洁能源发展的必然要求

能源是现代化的基石和动力，城市是人类主要的经济活动与能源消费场所，目前城市能源消耗已达全球总量的80%，与能源相关的碳排放占到碳排放总量的70%左右，我国城市能源消费高度集中的特征明显，能源消费总量占比达到85%。传统以煤炭等化石能源为主的城市能源消费结构造成资源紧张、环境污染、生态恶化等诸多问题，建设"清洁低碳、智慧共享"的城市能源互联网是统筹解决能源和环境问题，破解经济社会发展瓶颈的有效途径。浙江是"绿水青山就是金山银山"理念的发源地，电力企业作为

关系国家能源安全和国民经济命脉的重点企业，浙江某供电企业在海宁率先开展城市能源互联网综合能源示范项目，践行国家绿色发展战略，服务区域清洁能源发展，全面推动能源结构优化升级责无旁贷。

（二）服务地方经济产业升级，提升社会综合能效的迫切需要

2020 年是全面建成小康社会决胜阶段，也是优化经济结构、完成新旧发展动力转换的关键期。"十三五"期间，海宁市能源消费总量及增速保持嘉兴市前列，但同时也存在高能耗行业占比高、单位 GDP 能耗较高、能耗强度降幅较慢等问题，面临着新增用能需求量大、用能增长空间有限等能源发展问题。而控制能源消费强度和能源消费总量的任务要求不断提高，社会经济发展受资源约束日益趋紧。

地方经济产业亟待升级，能源"双控"存在诸多现实困难与挑战，充分利用区域太阳能、风能、生物质能等清洁能源丰富、新能源产业链完备、产业集群的优势，贯彻节约能源新理念，唤醒存量资源，构建城市能源优化配置平台，对扭转能源消费粗放增长方式，提升社会综合能效，解决城市发展高污染、高排放、低质量、低效率问题，推动地方产业结构调整与能源消费结构优化互驱共进具有非常重要的现实意义。

（三）促进电网企业转型发展，创新能源服务业态的内在需求

伴随着经济社会深刻变化，能源行业加速转型，在持续降低企业用电成本、配售电业务加快开放的新形势下，市场竞争更加激烈，传统供电企业发展机遇与挑战交织，压力与动力相伴。大范围可再生能源的接入和平衡消纳，给电网的安全运行、协调控制和互动服务带来了新挑战。能源服务形态日益呈现出新的特点，新型商业模式不断涌现，技术创新持续加速，能源发展呈现开放共享、智能互联趋势。

电网处于城市能源体系的中心环节，分别连接能源的供给侧与消费侧。以电为中心，充分发挥能源生产消费中的枢纽作用，打造以高弹性智慧电网为基础，以数据驱动的城市能源互联网资源配置体系，立足供电企业专业输配售电业务优势，创新开拓电网延伸业务，加快构建以清洁能源替代、能源能效提升、综合能源服务为核心内涵的能源服务新业态，是公司突破市场竞争、转型发展的重要途径。

二、内涵与主要做法

浙江某供电企业认真贯彻"四个革命、一个合作"能源安全战略思想，积极践行"节约的能源是最清洁的能源、节省的投资是最高效的投资、唤醒的资源是最优质的资源"发展理念，在海宁市示范先行，围绕清洁低碳、智慧共享的城市能源互联网建设目标，科学系统规划，形成以清洁能源为主导，以电为中心，以能源互联网为资源配置平台的城市能源发展新格局。通过实践源-网-荷-储多元融合高弹性智慧电网，促进清洁能

源全额消纳，实现源网荷储友好互动，优化升级能源供给消费结构，夯实能源互济基础；通过融通共享各方能源数据资源，唤醒数据价值，驱动社会综合能效提升，推动产业升级，促进地方经济高质量发展；通过变革组织机制和管理方式，拓展创新能源服务业态，持续优化电力营商环境，稳步提升获得电力水平；以政企内外协作、专业横向协同、上下纵向联动机制为保障，融合能源生产侧与消费侧多元主体，合力打造"共建、共享、共赢"的城市能源互联网生态圈，实现能源供给清洁低碳，能源消费智慧高效，能源服务开放共享，打造城市能源互联网建设新模式。城市能源互联网总体框架如图4-6所示。

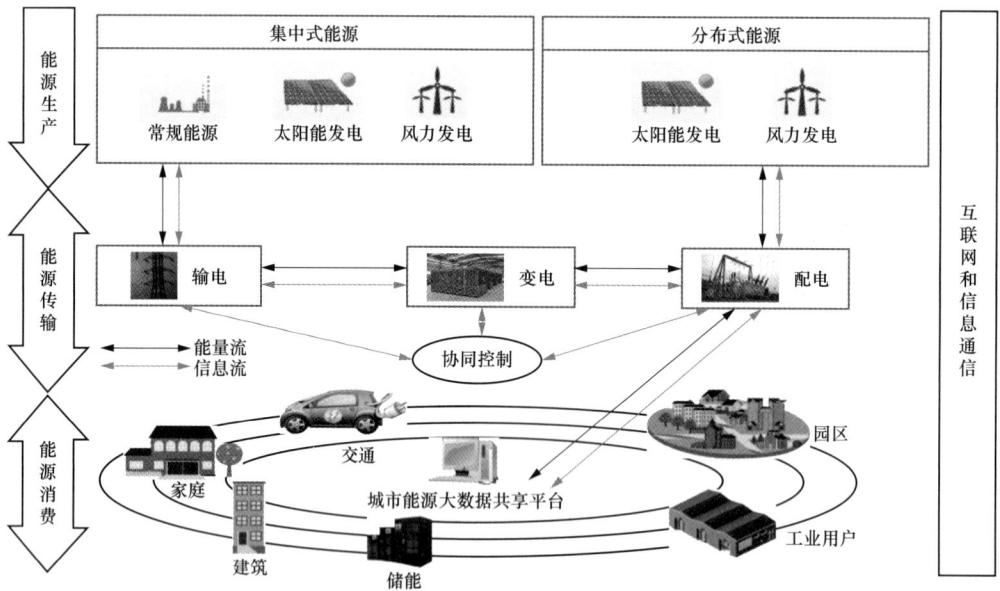

图 4-6　城市能源互联网总体框架

（一）明确转型管理目标，确立管理提升路径

1. 完善能源互联网顶层设计

深入落实国家能源安全战略，准确把握国家电网有限公司战略目标内涵，围绕"服务清洁能源发展、提升社会综合能效水平、创新能源服务新业态"的城市能源互联网转型管理目标，坚持共建、共享、共赢的理念，构建政府-能源企业-用户等多方协作、共同建设的能源互联生态系统。以系统发展视角将能源规划和生态环境规划纳入城市发展规划，加强能源、生态环境和城市的协同发展；拓展电网功能形态，加强需求侧管理，保障电网高效智慧运行，提升资源配置能力；引导可再生能源有序开发，建立源网荷储友好互动的新型能源供需平衡体系；唤醒社会资源参与系统调节，融通共享能源数据，推进电能替代和多能互补实现综合能效提升；以用户为中心，通过科技、管理和业态创

新，加速能源服务转型，提升获得电力水平。

2. 明确能源互联网建设路径

围绕城市能源互联网建设目标，浙江某供电企业以源网荷储统筹协调为核心，深入开展城市能源互联网"三大体系"建设，构建清洁低碳、安全可靠、泛在互联、高效互动、智能开放的城市能源互联网生态。能源网架体系是城市能源互联网的物质基础，建设高弹性电网，联动优化源网荷储；提升可再生能源消纳能力，促进城市能源供应转型；推广"全电＋"模式，提高电能在终端用能的比重。信息支撑体系是城市能源互联网的智慧支撑，构建城市能源数字化网络，融通共享能源数据，监测掌握能耗数据，提升社会综合能效。价值创造体系是城市能源互联网的价值体现，创新能源服务新业态，提供清洁能源服务、建筑能效服务、电动汽车服务、智慧用能服务和供需互动等服务，推动传统供电企业向能源互联网服务商的转型升级。

（二）建立管理组织体系，构建协同工作机制

1. "内外协同、三级联动"的组织模式

为保障工作顺利推进，浙江某供电企业构建"内外协同、三级联动"的组织模式。对外建立与政府能源主管部门常态化的协同工作机制，定期联系汇报，促进内外协同，凝聚共识。围绕城市能源互联网建设目标，浙江某供电企业促成市政府出台发展规划、政策引导与激励机制，推动城市能源的合理配置，提升社会综合能效，为丰富城市能源互联网生态打下坚实基础。

对内建立"三级联动"模式，明确各层级、各专业部门的职责。强化上下纵向联动，专业横向协同，为各项工作扎实推进建立组织机制保障。其中，领导小组负责贯彻国家能源战略内涵，审议城市能源互联网的功能定位及发展目标；领导小组办公室负责贯彻下达城市能源互联网建设工作部署，协调推进城市能源互联网建设整体工作，保障工作有序实施；工作组发挥专业合力，协同配合，共同推进能源互联网建设的各项具体工作。

2. "全流程、闭环式"的工作协调机制

为切实推动城市能源互联网建设工作，浙江某供电企业对外建立政企联席会议机制、重大事项协商机制、信息快速传递共享机制，探索建立"内外协同"的一体化工作平台，听取政府能源发展规划建议，组织研讨会、能源论坛，倾听社会各方声音，加强与地方政府、新能源发电企业、用户等合作，在社会上形成广泛参与能源数据共享、能源消费清洁低碳的良好氛围。

对内加强工作协调机制建设，确保工作有序运行。建立协同推进机制，制订工作计划，确保对工作重要节点的准确把控；定期召开工作例会，公布工作进展情况，协调解

决推进过程中存在的困难与问题；定期开展检查与监督工作，对工作中出现的偏差及时采取措施，跟进落实后续工作。

（三）拓展电网功能形态，打造高效智慧电网

1. 夯实能源互济基础

海宁地区太阳能、风能等新能源资源丰富，分布式能源渗透率高，传统以单纯增加电网建设投资来解决新能源消纳的方式将会带来两个问题：一方面，电网建设与新能源电源建设周期不同步，新能源发电量无法及时消纳；另一方面，受电网建设资源限制，无法满足所有的新能源接入需求，由于新能源出力不均，形成大量冗余资产，运行效率低下。因而，浙江某供电企业及时转变电网建设理念和管理方式，以主动配电为核心理念，依托通信信息网络，集成多源信息，实践构建主动感知、智能响应、协同管控于一体的高弹性智慧电网。

主动配电网的核心理念及管理机制包含"六个主动"，即主动规划、主动控制、主动管理、主动服务、主动响应、主动参与。其中，主动规划充分考虑分布式能源的接入规模、接入点、影响因素等环节，主动评估"源"的质（接入能源类型、气候影响）和量（接入规模、接入点分布），开展配电网规划及电网设施布局规划；主动控制，引入深度学习技术，建立负荷、分布式电源出力多时间尺度滚动预测模型，分析目标偏离的可能性，采取预防性措施；主动管理，提出主动配电网运行状态多维、多时间尺度评估模型，为全区域源网荷储协同控制提供数据支撑，对分布式发电和配电网设备进行实时监测与主动控制；主动服务，为客户提供可选择的高品质电力供应服务，为上级电网提供电能、在线备用等服务；主动响应，建立基于激励机制和市场机制的用户需求侧管理，引导用户用电行为，降低尖峰负荷；主动参与，聚合互动潜力，建立基于激励机制的电源供给侧管理，引导发电厂商主动改善机组控制能力，实现分布式电源与电网主动友好互动。主动配电网功能形态如图 4-7 所示。

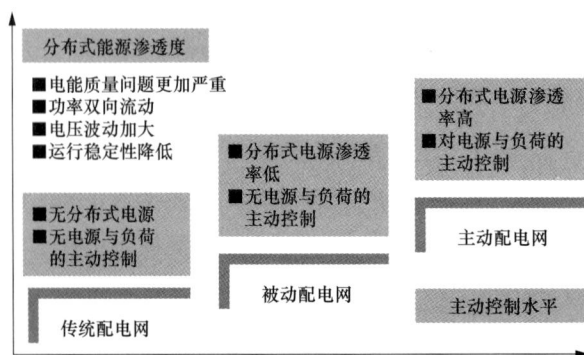

图 4-7　主动配电网功能形态

采用主动配电网规划模型，开展海宁地区的配电网规划及电网设施布局规划研究，实现与供给侧、消费侧的统筹规划和协调发展。有效降低消费侧尖峰负荷，节省冗余度较高的电网建设投资；合理规划供给侧分布式电源布局，缩短跨区域传输路径，降低网络损耗；践行"节省的投资是最高效的投资，节约的能源是最清洁的能源"理念。

2. 实施柔性互联管理

随着可再生能源、储能、柔性负荷的不断接入，传统电网的功能形态发生了巨大的变化，由传统的电能"单向传输"模式转变成电源与负荷之间的"双向互动"，为充分发挥电网的能源枢纽作用，保障电网的本质安全，浙江某供电企业重点从设备管理、技术管理两方面展开。

（1）强化源网荷储终端设备管理，基于光缆传输和 5G 等通信技术，对分布式电源、储能、网架线路和智能楼宇、充电桩等进行全覆盖状态采集。一方面，实时监测设备运行工况，设备异常告警信息自动上报推送至运维人员；另一方面，加强事前和事中管理，基于设备历史运行数据和可靠性参数，预测设备状态，实时评估设备载流能力，改善电网潮流分布，提升电网动态运行极限。

（2）以柔性互联技术为抓手，通过柔性互联管理，提升消费侧储能设备、电动汽车等多样化负荷参与电网调峰的能力，将传统的"源随荷动"提升为"源荷互动"。通过连续的无功调控功能，改善配电网系统的节点电压水平，确保较高品质的电能质量。柔性互联管理打破了单一的源随荷动的能源管理模式，通过储能设备的应用及柔性互联技术，将能源管理范围从单一的供给侧管理转向能源需求侧管理，有效降低电力需求侧的波动，提升了清洁能源的消纳能力与供电可靠性，提升电网的弹性和资源配置能力。

3. 拓展安全控制策略

统筹平衡电网安全和运行效率，优化提升源网荷储的控制策略，深入挖掘可中断负荷资源，汇集各类资源参与系统调节，促进电网在低冗余、高承载状态下安全稳定运行，在原有安全控制策略的基础上，拓展绿色与经济控制策略、主动孤网控制策略和应急支撑策略。绿色与经济控制策略以综合用能成本最小为导向，实现整个综合能源系统的多源互补、经济协调的精细化运营；主动孤网控制策略是在外部电网供电存在风险时，区域配电网通过内部电源支撑，可主动脱离大电网进行自治，实现内部电网稳定运行；应急支撑策略是在电网出现频率稳定问题时，在秒级或毫秒级内完成区域配电网内部电化学储能、秒级可中断负荷等快速响应设备的功率控制，从而对大电网进行有功功率支撑。

基于以上三种策略的灵活应用，可针对电网不同的应用场景与需求，自适应切换控制策略，反馈优化策略参数，实现策略的闭环管理，实现电网的智慧运行。源网荷储友好互动实现了配电网高渗透率分布式光伏接入下的高效运行,实现分布式电源广泛互联、智能互动。打破电网企业"安全依赖冗余、保安全降效率"的管理现状,向"降冗余促安全,安全效率双提升"转变,为建设清洁低碳、智慧高效的城市能源互联网奠定坚实的基础。

(四)优化能源供给结构,促进清洁能源发展

1. 促进清洁能源与电网协同发展

2019年海宁清洁能源出力峰值达到全社会最大负荷的31.6%,海宁市清洁能源的高渗透率在全国极其少见,浙江某供电企业通过新技术应用和创新管理手段,实现高渗透的清洁能源与电网协调发展。浙江某供电企业遵循"因地制宜,安全可靠,集成优化,统筹布局"原则,提出了基于电网的分区划片,建立"分级定类式"电网规划管理策略,合理引导分布式光伏等可再生能源的科学发展。

基于片区电网光伏可开放容量分析,将其划分为光伏可开放容量低、中、高三个等级,结合各片区电网负荷级别、管理要求等因素,进行标签定类如下:

A类:光伏可开放容量低的片区、一级负荷区、特殊管理片区,如国家新能源基地示范区、特殊保供电区域等;

B类:光伏可开放容量中的片区或二级负荷区;

C类:光伏可开放容量高的片区。

浙江某供电企业积极对接政府,共享清洁能源实际并网数据与资源潜力,模拟新能源出力曲线,促成政府将电网清洁能源建设规划纳入政府区域总体规划,预留站址廊道资源。同步调整电网建设重点与布局,避免大规模分布式光伏等能源无序接入,避免电网与新能源建设不同步导致的弃风弃光现象,提升清洁能源与电网之间的耦合度。

2. 依托"大云物移智"优化资源配置

鉴于"大云物移智"在数据计算、资源配置等方面的优势,浙江某供电企业依托云计算技术,科学规划分布式发电资源并网方案,提升企业自发自用比例,实现清洁能源就近消纳;依托区块链技术,共享能源计量数据,促进绿色能源交易,保障光伏发电等清洁能源发电项目所发电量余量优先上网。运用能源大数据技术,打通车-桩-网交互式的绿色智能共享交通服务;建设储能设施,使用锂电池储能等化学储能技术削峰填谷,从单一电网供电转型至多能源互补供能,最大限度降低太阳能、风能出力大幅波动对用户用能的负面影响,提升供能可靠性。通过集成柔性互联、状态感知以及人工智能,实现清洁能源的优化配置。

3. 实现清洁能源两个"100%"目标

考虑分布式电源出力的波动性、间歇性的特点,大量接入电网将降低配电网供电可靠性。浙江某供电企业加强容量分析、电网规划和光伏接入等方面的管理，推动清洁能源两个"100％"目标实现。

（1）建立"片区电网光伏可开放容量"管理分析及共享制度，整合能源大数据，与属地政府共享光伏可接入容量、接入条件及屋顶可利用面积，形成"受限清单"。构建光伏可开放容量模型，通过模型优化电网规划管理、合理布局新接光伏电站，提升电网光伏发电消纳能力。

（2）建立"全流程一站式"光伏接入服务模式，在"分级定类式"电网规划管理框架体系下，简化光伏接入方案的审核流程。深化新能源服务数字化转型，打通设计咨询、投资效益咨询、并网咨询、规划咨询流程，实现了集屋顶资源智能定级评估、智能化选址、投资业务撮合、光伏报装、光伏上网、电费结算等一体化特色服务。

（3）基于柔性互联技术，实现潮流方向及大小可控，馈线负载分布的均衡化；通过部署灵活并网设备，实现分布式电源集群就地侧平滑接入和安全管控；通过大数据挖掘，实时评估分析区域内的清洁能源、柔性负荷、配电网工况、储能等状态参数，协调优化区域源网荷储，延展电网调节的弹性空间。

浙江某供电企业通过容量分析、源网协同规划、并网流程优化等管理方式，依托高弹性智慧电网，彻底解决清洁能源并网流程复杂、供电稳定性和可靠性差的症结，实现区域内清洁能源的100％接收和100％消纳。

（五）唤醒能源数据价值，提升社会综合能效

1. 融通共享企业能耗数据

为化解能源消费强度和能源消费总量的限制要求，浙江某供电企业围绕"节约的能源是最清洁的能源"的发展理念，促成政府出台《海宁市公共机构节能"十三五"规划的通知》等政策，引导激励社会各方支持能源大数据中心建设，挖掘海量能源数据价值。依托原有平台、技术，开源开放、融通共享，构建包括决策层、管理层、应用层三级的综合能效监测体系，监测体系通过能源能效数据的广泛有效采集，大数据云平台的分析评估，多情景演化趋势预测，提高能源利用效率，助力企业提升能效管理水平，服务政府科学决策。综合能源监测平台系统模块及功能如图 4-8 所示。

图 4-8　综合能源监测平台
系统模块及功能

2. 挖掘企业能效提升空间

基于三级综合能效监测体系构建的综合能源监测平台，采用能耗管理图形化、能源消耗可视化的展现方式。共享企业能源数据，

分析能耗变化数据，预测能源、能效变化趋势，建立综合能效监测模型，辅助建立全市八大能耗行业能效标准。平台对行业综合能耗、能源结构、能耗排名、用能进度等指标系统评估、分级预警，为企业精准定位改进方向，明确数据资产增值路径提供数据支撑；并提供给政府能源监管部门可以准确掌握不同区域、不同行业能源实时能耗数据，重点关注企业万元产值能耗、万元增加值能耗等指标，督导企业合理用能。综合能源监测展示示意如图 4-9 所示。

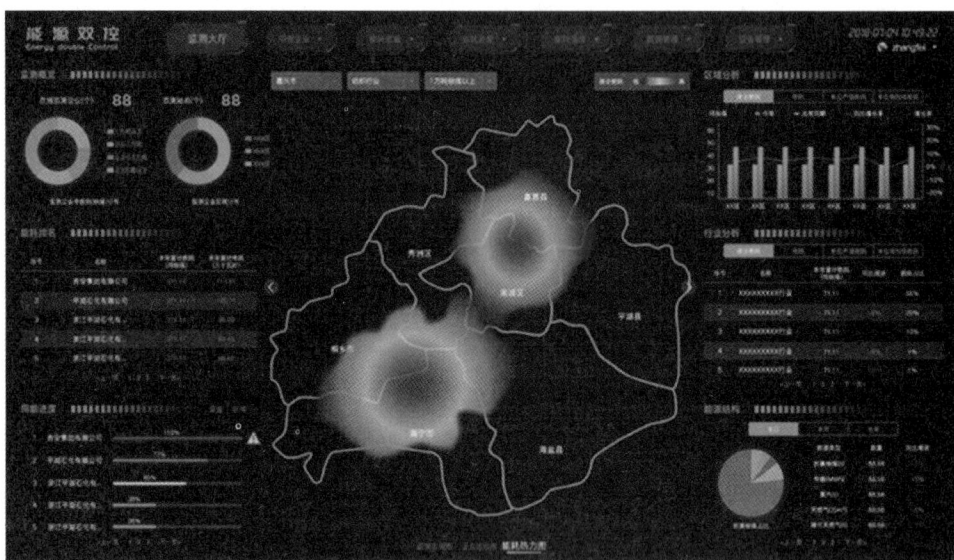

图 4-9　综合能源监测示意

针对全市公共机关单位，整体展示海宁当前总负荷及各单位的负荷分布，展示各个单位用电分项的负荷情况，包括空调、动力、照明和特殊用电的占比及各分项的用量，基于用电情况分析为节能减排提供数据支撑及节能优化重点分析。政府部门根据各单位能耗对比数据，例如用电、用水等同比、环比下降（上升）率等，对其节能减排成效进行精准考核，并采取更具针对性的激励方式。综合能效监控与分析示意如图 4-10 所示。

3. 统筹推进消费侧"全电＋"模式

浙江某供电企业促成政府出台《关于推进电能替代工作的指导意见》《关于开展清洁能源景区建设的工作意见》等政策性指导文件，针对电能替代、新能源利用的项目，出台 30％ 的财政补贴政策，鼓励"全电＋"示范区建设。

公司利用传统供电业务优势，深入开展市场调研，分析各类主体用能需求、用能方式等信息，做好电能替代发展潜力评估工作，定制电能替代方案；汇聚参建各方优势资源，充分发挥政府引导作用，签订电能替代项目合作框架协议，通过以租代建、融资、

图 4-10　综合能效监控与分析示意

众筹等多种方式推动电能替代项目落地改造；根据项目需要对相关电网设施进行改造升级，保障用电负荷需求；根据国家电能替代政策，实行"一客户一方案"的一站式绿色通道服务，业扩报装到送电全程无障碍；总结"全电＋"模式的技术特点、应用领域、建设经验，从经济效益、社会效益、生态效益维度分析电能替代成效，形成具有引领性、可复制性，具有较强的推广价值的"全电＋"模式。

（六）构建共享共赢格局，打造能源服务新业态

1. 建设综合能源服务平台

面对能源革命持续深入推进，用户需求更加多元的新形势，浙江某供电企业与政府签订《海宁市综合能源服务战略合作框架协议》，以"发展引领、市场导向、创新驱动、统筹高效"为基本原则，构建以电为中心，清洁低碳、智能互动、智慧共享的现代能源消费体系。提出"智慧共享"的综合能源服务管理理念，依托电网优势延伸价值链条，整合可再生能源、建筑用能、绿色交通及其充放电设施、智慧用能等信息，运用能源互联网与大数据技术，建立综合能源服务平台，实现供需平衡的智能化管理。平台打通综合能源产业链，运用互联网＋、大数据、云计算及先进能源技术，实现"能源流、信息流、业务流、价值流"的深度融合，实现清洁能源服务、建筑能效服务、绿色交通服务、智慧用能服务、供需互动五大服务内容，提升清洁能源的配置效率，推

动综合能源信息智慧共享，促进产业创新和服务模式创新。综合能源服务平台架构如图 4-11 所示。

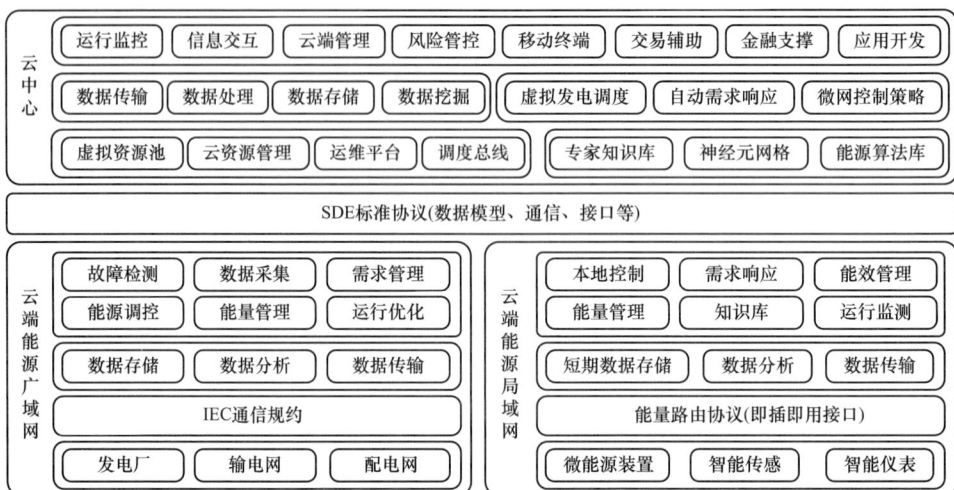

图 4-11　综合能源服务平台架构

2. 开展"一站式"能源服务

增加新要素投入，转变主要依靠资本、资源等传统要素投入的外延扩张式发展方式，转向更多依靠知识、技术、管理、数据等全要素内涵提质式发展方式。建立政府引导、电力主动、企业积极的"三维协同"模式。

共享融通全业务数据，集成新能源规划、建设、运营等一站式清洁能源服务，降低企业能源成本、提高社会综合能效水平。开展全环节互联网＋建筑能效服务，"一次都不跑"的智慧用能服务，车-桩-网交互的绿色交通服务，建立适应能源互联网生态环境的协同发展机制，充分挖掘低碳供需潜力，优化能源消费结构，带动能源互联网新技术、新模式和新业态的快速发展，提升能源咨询服务价值，树立高效、可靠、便捷的综合能源服务品牌。

3. 持续优化电力营商环境

优化电力营商环境是践行"人民电业为人民"宗旨、推动公司经营发展方式转变的内在要求，浙江某供电企业主动对接政务平台，共享信息，实现业务系统与政府相关审批平台对接，优化快速响应市场需求的能源服务体系。

公司秉持共建、共赢理念，建立基于优势互补、价值创造的综合能源合作商业模式，依托综合能源服务平台，创新园区综合能源服务，为客户提供需求响应、用能优化、设备租赁、能源托管等多样化个性服务。

围绕服务经济和民生，打造"环节最少、办电最快、成本最低、政策最优、服务最好"的电力营销服务，助力地方经济高质量发展，提升获得电力水平。

三、实施效果

（一）赋能电网高弹性智慧运行，经济效益显著提升

通过构建多元融合高弹性电网实现电网的功能形态向电源与负荷友好互动转变，高效柔性互联系统国内首次实现了不同电压等级、不同配电区域间的电能灵活调配，有效提升了清洁能源消纳能力与供电可靠性；通过不同应用场景控制策略自主切换，可中断负荷等管理方式，实现源网荷储统筹协调、友好互动，发挥多能交互中心核心平台作用，提升了电网资源汇聚和弹性协调控制能力，提升城市能源资源配置能力。

区域内实现直接经济效益 3911 万元，其中，新增年均消纳清洁能源 16654 万千瓦时，实现新增直接经济效益约 2895 万元；绿色交通、低碳建筑等新增直接经济效益约 1016 万元。改变了以往单纯依靠电网投资建设的策略，通过新技术应用和创新管理手段，有效降低用电侧尖峰负荷，减少运行冗余度高的电网设备投资变电站一座，创造间接经济效益约 8400 万元。

（二）推动示范区域高质量发展，社会生态效益凸显

率先打造能源消费"两个 50%"核心示范区域，加快实现区域能源生产侧"清洁替代"和能源消费侧"电能替代"，推动能源供给清洁化、能源消费低碳化，实现了示范区域内清洁能源 100% 消纳，提升了清洁能源在电能消耗中的占比。能源利用效率稳步提高，降低能源消耗与污染物排放，示范区域内能源生产消费结构不断优化，提升了清洁能源消纳潜力，为区域内规划的"万亩千亿"产业园区的能源供应和清洁能源消纳提供强力保障。践行节约的能源是最清洁的能源理念，海宁市在清洁替代、电能替代、节能降损等领域，实现节约标准煤 9.7 万吨，减排二氧化碳 2.4 万吨。

（三）形成城市能源管理新范式，推广应用价值显著

以高弹性智慧电网为核心，以能源信息技术与能源电力技术融合发展为基础，构建能源网架、信息支撑、价值创造三大体系，通过源网荷储协调友好互动、多能耦合互补、跨区域电网资源优化配置，打造"清洁、高效、智慧、互联"的城市能源互联网生态圈，为促进城市级能源高质量发展提供了整体解决思路和管理实践。浙江某供电企业完成从传统的城市能源管理向"清洁低碳、智慧共享"的城市能源互联网转型管理，实现服务清洁能源科学发展，降低企业用能成本，提升社会综合能效水平，依托能源互联网与大数据技术，融合能源生产消费多元主体，拓展清洁能源、建筑能效、电动汽车、智慧用能和供需互动五种服务形态，实现能源流、业务流、数据流、价值

流的高度融合，推动城市可持续高质量发展，形成可推广、可复制的城市能源互联网"嘉兴模式"。

案例点评：

该成果立足城市能源互联网发展，首先从国家能源安全战略、地方经济产业发展、电网企业转型等方面分析转型的必要性和紧迫性，确立"清洁低碳、智慧共享"的城市能源互联网建设目标，明确"建设高弹性电网、优化能源供给结构、提高终端用电比重"等城市能源互联网建设路径，促进源网荷储协调友好互动、多能耦合互补、跨区域电网资源优化配置，为促进城市级能源高质量发展提供了整体解决思路和管理实践。

成果中创新提出主动配电网、"分级定类式"电网规划管理策略、"全电＋"模式等概念和做法，赋能电网可靠运行，实现区域内清洁能源100％消纳，完成从传统的城市能源管理向"清洁低碳、智慧共享"的城市能源互联网转型管理，形成可推广、可复制的城市能源互联网示范模式。

报告整体符合管理创新的基本撰写要求，也存在美中不足的地方，例如，报告中出现几处两行成段的段落，这样的形式往往会给人一种内容单薄的感觉，需要避免。另外，管理创新是对过往实践的总结，概念性、科普性描述尽量不要出现在管理创新成果中，需要展示的是应用这些概念实际取得了哪些成果。

案例3　以服务长三角发展战略为目标的 共融互通一体化供电服务管理

一、背景

（一）贯彻长三角一体化发展战略的必由之路

2019年12月1日，中共中央、国务院发布《长江三角洲区域一体化发展规划纲要》，其对引领全国高质量发展、完善改革开放空间布局、打造发展强劲活跃增长极、建设现代化经济体系意义重大。然而，如何贯彻落实好长三角一体化发展国家战略，让行政分割不成为发展的障碍，创建出一条跨行政区域共建共享、生态文明与经济社会发展相得益彰的新路径，仍然难度斐然。值此背景之下，中共中央、国务院发布了《长江三角洲区域一体化发展规划纲要》要求加快区域电网建设和协同推动新能源设施建设，保障长三角供电安全可靠，推动绿色能源变革，助推"双碳"目标实现，为长三角一体化示范区建设指明方向。因此，不断优化区域能源生产和消费结构，推动区域能源生产和消费结构转型升级，全力推进长三角一体化电力协同融合发展，亦成为了贯彻长三角一体化发展战略的必由之路。

（二）落实区域一体化电网先行先试的必经之路

国家电网有限公司提出"建设中国特色国际领先的能源互联网企业"的战略目标，要求各级电网企业落实电力"先行官"定位，抢占全球能源互联网建设高点，而长三角示范区作为区域一体化电力先行先试的核心示范点，必将成为全球一体化能源互联网建设的先行示范。然而，一体化电网的建设，必须要率先实现跨区域配电网互联互通和供电服务一体化，只有实现统一的管理制度、业务流程、工作标准，并通过不断提升电网综合能力，深化新能源领域合作，推动区域能源市场建设，提高区域电力交换和供应保障能力，才能以清洁和绿色方式满足区域一体化电力的需求，因此，不断推动长三角生态绿色一体化示范区供电服务实践，探索一体化供电服务新方式，为电网企业推动区域协调发展创新管理、优化产业布局、拓展发展空间、提升服务品质提供一种可借鉴、可复制、可推广的一体化示范和经验，也成为落实区域一体化电网先行先试的必经之路。

（三）打破跨区域电力发展不平衡症结的必然选择

实施长三角一体化发展要以一体化的举措打破行政壁垒、提高政策协同，让要素在更大范围畅通流动。建设的高定位、高标准开创了未来新型示范区域建设先河，对电网投资、建设运营、创新引领、综合能源服务等方面提出了全新的挑战。然而，相比于一体化融合发展的迫切需要，位于先行示范区内"青吴嘉"三地电网却仍受限于行政体制壁垒与地域割裂的束缚，电网相近但不相连，电网规划不协同，一体化区域电网发展尚有不均衡现象存在，"青吴嘉"三地供区标准、等级不统一，导致配电线路和重要指标情况差距极大，例如上海某供电企业架空线路与浙江某供电企业接近，但线路条次相差约 3.5 倍，上海某供电企业平均线路长度约为 4.25 千米，浙江某供电企业则为 7.73 千米，上海某供电企业电缆化率接近 60%，而浙江某供电企业仅为 29%，反映出"青吴嘉"三地的线路分段、网架联络、停运倒供等各项指标差异极大；服务相似但不相通，"青吴嘉"三地在业扩配套、优化营商环境、综合能源业务、售电市场开放程度上均存在差异，在居民电价、大工业电价、一般工商业电价、农业电价价格，尖峰平谷执行时段上亦有不同，导致跨区跨省办电仍存在一定壁垒，大用户跨区落地办电政策无法相通，办电程序较为复杂、成本相对较高；电力资源相邻但不相融，行政边界区域末端电网相互割裂无法成环，部分区域尚余 20 千伏供区存在，导致边界区域配电网电压等级不一致，电网无法有效衔接，临近边界区域停电时长相对较长，供电水平相对较低。电网企业需要打破囿于行政区划的供电壁垒、消除长三角示范区电力发展不平衡症结，开展支撑长三角一体化示范区发展的共融互通供电服务实践，实现电力服务"同城待遇"

和"共融互通"。

二、内涵及主要做法

示范区电网公司确立以建成跨省电网新高地、跨区服务新示范、跨界融合试验田的电网共融互通一体化建设目标，针对电网不互通、服务不贯通、资源不畅通的现状，通过规划融合促进电网互通，实施模块化电网规划，确立统一的规划标准，推动跨区电网无缝衔接、即插即用，建成跨省跨界"一幅图"；通过数据融合促进服务贯通，建立跨省跨区的办电服务平台，共享内外部办电服务资源，打造示范区供电业务实现"一扇窗"；通过技术融合促进调度畅通，建成智慧型共享系统，明确区域一体化调度机制，协同开展跨区域电网运维抢修，打造电力运维调度"一张网"；通过资源融合促进生态共通，以综合能源服务为切入点，积极吸收社会资本，打造共建、共治、共赢的能源服务生态圈，下好双碳发展"一盘棋"；成果实施以来，建成长三角一体化电力示范样板，形成共融互通一体化服务模式（见图 4-12），有效推动长三角一体化高质量发展。

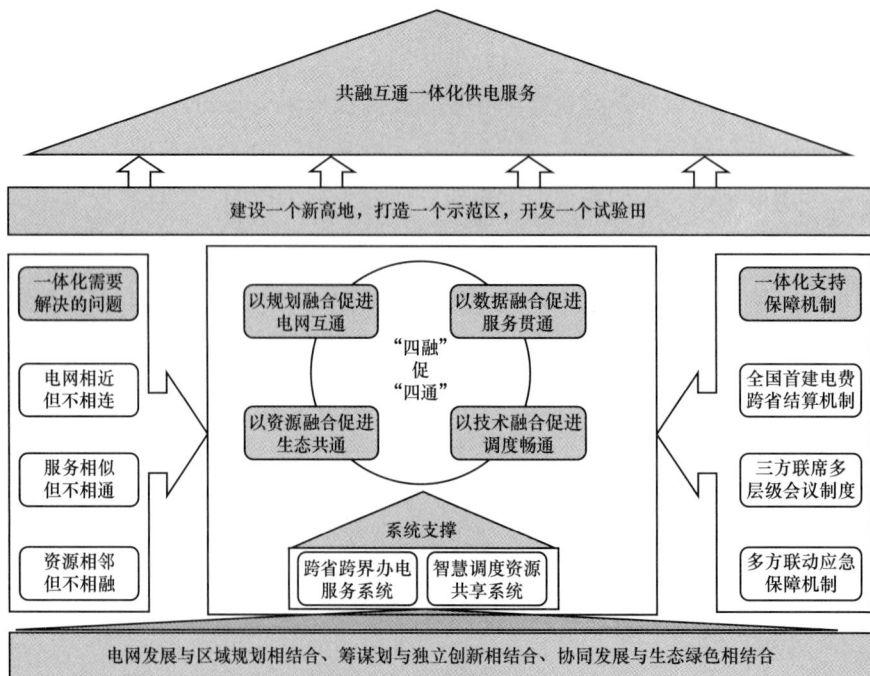

图 4-12　跨区电网共融互通供电服务内涵

（一）成立网络型协调组织机构，确立跨区供电服务原则

示范区电网公司围绕长三角示范区一体化供电服务机制建设，打破行政疆界，建立

联系紧密、反应快速、运作高效的跨区域组织机构，共同确立跨区供电服务的原则与目标。

1. 建立多方高效协同组织机构

一方面，及时有效的沟通机制是打破行政疆界壁垒的有效手段，随着国家电网有限公司先后发布《长三角一体化发展电力行动白皮书》《长三角一体化发展电力行动计划》，明确示范区电力公司将进一步开展深度合作交流，共同提升科学发展能力、协作联动能力和产业协调能力，在国家电网有限公司的鼎力支持下，示范区电网公司率先建立起国家电网有限公司内首个多专业参与、多层级互动、多领域协同的跨省一体化电力领导小组，并通过三方联席会议制度，定期协商解决重大事项，同时对重点任务进行挂牌督办，全面增强三地电网一体化发展的综合分析能力和决策能力。另一方面，示范区电力公司在各自内部成立推进长三角一体化电力发展工作小组、专业工作组以及综合协调办公室的三层组织架构，并推动建立跨层级例会制度，及时协调决策重大事项和工作部署。同时，经三方联席会议讨论确定，深化"放管服"改革，充分向基层授权，下放110千伏客户服务管理、110千伏变电站建设、运维、检修管理、10千伏及以下电网规划库管理等权限，为有效支撑长三角一体化共融互通协同高效运作提供基础和方向。推进长三角一体化发展组织构架如图4-13所示。

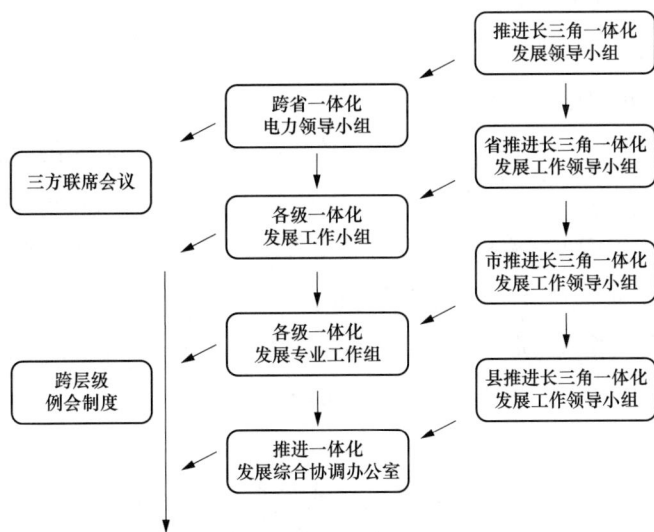

图 4-13　推进长三角一体化发展组织构架

2. 明确共融互通供电服务原则

示范区电网公司联合出台《关于实施长三角一体化示范区供电服务方案》，提出共融互通供电服务的基本原则，推动实现共商、共建、共管、共享、共赢的管理格局。

（1）坚持电网发展与区域规划有效衔接的原则。坚决贯彻国家关于长三角一体化的总体要求，落实国家电网有限公司战略部署，全面服务区域经济与城市一体化发展，推动电网跨区跨界形成统一网架结构、统一调度运行、统一供电服务的共融互通管理格局。

（2）坚持统筹谋划与独立创新相结合的原则。一方面在地方政府和上级公司的领导下，统一组织、协同开展电力一体化发展工作，另一方面示范区电网公司充分结合自身实践，发挥自身优势，在促进一体化发展的实践中主动作为、积极创新，开放共享创新成果，以创新推动行动计划的有序推进。

（3）坚持协同发展与生态绿色相结合的原则。深化整合三地资源，有力推动合作共赢，实现三地优势互补和协同发展，在服务经济增长、民生改善的同时注重环境保护、资源节约，实现能源行业与区域的协同发展。

3. 确立跨区跨界供电服务目标

作为主要的能源基础设施，电网的一体化是长三角一体化的重要前提和组成部分。示范区电网公司全面贯彻"创新、协调、绿色、开放、共享"的新发展理念。

（1）建设一个新高地，打破当前电网刚性隔绝的局面，实现跨区跨界电网的互联互通和供电服务的一体化，到 2025 年，全面建成国际领先能源互联网，供电可靠性、电压合格率达到国际先进水平，用户平均停电时长降至 0.64 小时/户，基本建成长三角区域一体化数智化电网、实现电力大数据价值创造业务应用，绿色能源多元发展，配电网故障全自愈、用户侧停电无感知。

（2）打造一个示范区，形成与长三角一体化高质量发展相适应的一流电网，至 2025年，基本实现供电服务一体化，"获得电力"指数实现国内领跑，可再生能源电量占发电量比重达 59%，电能占终端能源消费比重达 42%，单位 GDP 能耗水平相较 2020 年降至 0.339 吨/万元，能源服务生态圈基本形成。

（3）开发一个试验田，形成可复制、可推广的跨区跨界共融互通供电服务模式，形成"绿色发展、多能融合、数智赋能"建设的示范案例，成为区域协同发展的引领者、示范者和先行者。

（二）以规划融合促进电网互通，建成跨省跨界"一幅图"

示范区内电网相近但不相连，对区域一体化均衡发展造成一定影响，其根源在于电网规划的不同，示范区电网公司以提升县域电网规划标准为切入点，以模块化设计为手段，建成互联互通跨省跨界"一幅图"。

1. 统一跨区域配电网规划标准

为全面建成区域一体化电网，建立跨区跨界协同电网规划工作机制，国家电网有限公司高度重视，统一组织三地省市公司，深入分析"两省一市"电网规划标准差异和资源要素，紧密围绕长三角一体化示范区清洁低碳、安全高效的现代能源体系构建需求，高质量编制完成国网系统内首个跨区域一体化电力专项规划—《长三角生态绿色一体化发展示范区电网专项规划》，该项规划立足示范区"共生、共享、共鸣、共进、共融"的发展定位，围绕"提升电网安全供电能力、促进电网绿色低碳转型、推进电网智慧高效发展、拓展电网价值创造空间、发挥电网资源配置优势"5大方向15项重点项目，推动建设以新能源为主体的区域一体化新型电力系统示范样板，并作为唯一一个由企业牵头编制的专项规划被纳入长三角生态绿色一体化发展示范区规划体系当中，形成一体化规划典范。同时，为逐步缩小示范区各区域电力差距，示范区电网公司遵循区域互动、供区互保、分层互联、网格互济的技术规范，统一谋划电网供区等级划分，将青浦西虹桥商务区、先行启动区朱家角镇新镇区、西岑华为片区提升为A＋类供区，徐泾镇、青浦新城、先行启动区朱家角镇老镇区、金泽镇镇区、商榻社区、嘉善中新产业园、西塘镇、姚庄镇核心区域等由原来B类供域调整为A类供区，部分C类区域调整为B类供区，提前为统一示范区电网规划标准打下基础，助力打造高能级长三角生态绿色一体化示范区。

2. 打造示范区能源电力规划体系

为进一步推动区域一体化电网建设，贯彻落实国家电网有限公司《长江三角洲区域一体化发展规划纲要》和《长三角生态绿色一体化发展示范区总体方案》要求，示范区电网公司根据政府需求和地方发展定位，以构建全域全电压等级互联互通的多元融合新型电力系统为目标，建立示范区生态绿色一体化发展1＋N能源电力规划体系，以1个示范区总规＋1个启动区总规＋N个专项规划为主线，提前布局长三角生态绿色一体化能源电网发展，同时深度融合电网网架与信息支撑，编制完成长三角生态绿色一体化发展港口岸电、充电桩、光伏、储能、氢能、综合能源等6项专项规划，并开展新能源储量布局调研和互联互通电网规划研究，规划完成110千伏俞汇变与上海青浦、110千伏贺汇变与江苏吴江等一批互联互通主网示范工程，打造"清洁低碳、安全可靠、灵活高效、智能友好"的能源互联网典型形态，保障示范区能源领域生态绿色一体化发展、支撑"双碳"目标实现，助力示范区"生态绿色一体化"高质量发展。

3. 开展跨区电网标准化样板建设

针对三地电网建设标准、建设方法、建设物资不一致的特点，示范区电网公司紧紧围绕《国家电网有限公司关于服务长三角洲区域一体化发展的实施意见》，在统一标准的基础上，各自电网规划实行模块化设计，逐步建立示范区统一的配电网建设规范，实现各自配电网规划与区域整体规划的无缝衔接、即插即用，支撑互联互通电力联网工程建设以及配电网一体化运维；同时，示范区电网公司按照"走出去、请进来"方式，加强示范区电网公司合作交流，相互学习先进作业经验，以项目部运作为基础，双方互派项目部在示范区内互揽工程，通过建设完成嘉善－青浦、嘉善－吴江等一批一体协作的跨区域配电网互联互通重点工程，不断深化合作共建领域和产业渠道，并从电网规划、设计、建设、验收、运行等多方面出发，以重点项目建设为依托，在实践中塑造典范，在工程中打磨标准，不断融合一体化建设经验，打造一系列规范化、适应性强、可复制、可推广的标准化作业规范，建设一批"示范性、引领性"的电力行业合作项目，并以跨区域电网建设为抓手，深化内部管理规范，研究制订资产分界、设备运维、调度运行、电量结算等相关制度标准，编制完成国网系统内首个《跨省配电网互联互供电费结算方案》等一系列支撑互联互供规范管理的制度标准文件，为推动跨区跨界电网一体化发展提供可推广可复制的宝贵经验。

（三）以数据融合促进服务贯通，打造服务业务"一扇窗"

电网刚性隔绝也造成示范区供电服务相似但不相通，跨区办电存在壁垒，跨省办电程序烦琐、成本较高。示范区电网公司建立跨区跨省的办电服务平台，共享内外部办电服务资源，推动打造供电服务跨省跨界"一扇窗"。

1. 推动办电数据内外协同共享

电网内外部数据的融合共享，是实施一体化供电服务的基础，示范区电网公司着力打通三地数据壁垒，以畅通的"数据池"实现示范区"一站式智慧综合服务"。①建立"内部数据池"，推动共享潜力用户信息、集团用户风险信息、产业链各方信息、知识成果等方面的资源，助力深度开展客户挖掘和预防各类经营风险。②建立"政企数据池"，通过政务平台对接实现示范区内全用户办电相关资质材料一站式查询、登记和使用，实现异地办电、区域通办，为打造"马上办、网上办、一次办"的高效办电体系提供支持。③建立"企企数据池"，实现电网与企业用户的数据共享，整合三地建设资源，制定并发布三地统一的客户工程典型设计方案及工程造价参考手册，对外公开设计、施工、试验单位资质查询方式，实现办电流程可视化，办电选择自主化，办电成本可控化。

2. 搭建跨区跨界办电服务平台

示范区电网公司充分发挥长三角地区数字经济独特优势，紧抓"互联网＋"政务服务发展契机，集成重构在运业务系统，紧密对接政府"一网通办"平台总门户建设，加快推进供电服务"一网通办"平台应用落地，推动打造全国首个跨区域智慧型一体化办电服务平台，并通过开展一体化办电服务平台建设，贯通线上、线下服务渠道，形成一网受理、协同办理、综合管理为一体的电力营销新服务体系，同时全面梳理跨区域供电服务集约化、协同化、标准化管理制度体系和业务流程，强化三地营销组织协同管理，建立一体化办电服务平台的组织机构与制度保障，实现从线下营业厅到线上互联网渠道统一受理"江浙沪"三省用电业务，示范区数据信息互联互通和共享共用，有效支撑新型营销服务体系和跨省业务挖掘，协助三地政府推进长三角公共服务一体化的进程，打造供电服务支撑的"大后台"。

3. 持续提升跨区办电服务能力

示范区电网公司在优化营商环境方面各具特色，通过深入分析三地制度标准、服务体系差异，推动建立一体化对标机制，开展优化营商环境"互学互比互赛"专项行动，吸收各单位典型经验和优秀做法，以"三压缩"为抓手不断提升办电服务能力，促进区域内营商环境的持续优化。压缩办电环节，10（20）千伏高压办电从7个环节压减为3个环节，低压非居办电环节从4个环节压减为2个环节。压缩办电时长，依托"全能型"供电所营配融合及高效协同，推行"项目预制＋随报随接"以及"双经理制"服务管理，全面压降用户办电时长。压缩办电成本，延伸业扩投资界面，高压用户（10/20千伏）实现投资到红线，低压非居民客户容量提升至160千瓦，深化临电租赁设备的推广服务，降低企业办电成本。

（四）以技术融合促进调度畅通，实现运维调度"一张网"

当前，示范区行政边界区域电力断头路仍有存在，末端电网相互割裂无法成环，停电时长相对较长，供电水平相对较低，示范区电网公司通过汇集三方电网智能运营技术，推动建成智慧型资源共享系统，明确区域一体化调度机制，协同开展跨区域电网运维抢修，实现运维调度"一张网"。

1. 构建跨区智慧调度共享系统

在国家电网有限公司统一指导下，示范区电网公司融合三方技术优势，建设一体化电力调度资源共享平台，以华东调控云为数据交换平台，提供统一的数据接入和数据发布功能，打通调度业务数据流，开放实时电力电量、互联线路对侧实时负荷、可开放容量、负载率，本侧实时可开放容量等数据，实现跨区电网调度数据互通共享，确保线路跨区互供时电网安全，同时依托平台功能建设，建立电网调控"一张网"理念，集中展示互联区域互馈变电站、配电网线路、配电台区等运行情况，实时掌握对侧线路运行状态，有效解决互联区域盲调问题；并以平台数据作为支撑，构建长三角示范区一体化指标体系，实现电网运行指标、用户服务指标、示范区经济指标等综合分析，为公司生产决策提供数据支持。三地电网调控共用一套数据示意如图4-14所示。

2. 建立三地协同调度运行机制

示范区电网公司全面梳理三地电网调控运行管理工作差异，共同推进一体化同质化

图 4-14　三地电网调控共用一套数据示意

调控运行管理，编制《长三角一体化示范区电网调度运行管理办法》，确保专业管理标准统一，业务流程清晰、职责分工明确、工作机制规范，以三地调控运行管理协同推进一体化示范区电网高质量运行，同时建立电网调度沟通协调机制，建立《跨省（地市）配电网互联互供技术原则及运行管理》规范，针对跨省配电网联络线路运行过程中存在的异常、缺陷等进行实时沟通。定期就线路运行情况、消缺内容等工作开展会商。及时协调资源，制订应对措施。并推进三地调度电话一键直通，落实三地调度电话一键直通联络机制，建立完善横纵协同贯通的调控精益化管理实践，实现三地一体化调控智慧资源共享，有效提升供电可靠性。

3. 打造跨区高效协同运维方式

依托一体化智慧调度资源共享平台，示范区电网公司实践多专业融合的一体化运维新方式，推动在示范区电网故障、重大事件处理中实现资源统一调配、队伍高效协同，率先建立一体化故障抢修联动机制，编制完成《长三角一体化示范区供电服务风险及应急预案》《长三角一体化示范区供电服务应急管理办法》，并成立三地共享的电力应急救援基干队伍，协同实现互联互通电网调控、抢修指挥、故障抢修、供电服务、物资供应等业务一体化，当故障发生后，将由故障地区供电部门发起支援需求，通过一体化调度平台统一指挥，由就近供电所开展跨区域抢修，对故障线路开展沿线排查、故障处理，其余两地供电公司组织抢修力量进行支援后备，真正意义上实现让各方真正做到了"并肩作战"，大幅提升对于抢修力量的高效配置，同时，对于进一步提高长三角区域协同应对自然灾害下电力故障的响应速度和处理能力具有重要的意义，为今后应对此类故障积累了宝贵经验。

（五）以资源融合促进生态共通，下好双碳发展"一盘棋"

生态绿色发展是长三角一体化的基础和前提，围绕目标，以综合能源服务为切入点，优势互补，积极吸收社会资本，建设综能能效示范，下好双碳发展"一盘棋"。

1. 跨区推动三方协同"双碳"建设

示范区电网公司坚持合作共赢理念，综合考虑各方优势产业链资源，明确"一个中心、三个关键"的跨区电网"双碳"发展规划。三方围绕"双碳"目标，发挥电网企业在技术、渠道、属地等多重优势，扩大朋友圈，加速布局新兴产业，推动长三角一体化绿色发展战略落地。

（1）协同做好清洁能源并网服务，开辟清洁能源接网工程全流程绿色通道，优先纳入年度计划和投资安排，确保电源项目本体工程和接网工程同步投运，协同保障220千伏海上风电并网接入，推动落实示范区光伏整体改造29万千瓦，提前实现非化石能源占一次能源消费比重50％和电能占终端能源消费比重65％的发展目标。同时，推广工厂、楼宇绿色智能化改造、县域光伏建设和氢能产业的建设，打造绿色工厂、绿色楼宇、未来社区、乡村振兴等智慧能源示范场景，共同完成公共建筑节能改造4万平方米，可再生能源建筑应用40万平方米。

（2）协同推进全电示范区建设，推动政府将全电示范区建设工作纳入县域经济高质量发展实施方案，大力推进油改电、乡村电气化，推进"桃源渔歌风景线""太湖新城吾悦金街""乡村振兴·电力先行"示范区建设，提升电能在终端能源消费中的占比。

（3）加快电动汽车充电网络布局，环绕示范区跨区跨界高速公路网，打造高速公路快充网络、城市公共快充网络及车联网平台，与当地城市交投集团达成战略合作，推进区县域绿色交通及交通领域内综合能源服务，完善城市公共充电网络布局，构建"生态绿色"高质量公共交通系统，同步上线充电站智能运营平台，打造长三角一体化示范绿色交通样本。

2. 引入多方利益主体协同开展运营

示范区电网公司坚持"立足先行区、聚焦产业园、辐射示范区"的原则，依托省际合作园区的建设，充分发挥地域优势和技术优势，积极实践新型能源服务业务新示范。通过建立相互合作的开发机制，积极创新综合能源商业模式，以浙江某供电企业为例，通过全面分析园区综合能源业务特点、市场规模等因素，深入研究综合能源公司组建方案、产业定位、发展规划、经营管理等具体内容，创新成立合资公司，推动国网浙江综合能源服务公司、苏州中新公用以及嘉善国投公司三方合作，共同出资设立浙电中新新能源科技公司，充分利用合资方在新能源服务、公用事业运营以及城市综合服务方面优势，实现优势互补、资源共享、互利共赢。跨省跨界，深度参与示范区园区综合能源业务，建设高品质园区综合能源服务示范区，构建低碳高效的能源服务体系，打造共建、共治、共赢的能源服务生态圈，抢占园区级综合能源市场制高点。

3. 合力打造水乡综合能效示范景区

示范区电网公司以水乡客厅作为长三角一体化生态绿色建设原点，合力打造水乡综合能效示范景区，集中实践城水共生、活力共襄、区域共享的发展理念，通过三方协同共建，开展基于微电网技术的"3+1"示范工程，在青浦、吴江、嘉善分别打造智慧文旅微电网示范、智能社区微电网示范及氢电耦合微电网示范，并通过在核心区域结合能源互联网枢纽站建设水乡客厅"1+N"能源互联网枢纽站综合示范，建设形成一体化电力发展实践地、展示区和引领区，并以水乡客厅建设为基准，探索世界级水乡人居模式，依托古镇群落和风貌区组团，找准嘉善、青浦、吴江三地拥有西塘、朱家角以及同里三个水乡古镇景区的发展特色，围绕生态观光、低碳出行、古镇运营三大场景建设智慧文旅示范，全面提升古镇智慧文旅宜游体验，合力打造江南水乡古镇零碳示范区，推动形成古镇旅游与科技发展新高地，推动打造世界级水乡古镇生态文化旅游廊圈。

三、以服务长三角发展战略为目标的共融互通一体化供电服务管理的实施效果

（一）提高一体化示范区供电服务能力

通过创新实践，助力区域一体化能源互联网高标准建设、高质量发展，推动电网资源配置、安全保障、智能互动能力明显提高。促进跨省电力融合，支撑和保障了长三角一体化区域利天万世新能源、中新嘉善现代产业合作园等30余项重点项目的建设，实现了城乡电力服务均等化，完成107项农村电网改造工程，示范区供电可靠性由99.8949%提升至99.9934%，平均停电时长由9.2小时降至0.74小时。电力营商环境持续优化，区域内电力获得指数不断提升，平均办电时长高压用户由81.2工作日降至12.43工作日，低压用户由10.8工作日降至2.75工作日。一方面，随着长三角一体化电力共融不断深入，示范区供电服务一体化管理水平亦不断提升，在2019年抗击台风"塔巴"过程中，受其影响，与上海毗邻的嘉善县俞汇村电网受到重创，两区一县公司三地迅速联合响应，在台风天气下仅用时5分钟实现跨省恢复供电，另一方面，在2021年春检中，吴江辖区内110千伏杨墅变电站全面检修，如果按常规模式，该变电站所供相关线路在作业期间将呈停电状态，经沟通协调，周密部署，嘉善与吴江供电立即启动长三角一体化示范区省际间电力联络协议，将相关线路的负荷转接到嘉善陶庄，保障该线路上的电力用户正常用电，吴江黎里的居民正式用上了"浙江电"。截至目前，"长三角一体化示范区先行启动区实现电力抢修跨区联动"等已获得人民日报、新华网、中国电力报等多家媒体专题报道共计30余次，示范区电网公司创新打造的电力跨省跨界融合样本得到国家电网有限公司及社会各界的高度认可。

（二）助力一体化示范区经济社会发展

通过全面开展业务流程梳理，在相互借鉴、共同提高的基础上，示范区电网公司再

造 12 项一体化示范区供电服务业务流程，通过固化提升，支撑各项业务协同高效运转，同时大幅减轻用户办电成本，助力 30 余家跨区域大型企业用户落地长三角。同时深化"放管服"改革，示范区内实现了 110 千伏客户服务管理、110 千伏变电站建设、运维、检修管理、10 千伏及以下电网规划库管理等权限下放，显著提升管理效率。综合能源服务方面，示范区共计建成 19 座充电站，形成覆盖两区一县的快充服务网络，为长三角生态绿色一体化发展提供了电力驱动。同时通过创新综合能源商业运营，引导清洁能源结构和布局优化，全面支持清洁能源协调发展和全额消纳，提升能源系统调节能力，示范区内非化石能源发电量占比达到 55%，清洁能源实现 100% 消纳，电能占终端能源的消费比重持续提升达到 45%，并实现综合能源收入 1.7365 亿元，收益 7297.39 万元，减排温室气体 0.98 亿吨，拉动相关产业 GDP 约 15.63 亿元，有力推动地方经济社会发展，助力长三角一体化示范区绿色生态、清洁低碳发展。

（三）建成一体化共融互通示范样本

通过开展共融互通实践，示范区电网公司在能源电力领域率先打造"共商、共建、共管、共享、共赢"的跨区跨界协同发展示范地，为区域一体化能源互联网高标准建设、高质量发展提供了样本和典型经验；在国家电网系统首次完成的跨省跨界《长三角生态绿色一体化发展示范区电网专项规划》，为区域一体化电网规划建设提供了样板；随着《长三角区域省间配电网互联互供电费结算意向协议》《长三角示范区调度一体化数据共享与业务协同技术规范》《跨省（地市）配电网互联互供技术原则及运行管理》等一系列跨省跨界可复制、可推广的电力制度标准的编制完成，为引领全国建设区域一体化电网，建成跨区跨界一体化供电服务机制做出了有益实践，亦为区域一体化能源互联网高标准建设、高质量发展提供了新的模式、新的样板。

案例点评：

该成果以服务长三角发展战略为背景，深度剖析总结跨区域电力发展存在的问题，即电网相近但不相连、服务相似但不相通、电力资源相邻但不相融，以问题为导向，构建"四融"促"四通"跨区电网供电服务模式，以"一幅图""一扇窗""一张网"和"一盘棋"，打破圈于行政区划的供电壁垒、消除长三角示范区电力发展不平衡症结，实现电力服务"同城待遇"和"共融互通"。

该成果最大的一个特点就是多用比喻句式，使语言通俗易懂，即使不具备电网知识，也能轻松读懂成果表达的逻辑和内容。报告二级标题前半段使用了"以……融合促进……"的相近句式，后半句使用了"一幅图""一扇窗""一张网"和"一盘棋"比喻句，用修饰词代替所做的事或者发挥的作用，堪称范式。

成果报告中唯一不足的地方是成效部分，一是成效部分层次相对不够清晰，以成效一为例，"另一方面"出现了两次，建议按照做法部分层次，从电网质量、供电服务质量、应急服务能力等方面再划分的更清晰一些；二是，成效各部分之间内容不均衡，尤其是成效三，内容较少，会给人头重脚轻的感觉，建议均衡内容。

案例4　基于政企联动的能源大数据中心
深化运营及商业模式构建与实践

一、背景

（一）助力国家"双碳"目标推动绿色发展的必然要求

"双碳"目标的提出对我国绿色低碳发展具有系统性引领，对降低碳排放、推动经济结构绿色转型提出更高要求。我国能源消费结构目前仍以化石能源为主，占比高达85％，控制化石能源消费，实现能源清洁转型，对于做好"十四五"减碳，提高"绿色GDP"产出，实现"双碳"目标具有重要意义。能源大数据是应用互联网机制与技术改造传统能源系统的最佳切入点，是推进能源系统转型的有效手段。因此，打造能源数字经济平台，全面接入煤、油、气、电等能源数据，汇聚能源全产业链信息，支持碳资产管理、电能替代、绿证交易等业务，服务国家智慧能源体系构建，成为更好地推动国家能源清洁低碳转型，加快绿色低碳发展，助力国家"双碳"目标的必然要求。

（二）支撑国网数字化转型升级服务模式的有力抓手

为贯彻落实"四个革命、一个合作"能源安全战略，国家电网提出建设"具有中国特色国际领先的能源互联网企业"的战略目标，主动适应能源革命与数字革命融合趋势，建设清洁低碳、安全高效的能源体系。数字化是适应能源革命和数字革命相融并进趋势的必然选择，随着"云大物移智链"等现代信息技术和能源技术深度融合、广泛应用，能源转型的数字化、智能化特征进一步凸显。无论是适应新能源大规模高比例并网和消纳要求，还是支撑分布式能源、储能、电动汽车等交互式、移动式设施广泛接入，都需要以数字技术为电网赋能，在引领能源生产和消费革命中发挥更大作用。国家电网充分利用能源大数据，加快建设新型电力系统，促进源网荷储协调互动，推动电网向更加智慧、更加泛在、更加友好的能源互联网升级，持续提高能源供给清洁化、终端消费电气化、系统运转高效化水平，是响应国家能源战略，助力电网数字化转型，推动"供电＋能效"服务模式转型升级的有力抓手和有效途径。

（三）实现地方高质量发展驱动数字能源的必要手段

数字经济是全球未来的发展方向。浙江省作为互联网产业发展最活跃的地区，在深度融合"云大物移智链"等新兴技术与能源电力技术上有着优渥的区位优势和先行先试的基础条件。电网数字化转型是推动数字经济发展的关键一环，完成电网数字化转型就是要实现数据资源向生产要素转化，数据治理是基础，构建能源大数据平台是有效手段。浙江某供电企业作为"具有中国特色国际领先的能源互联网企业的示范窗口"，充分发挥数据新型生产要素作用，当好电网数据要素市场培育"先行军"，努力实现内增效、外增值。对内发展能源大数据中心，推动能源领域大数据跨界融合，合理配置和利用能源资源；对外在"共同富裕"和"商业模式"两个领域进行探索，积极推进政府、电网、用户联动协作，是发挥电力指数风向标作用，加速推进地方经济高质量发展，是能源数字化赋能共同富裕的必要手段。

二、主要做法

（一）明定位、搭架构，构建统一数据平台

1. 定位服务多主体的全能选手

（1）做"政府能源管控的参谋助手"。围绕"广泛互联、智能互动、灵活柔性、安全可控"目标，以服务政府、服务客户为核心，利用互联网化的信息技术，采集、汇聚、融通、共享能源数据，积极培育智慧能源服务等新业态，构建政府级能源监管平台。一方面，结合新型智慧城市建设和数字经济发展，联合地方政府和能源企业，推动各类能源数据一采多用、数据协同，建成集电、水、气、热、煤、油等多种能源数据于一体的系统平台；另一方面，利用大数据技术获取和分析用能用户的能效管理信息与用能行为信息，分行业、分区域直观展示相应碳排放情况及能源消费结构，分析企业碳排放情况，为制定经济发展政策提供更为科学的依据，为能源网络的规划与能源站的选址布点提供技术支撑，做"面向政府的参谋助手"。

（2）做"用户能效监测的诊疗医生"。综合运用通信、测量、自动控制及能效管理等先进技术，建设园区智慧能源综合管控服务平台，采集园区及用户内部用能信息，实现能耗监测与统计、能效分析与诊断、用能策略建议等服务，开展能源优化配置、能效诊断分析、能源梯级利用和综合管控服务，满足园区高效用能的需求。通过园区负荷管理策略，引导用户主动调整用电行为，提升园区区域负荷平衡及参与需求响应的能力。通过分布式电源与储能、配电自动化建设，实现园区供电优质安全可靠，清洁能源高效利用。通过可视化展厅宣传展示智能电网建设成果，探索清洁能源认购、能源托管等智慧园区运营模式，做"面向用户的诊疗医生"。

（3）做"公司转型升级的前沿哨兵"。汇聚电、煤、油、气、水、热等各类能源数据，通过能源运营在线监测、碳排放在线监测、数据分析与产品构建，整合数据资源、计算资源、应用资源，透过数据率先发现问题，探寻公司转型升级的破局先机，以大数据技术引领能源产业生态构建，探索电能替代、节能增效等业务的可行性，梳理具备节能改造、电能替代、新能源开发、能源消费管理等业务潜力的企业清单，提供给属地综合能源公司事业部，作为潜力项目储备库，实现业务引流，做"面向公司的前沿哨兵"。

2. 构建涵盖多层级的系统架构

面对能源生产和消费革命新态势，浙江某供电企业面向政府、用户、电网企业，以打造能源数据共享平台、政府决策支持平台、行业创新发展平台和智慧用能服务平台为定位，充分利用能源大数据价值，创新打造了统一能源数据共享、政府决策支持、行业创新发展与智慧用能服务的综合能源服务平台，为浙江创建清洁能源示范省、率先实现碳达峰提供有力支撑。

浙江某供电企业开展"省市一体化"能源大数据平台建设，构建功能全上线、省市全贯通的平台架构，建立协同管理、协同计算、一体化智能化的协作机制，实现能源大数据平台省级集中部署、地市分布应用，提升省地协同、资源高效利用，保障能源大数据平台高效运营。能源大数据平台聚焦政府级能源监管、园区级能效管理和企业用能服务，嵌入特色功能板块，重点关注"监测大厅、用能企业、能耗总量、能耗进度、能耗强度、数据管理、重点企业"7大模块，搭建"数据源层、核心平台层、应用层"三大层级，覆盖数据采集-处理-分析-应用全过程处理流程。其中数据层包含能源、业务、管理等各类数据，构建能源大数据云平台，为能源大数据中心提供基础资源服务；核心平台层通过数据融合、数据存储、数据分析、数据服务等多项数据处理技术，为数据的输出应用提供技术支撑；应用层基于核心层对数据的处理后，针对不同类型用户提供系统运行监控、负荷预测、用能行为分析、需求响应控制等各类服务应用。平台统一数据管理，抽取海量政府、企业数据进行分析处理，构建聚类算法、理想算法等多种算法模型，实现数据可视共享，解决政府、企业间数据信息孤岛问题。能源大数据平台总体架构如图4-15所示。

（二）治数据、筑保障，打造三大运营体系

1. 强化数据治理体系，夯实平台应用基础

（1）规范数据接入管理，保障源头数据质量。公司对浙江地区能源供应、能源消费、新能源技术利用、生产生活碳排等数据进行全域采集，开展全品类能源生产、供给、存储、消费数据汇聚和在线监测。针对电力与蒸汽两类能源数据进行实时采集，与政府经信局及城镇街道取得协作，对接企业、热电厂部署电力数据测点、蒸汽数据接口等监测设备，实现数据直采并达到15分钟一个采集点的要求；其他能源数据、经营数据则通过与政府相关部门对接，由政府侧能源数据中心定期提供。截至2023年8月，平

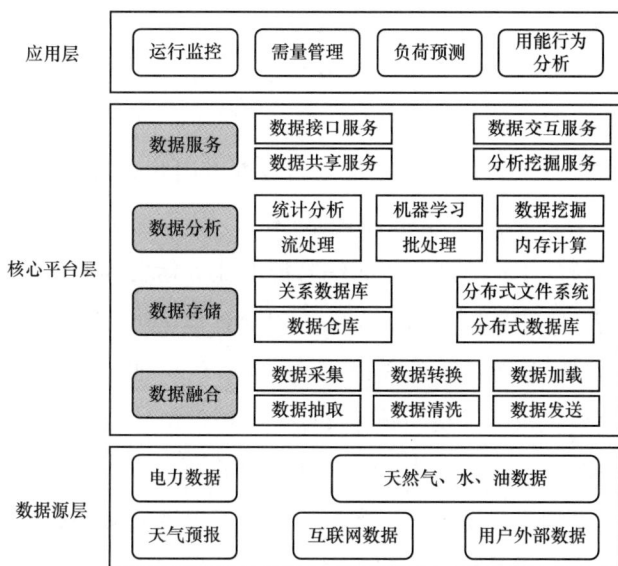

图 4-15　能源大数据平台总体架构

台已汇聚电力、煤炭、石油、天然气等各类用能数据 7500 余万条，覆盖金属冶炼、纺织等八大高能耗行业近 6 万户规上企业及 2600 家重点用能企业。

（2）构建标准数据模型，增强数据清洗质效。为保障数据的完整性、准确性、一致性，公司全面梳理企业和政府辅助决策需求，形成数据清单，确定算法模型与技术方案，获取数据库元数据，从标识维度、关系维度、文献维度、内容维度和管理维度设计不同类型能源数据库元数据规范，细化数据维度；运用数据挖掘技术，识别并修复不一致数据，对数据库中的标准数据进行清洗，避免数据分析受到噪声、缺失值和不一致数据的侵扰。目前，平台已累计构建 528 个数据模型，对外数据服务 100 个，提供可直接使用数据集 17 个，并以国家电网能源数据智能技术与应用重点实验室、国家电网低频段物联网技术与应用研究实验室为支撑，持续提升数据汇集能力，全力保障能源大数据服务的需求。

（3）优化数据安全管理，稳定发挥数据效益。树立并贯彻数据安全理念，依据《信息系统安全等级保护定级指南》等规范，借助深度内容识别技术，对数据进行风险分类分级，将不同风险级别的数据进行分类存储；设置数据平台防火墙，在平台入口部署用户访问权限，对平台数据维护功能进行权限管理，用户通过管控平台身份认证后，才能在相应模块进行数据维护等流程操作；明确安全运维的标准规范和规章制度，对大数据环境的核心关键部分、危险行为等进行全过程管控，记录、追踪所有治理操作，并纳入统一安全审计管理。

2. 固化配套支撑体系，确保平台稳定运营

建设项目工作机制。浙江某供电企业成立工作专班，组建 40 余名专家的联合工作组及 6 个常态化工作小组，组织 120 余人的常态化研发支撑团队。根据各阶段业务需求，建立业务需求评审机制、平台优化提升机制、数据应用管理机制和成果定期发布机制，做实做优项目管理工作。形成工作每日有监控、每周有通报、通报需反馈、反馈需整改、月末做总结与考核的工作方式，发布综合能源业务运营周报，实行动态管理，做到关键指标的事前预警、事中控制、事后总结。健全日常运维机制。数据维护方面，设置专人负责各行业、区域、用户的生产总值和电、热、气、油、煤等多种能源数据的数据模板及数据库日常巡检，及时发现问题并反馈至维护单位，维护单位（$T+2$）天完成数据维护工作；质量运维方面，由专人负责异常工单处理结果定期核查、通报和平台运维异常工单定期派发，并根据设备异常、数据异常等工单性质分别派发至相应单位进行运维处理，并由专人负责过程管理及协调沟通。创新数据标准制度。公司创新开展省级能源大数据中心标准创建工作，完成《能源大数据中心业务架构》及《能源大数据中心总体架构和技术要求》两项标准编制，获国家电网有限公司企标立项；联合浙江省能源局开展《能源大数据中心常用术语及统计指标》及《能源大数据中心通用架构和技术要求》两项标准编制，并申报地方标准立项与 IEEE 标准创建，填补行业空白；参与浙江省《公共数据开放与安全管理暂行办法》《公共数据共享工作细则》《应用目录要素》等规章规范制定，反映公司内控要求和业务需求，主动融入政府制度规范体系。完善绩效激励制度。公司出台多项综合能源服务业务决策、管理文件，严格界定各部门工作职责，将综合能源业务纳入公司绩效指标，以正向激励为主导，对综合能源业务实施、市场拓展等方面进行量化考核，并将评价结果纳入个人月度、季度、年度考评依据，加强专业化、精益化管理，确保能源大数据平台建设运营和综合能源能效提升创新实践的有效开展。

3. 细化市场推广体系，助力平台营销推广

组建专业化产品运营团队。浙江某供电企业内部成立推广工作专班，组建包含互联网、营销、信息通信等专业技术人才的"研发与运营"联合攻关团队，负责整体数据平台推广规划，实施过程管控，通过制订团队职责清单，明确各工作小组职责界面。建立定制化产品运营策略。从产品服务对象角度出发，综合考虑产品可推广性，进行方案可行性推演，对每款数据产品进行多方论证，确保快速、低投入、高产出地实施，保证产品的市场竞争力。建立客户和潜在客户资料库。通过数据价值挖掘快速了解客户背景和偏好，提炼客户特征，实现客户洞察，支撑精准服务，提升客户服务体验，提高服务效率；公司定期通过平台数据对园区企业的能耗水平及能耗消费结构进行大数据分析，重

点筛选目标客户群体，作为潜力项目储备库，为数据产品的定制化提供支撑。构建市场化推广机制。在目标市场定位上，综合考虑市场因素进行目标市场细分，有针对性地制定"差异化"营销方案，保证市场渗透率和占有率；在销售策略上，采用大众营销和定向推销相结合的方式，一方面挖掘市场需求与平台价值的结合点，借助各个营业网点、新媒体进行广告式宣传，广泛寻找客户资源，另一方面挖掘某个客户需求与平台价值的结合点，调研不同用户的电力数据诉求。

（三）挖需求、推服务，塑造三级商业模式

1. 数据透视明确用户需求，重塑商业价值

根据浙江地区特色、产业特性，浙江某供电企业聚焦政府部门、产业园区、工业企业等主体开展综合能源服务业务的调研走访，全面了解各用电用户服务需求。以园区为例，通过对园区管理方和普通电力用户进行问卷调查，需求调研如图4-16所示。

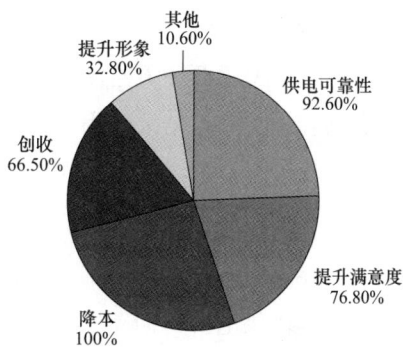

图4-16 园区企业需求调研

从上图数据可以看出，园区企业对降本增效、供电可靠性、提升满意度需求较高。

平台聚焦用户需求，将综合能源业务各产品数据融会贯通，重点建设运营城市能源管控平台和园区级能源平台两大部分，围绕政府级能源监管服务、园区级能效管理服务、企业用能服务三类服务模式，打造多样化数据服务，开展新业务新业态发展与商业模式实践。

2. 聚焦功能创新服务产品，拓展商业手段

充分发挥能源大数据中心综合服务能力，针对政府、园区、企业用户创新平台产品。一方面，实现政府侧能源监管业务、智慧园区综合能源服务业务和企业级综合能源服务业务穿透；另一方面，借助政府在能耗监测、能效监管方面的推动，积极开展园区级"监管＋服务"的多种综合能源服务，开展企业级的智慧用能管理和节能增效服务，实现从宏观用能监管到具体企业节能增效多种场景，切实助力"双碳"目标，促进能源高质量发展。

（1）布局能耗智能监测，服务政府宏观决策。针对政府部门在产业运行、经济分析等方面的数据需求，依托能源大数据中心，地市公司为政府提供分行业、分区域、分用户的能源数据采集和能耗统计，实现用能的实时监控、用能指标消耗的事中控制和评价，满足各级政府能源管控需求。

浙江省内某供电公司的能源数据产品"碳锁"入驻政府"政务云"平台，"碳锁"

聚焦宁波城市特色，重点锁定宁波港口、工业园区、特色行业、文教景区等监测对象，围绕电、气、油、煤四大维度计算碳耗值，为政府碳排放管理提供辅助决策，服务政府数字化改革和全社会低碳发展。

国网嘉兴供电公司依托能源数据分析结果，定期呈送专题报告，精准服务政府决策。聚焦电力看企业、电力看经济、电力看低碳三个维度，每月生成一份《"电力看嘉兴"专报》，分析嘉兴全域经济走势、能源消费及"双碳"工作完成情况，为政府持续推动经济和产业的绿色低碳转型和可持续发展注入强劲动力；每年向政府发布《嘉兴市能源电力消费白皮书》，为政府决策和工作部署提供直观、有效、及时、科学的数据支撑。

国网台州供电公司以能源大数据平台为载体，在保障用户隐私和信息安全的前提下，形成《电力营商环境监测月报》，向政府部门及公共服务机构等相关主体共享用能监测数据和相关分析结果，为其提前研判投资决策提供了科学有效的数据支持。

（2）深度融合数字化改革，赋能企业科学决策。针对园区及企业在用能数据分析、能效诊断、节能环保建议等方面的服务需求，地市公司设计智慧用能管理、节能增效服务等综合能源服务产品，为推广平台服务提供产品支撑，助力数据增值变现。

国网嘉兴供电公司创新性地构建"单位 GDP 碳排放量"的碳值、"零碳能源利用占比"的绿值等多维度指数，刻画"碳画像三色图"，同步设置功能模块，展示用户碳排放情况，精准挖掘降碳需求。按照同行业同规模企业相关数值对企业碳排放水平进行综合排序，通过绿（健康）、黄（亚健康）、红（异常）三色对企业碳排放水平进行评价，以"碳画像三色图"实现分行业、区域、企业的"碳值"和"绿值"呈现。并在此基础上构建碳排放预测模型，应用人员可根据自身需求调整达峰中和的实现时间，输入目标年份，平台可立即形成相关碳排放曲线图以及输出"新增光伏装机容量××kW，增加储能装机容量××kW"等相关方案，提供量身定制的"降碳路径"。

国网衢州供电公司联合发改委、大数据局等政府部门共同研发了全国首个基于新能源利用和碳排放综合分析的数字化产品"绿能码"。"绿能码"依托"绿能""碳能"两个看板为企业赋码，"绿能看板"将某一周期内区域、行业、企业的新能源利用量进行分类统计测算并动态展示，同时对新能源使用情况进行趋势预测；"碳能看板"按国家碳排放系数标准，将某一周期区域、行业、企业消耗的电、煤、热、油等碳源数据进行碳排放总量、碳排放强度折算并动态展示，同时对碳排放的相关情况进行趋势预测。"绿能码"为用户记录碳足迹、计算碳汇量、预警碳阈值，与企业产量等数据融合应用，可辅助企业对标先进，及时转型发展，有效提升能源利用效率和清洁能源利用水平。

国网绍兴供电公司设计了首个跨场景数字产品"浙里绿税"，通过选取绍兴市最为典型的化工、纺织印染、医药制造等八大支柱型行业，汇集融合税收、电力及其他能源相关数据，实现数据互通，建立了一套以企业单位能耗税收、行业平均单位能耗税收为主要指标，分类分级赋码，体现企业税收含金量及能耗管理水平，反映行业及社会绿色发展质量的税能评价体系。对企业进行 A-E 五级评级，对应"绿、蓝、黄、橙、红"五色"浙里绿税"，生成"一企一码"的能效体检报告，报告同步推送企业端和政府端，精准定位高耗能、低产值企业。

3. 多维服务实现业务增值，贯通商业互动

结合互联网行业实践经验，依托能源数据平台主体，浙江某供电企业创新构建"平台系统＋专家团队"运维服务支撑体系，为用能用户提供产品服务互动平台，推动能源生态圈共同升级。针对不同客户群体，以服务政府科学决策、经济社会发展、企业能效提升、社会民生改善为"四服务"对象，对各业务类型进行梳理，构建综合性、公益性、普惠性数据服务业务，制定符合供电公司可持续发展的盈利模式。

数据应用服务业务方面，依托"碳画像展示大厅"功能模块，为政府部门提供能源生产、能源消费、能源生产与消费联动、清洁能源等模块的能源相关数据，展示各区域能耗、能效及其变化情况，并根据需求提供定制化数据统计分析服务，为政府能源规划和产业布局提供支撑；通过"碳绿值查询"功能模块，为园区、企业等用户提供月度碳绿值数据明细、年度碳值趋势、年度清洁能源绿值分布情况等相关数据查询，获取服务收入、平台运营收入。能效管理服务业务方面，依托"降碳路径"功能模块，帮助政府、园区、企业等客户获得精准的能耗画像，针对性实施节能降耗改造措施、用能及设备咨询、碳交易咨询等合理降碳建议，基于场景分析为目标客户提供定制化、多样化的套餐服务，获得产品收入、服务收入及平台运营收入；通过平台能效管理功能模块，开展政府大楼、企业楼宇、园区等的能效诊断与评估，提供用能诊断、能耗分析报告，设计个性化多能供应服务，推广分布式光伏、分散式风电等清洁能源服务；为工业企业、园区提供余气余热回收、余热发电等余热余压余气利用业务；为工业企业、园区、学校、医院等重点客户提供水电气热能源托管业务，获得产品及服务收入。交易中介服务业务方面，通过能源大数据平台将区域分布式光伏项目资源与企业绿电需求进行高效连接，作为中间商聚合区域内分散的分布式光伏资源，精准对接区域内绿电需求企业，为企业用户提供平价绿证交易服务，助力企业实现配额目标；依托能源大数据平台为供需双方提供多元信息交互媒介，引入能源服务供应商，撮合供应商业务和用户需求，为双方提供双向选择场所，获得交易分成或平台运营收入。设备代维服务业务方面，通过平台数据监测功能，为园区、企业等客户提供用能设备能耗监控、设备更新维护、电能替代方案等服务；为分布式光伏电站客户提供设备运维、能源托管、能效管理等定制化增

值服务；为工业企业、园区、学校等重点客户提供无功电压优化调节、变压器经济运行、电能质量治理等供配电系统节能改造业务，获得服务收入。能源大数据中心"商业模式如图 4-17 所示。

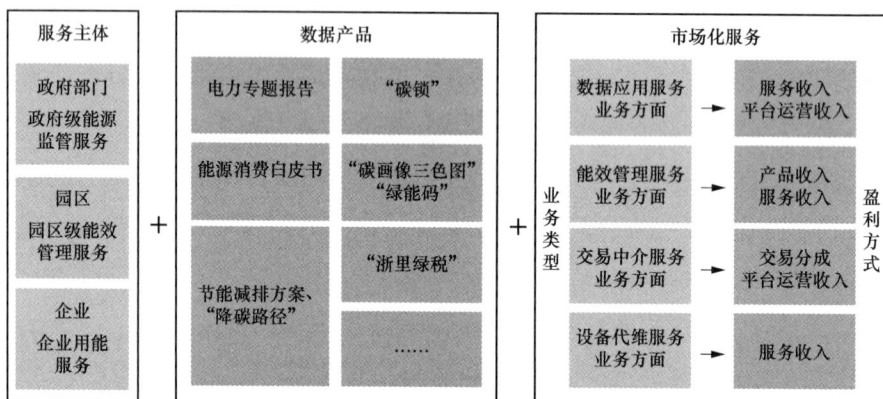

图 4-17　能源大数据中心商业模式

（四）拓场景、促应用，推广多地典型示范

1. 打造海宁尖山特色板块，发展新型电力

浙江某供电企业深刻领会"碳达峰、碳中和"对能源电力发展的新要求，在海宁尖山成立了我国首个"源网荷储一体化示范区"，率先出台意见明确"以新能源为主体的新型电力系统"建设，加快建设多元融合高弹性电网，引领支撑浙江提前碳达峰。海宁供电公司依托嘉兴能源大数据中心软硬件基础，构建了多能协同发展模型，通过对用户现场用能采集改造及相关产能用能数据的收集，对尖山全域专变用户的用能监测、分析及碳行为进行刻画，分析尖山全域各类用户用能情况，实现尖山新区光伏、风电、垃圾电厂、储能、光伏＋储能、冷热电三联供等多能协同发展；打造源网荷储协调控制系统，统一调控分布式电源、配电网设备、可中断负荷、可调节负荷、智慧楼宇、储能电站等源网荷储四侧共 15 类资源，构建一张海量资源被唤醒、源网荷储全交互的高弹性电网。2020 年尖山新区本地清洁能源发电量 5 亿多千瓦时，占地区全社会用电量比例超过 30％，按照每户每月用电 200 千瓦时计算，这些电足够 20 多万户家庭使用一年，相当于一个中等县城的居民年用电量，相当于节约标准煤 20 多万吨，减少二氧化碳排放近 50 万吨。自协调控制系统上线以来，在 100％全消纳的基础上，尖山示范区光伏发电电量在配电网的就地消纳率比系统刚上线时提升 8 个百分点以上，110 千伏尖山变电站的峰谷差率减少 1 个百分点以上。

2. 创新试点"能源碳效码"，助力"双碳"目标

在湖州率先推出"能源碳效码"并在长兴开展企业试点应用。依托能源大数据平

台，建立企业数据仓，集成企业生产经营的电、气、煤、油等能耗数据，根据碳排放因子换算成碳排放量，结合区域、企业产值，统计分析并赋企业专属"碳效码"，科学制定 5 级量化判定方法，数字越低碳效越高，让企业能效水平一"码"了然，服务重点行业提前实现碳达峰。针对"能源碳效码"显示为 4 级、5 级的企业，湖州供电公司根据企业实际情况，开展"供电＋能效服务"，实施细分行业的用能诊断和能效提升措施，助力企业优化节能降耗升级方案；建立"碳效码"静态、动态综合评价体系，结合绿色贷款评级，对高碳效企业和技改升级项目给予贷款额度、利率等差别化待遇，完善"碳效融资"绿色金融模块；建立"能源碳效资金池"，将差别化电价资金用于企业节能改造、清洁能源发展补助。目前，"能源碳效码"已覆盖湖州地区印染、粉体等 38 个行业，成功为 800 余家企业完成赋码；推动多家商业银行及农商行创新"碳惠贷""碳效贷"等产品，通过"绿贷通"实现线上申请和审批授信；投入企业节能改造、清洁能源发展补助资金近 500 万元。

3. 推进雪水港乡村电气化，赋能共同富裕

在海盐雪水港村示范性推行"零碳村落"建设，以数字化改革赋能共同富裕，全面推进乡村电气化，助力乡村振兴。积极拓宽"碳画像三色图"应用范围，在雪水港村电力驿站设置"以电赋农——碳画像全景大厅"板块，构建区域农业、企业和居民用户用能评估体系，精准挖掘"降碳"潜在客户，该电力驿站还为村民提供阳光办电、故障报修、用电咨询等各类电力服务，以差异化能效服务更好地助力零碳村落建设。在乡村电气化建设中，通过改造升级农村电网、推广电能替代技术、推动特色用能项目建设等方式，积极探索建设光伏休闲栈道、光伏连廊、太阳能路灯，推动"田间作业电气化、农户家庭电气化、农副加工全电化、乡村景区全电化"，全力推进现代农业产业发展；推广"柴改电"全村覆盖，在海盐县供电公司的推进下，实现全村 476 户农户全部用上"电灶头"，切实帮助百姓降低用能成本，分布式光伏比例显著提升，实现农村生活"用上电"向乡村全面振兴"用好能"的转变。雪水港村集体经济由 2006 年的 46.2 万元提升到 2020 年的 153.75 万元，农民人均收入由 2006 年的 8520 元提升到 2020 年的 41056 元。在助力雪水港村打造"产乡融合型"的乡村振兴模式上，电力发挥着不可替代的作用。

4. 建设泛梅山"首域"示范，助推清洁低碳

在宁波开展泛梅山多元融合高弹性电网示范区建设。创新共建共赢的能源互联网市场机制，率先开展多元融合高弹性电网配套市场机制的试点示范，先行先试一批创新型、实验性、突破性的新型电力市场机制，基于多元融合高弹性电网建设的负荷需求侧响应，以市场为手段，以"荷随源动"的模式提升电网弹性；建设源网荷储协同互动的

县域级高弹电网，发挥多元融合高弹性电网载体作用，建设低压柔性互联系统，不断提升源侧发电出力可调能力、荷侧需求响应能力和储侧负荷响应能力，推动源随荷动转向源网荷储友好互动，支撑能源结构低碳转型；培育开放共享的能源互联网生态，通过汇聚多种能源与经济数据，提供政府多维度的能流全景、能源强度、能源结构等分析，全社会单位 GDP 能耗、全社会能源消费总量、规上工业能源消费总量、煤炭消费总量等数据一目了然；构建用能客户画像，深入开展客户用能系统的能效诊断和管理服务，成为全社会综合能效提升和供电公司综合能源业务的抓手；为用户提供购买风电、光伏发电等可再生电能，开展绿电交易的平台，支撑多元融合高弹性电网市场化建设。浙江省内某供电公司旨在把泛梅山"首域"示范区打造成全国可复制、可推广的以多能协同互补为核心的城市级能源互联网，助推清洁能源示范省建设。

三、效果

（一）助力提质增效，公司绿色经营能力持续提升

通过平台数据应用场景建设，与综合能源公司建立常态沟通机制，利用平台发掘潜力客户，为浙江某供电企业开拓市场提供"靶向"定位，公司经营实力显著提升，截至 2023 年 8 月，公司签订综合能源业务合同累计 381 项，合同金额 9.03 亿元，较去年同期增长 81.69%，完成营收 7.91 亿元，同比增长 126%，利润总额 0.38 亿元，其中社会化项目占比 89.95%。电力体制改革持续推进，推动企业参与售电市场直接交易，2020年交易电量达到 300 亿千瓦时，降低企业用电成本约达 10 亿元。助力能源消费提质增效，能源消费持续增长，消费结构更趋合理，煤炭消费总量呈下降趋势，清洁能源消费占比不断提高，2020 年清洁能源消费比重达 40%，电能占终端能源消费比重提升至38.3%，均完成年度目标。挖掘数字减碳潜力，浙江省内某供电公司开展了全市 5679家规上企业用能普查，重点聚焦企业生产经营、公共系统设备工况、生产工艺系统、可中断负荷设备分布、余能利用潜力等 7 个方向、50 余个问题。拓展场景助力应用升级，嘉兴供电公司先后建设了张江平湖园能源数据治理实验室、嘉善"祥符荡科创绿谷"零碳示范区等示范效应显著、综合效益良好的综合能源服务示范项目，为供电公司提质增效、服务模式转型升级增添"新引擎"。

（二）满足多元诉求，综合能源服务水平大幅提高

浙江某供电企业依托大数据平台推动综合能源服务业务扩张，有效推进能耗监测、能效诊断、整体运维、多能互补、节能降碳等市场化服务，满足客户多元化的能源诉求，实现智慧清洁用能，降低企业用能成本。平台在南湖、海宁试点应用以来，为试点的 80 个小微园区 2439 家企业提供定制化节能降碳建议；为 854 家企业提供能耗监测、

能效分析等综合能源服务，更新节能电气设备 1300 余次，节约客户成本 80 余万元，为园区能效智慧管理提供先行经验。在衢州实现 600 余家单位的数据接入能源大数据中心并推行使用"绿能码"，范围覆盖"源网荷储售""冷热水电气"能源生产消费全过程，其中 47 家全国重点用能单位能源数据和新能源利用数据全部接入，实现重点用能单位动态赋码全覆盖。在台州成立全省首家分布式绿色能源聚合商，快速撮合绿证需求企业和分布式光伏用户达成交易意向，全面提升绿证交易效率，目前台州试点已达成全国首笔企业平价绿证交易协议及新能源战略合作协议，首批交易 36 万元。

（三）辅助政府决策，地方经济高质量发展不断推进

为政府机构提供数据产品分析服务，充分发挥电力大数据"温度计""晴雨表"的作用，助力政府社会治理现代化和公共服务高效化，提升政府治理能力。截至目前，能源大数据中心实现浙江能源全景展示、双碳全景监测、能源双控监测、高弹性电网效能评价等服务主题，累计上线"电力复工复产指数""转供电费码""中小微企业景气指数"等产品 20 余项，为省发展和改革委、商务厅、经信厅、大数据局、防汛防台办等提供有力支撑。构建乡村产业发展、富裕程度、宜居水平、供电保障、绿色用能五大指数，多维度精准画像乡村振兴面貌，助力补短板、强产业、促发展、惠民生。基于能源大数据中心的能源统计、分析、预测，支撑政府科学决策，提高社会治理精准性，助力经济从高速增长向高质量发展的科学过渡。国网嘉兴供电公司创新发布税电景气指数等成果产品，与中国共同富裕研究院合作开发"共同富裕电力指数"，运用能源电力大数据为政府推进共同富裕建设提供重要参考，据统计嘉兴"共同富裕电力指数"呈逐年上升趋势，从 2018 年的 97.98 上升到了 2020 年的 101.54，年均增速为 1.82%，为共同富裕建设在全省推进提供可推广、可复制的实战经验。台州供电公司主动服务台州经济社会发展，在电力数据和政府数据相互融通深化应用方面实现了"首台首套，首面首域"。通过平台预警分析走访服务低效乡镇 5 个，低效行业 9 个，低效企业 800 余家，高效准确引导市委市政府开展滴管式帮扶，受到政府充分肯定。

案例点评：

目前在各地政府的大力推动下，各省份都在陆续开展能源大数据中心建设，能源大数据中心正在成为赋能政府、行业、公众的"能源大脑"，基于此，该成果首先从国家、国网以及当地发展层面分析了建设能源大数据中心并深度应用的重要性，并按照搭建-运营-运作-应用的思路，详细阐述能源大数据中心建设运行的全过程，为各地能源大数据中心建设运行提供可参考路径。

该成果标题使用有一些技巧值得推荐，比如二级标题采用了"三、三、八"的句式，且每句穿插使用了"一、三、三、多"数字，使标题看起来对仗、工整、统一，做

法一第一点标题使用了比喻句的句式，形象描述出能源大数据的定位和作用。

该成果同时也存在一些不足的地方：一是缺摘要或内涵，管理创新要求在摘要部分或内涵部分对成果做了什么进行总体概括，使读者首先对总体思路有个大致的了解；二是超过管理创新标题一般不超过三个层级的要求，建议分段描述，或加上"一是、二是、三是"进行区分；三是内容不均衡，有的部分比较多，有的部分比较少，建议进行删减融合；四是尽管内容较多部分进行了分点描述，但是不够明显，建议增加"一是、二是、三是"的描述，使读者一眼能看出区分，帮助读者快速获取重点内容。

案例 5　地市供电企业践行"大人才观"理念全周期多维度人才队伍建设实践

一、实施背景

（一）新时代党和政府对人才培养工作提出新要求

党的二十大报告指出："深化人才发展体制机制改革，真心爱才、悉心育才、倾心引才、精心用才，求贤若渴，不拘一格，把各方面优秀人才集聚到党和人民事业中来。"多年来，浙江省委省政府一直高度重视人才工作，习近平总书记主政浙江时，就将人才强省作为"八八战略"的重要组成部分，历届省委始终坚持人才优先发展，持续为人才强省战略注入新内涵、锚定新坐标。"十四五"期间，浙江将围绕重点领域，以"鲲鹏行动"计划为引领，建设八支人才队伍，统筹推进各类引才项目，不断做大全球人才蓄水池。嘉兴市委市政府牢固树立人才引领发展的战略地位，坚定不移下好人才"先手棋"，谋好聚才"大文章"，明确提出要奋力打造世界重要人才中心和创新高地的战略节点，努力建设长三角金南翼最具活力的产才融合典范市、青创人才理想城、营智环境标杆地，为打造"重要窗口"最精彩板块、建设共同富裕示范区的典范城市提供强大人才支撑，人才工作牢牢挺立在全省第一方阵，并提出了一系列人才激励政策。

（二）新发展对国有企业人才培养工作指出新方向

在当前国家构建新发展格局的背景下，中央作出了区域协调发展、新型电力系统建设、"碳达峰、碳中和"等一系列重要部署，统筹推进央企改革和电力改革，加快规划建设新型能源体系，确保能源安全。要求电网公司紧跟新形势新变化，坚持系统思维和长远眼光，从建机制、搭平台、强创新和促发展等多维度强化人才队伍建设管理，为践行国有企业"六个力量"提供坚强组织保证。近年来，国家电网有限公司积极服务和融入新发展格局，推动构建清洁低碳、安全高效的能源体系，建设高水平人才队伍。大力推进高端人才引领、电力工匠塑造、青年人才托举"人才培养三大工程"，深入实施学术聘任、津补贴、创新科研支持"人才激励三项制度"，努力培养造就更多大师、战略科学家、一流科技领军人才和创新团队、青年科技人才、卓越工程师、大国工匠、高技能人才。

（三）新征程对公司员工职业发展工作提出新需求

为全面贯彻落实国家电网有限公司战略目标和发展布局，2022年，浙江某供电企业在打造高弹性电网的基础上，提出"数字化牵引新型电力系统"，正式发布《构建以新能源为主体的新型电力系统省级示范区建设方案》，提出以多元融合高弹性电网为核心载体，构建具有分布式集聚、数字化赋能等鲜明浙江特色的新型电力系统。近年来，浙江某供电企业以打造"能源消费革命先行地"和"电力营商环境最优市"为主线，全力打造具有中国特色国际领先的能源互联网企业示范窗口中的最精彩板块，在电网生产、科技创新等方面立志走在全省前列。因此，为牢固树立人才是"第一资源"理念，构建"人人皆人才，人人皆成才，人人尽其才"的"大人才"生态环境，公司急需统筹调度各级资源力量，从员工的职业发展和公司的战略性部署人才需求出发，培育一支数量充足、结构合理、专业领先、潜力巨大的人才队伍，为打造具有中国特色国际领先的能源互联网企业示范窗口提供人才支撑，为新征程下公司高质量发展保驾护航。

二、主要做法

以国家电网有限公司高端人才引领工程、电力工匠塑造工程、青年人才托举工程"三大人才工程"统筹推进实施为指引，经过"建体系、抓培育、拓通道、优服务"等过程。大力实施公司青年员工、专家人才、电力工匠等人才培育体系建设工作，着力拓展公司各级各类人才成长宽度、提升人才集聚高度、加快人才成长速度，开创人才辈出、各走其道、各尽其能、各展风采的新局面，全力支撑建设有浙江辨识度的数字化牵引新型电力系统。"用为导向"的全周期多维度人才队伍建设实践路径如图4-18所示。

（一）以提升人才培养质效为目标，分类构建三大人才培育体系（见图4-19）

1. 加强青年员工职业规划，搭建培育成效后评估体系

分段开展青年员工职业规划。尊重青年员工不同时期成长规律，按照萌芽期（1~2年）、发展期（3~5年）、成长期（6~8年）分阶段统筹规划青年员工职业成长路径，设计相应的发展目标、培养内容、培养方式和考核评估方案，通过系统规划、全面导航、差异化施策等过程，筑牢青年员工发展高地、推进公司青年员工梯队建设。

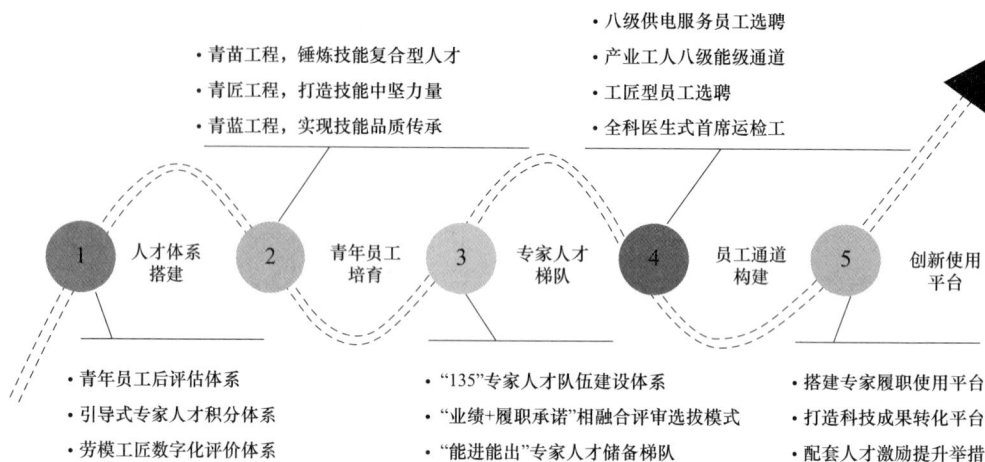

图 4-18 "用为导向"的全周期多维度人才队伍建设实践路径

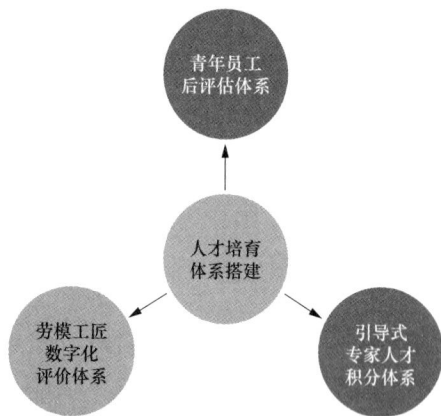

图 4-19 人才培育评估"三大体系"

搭建青年员工后评估体系。从"绩效、专业、创新、学习、工团、荣誉"共 6 个维度、18 个指标，设计青年员工后评估体系。通过全面抓取员工业绩积分数据，对三个阶段不同培养期的员工个人成长数据情况进行评估和对比分析，依托"青年员工人物画像"及成长轨迹地图，以各阶段排名前、后 20% 的员工为代表，精准识别青年员工发展的短板及薄弱环节，通过自学和有针对性地开展青年夜校培训、专题讲座、技能竞赛等形式，帮助青年员工快速补齐短板。青年员工后评估指标体系如图 4-20 所示。

2. 做实专家人才管理机制，构建引导式积分评价体系

出台用为导向的专家人才特色管理制度。突出"用为导向"，按照"一类型一标准、一专家一承诺、一平台一特色，以绩定酬"的专家人才建设总思路，出台了《关于突出"用为导向"的专家人才队伍建设的实施意见》，进一步明确了以专家人才评价体系建设为基础，形成专家培育选聘与紧缺高端人才特聘"双轨并行"的专家人才选拔管理模式，完善专家人才"培养、选拔、使用、考核、激励"管理机制，打造公司专家人才和政府高端人才两个通道，为公司高质量发展提供人才支撑。

分类设计专家人才积分评价标准。根据科技研发、专业管理、生产技能专家人才的特点，按照"一类型一标准"要求，详细梳理三类专家人才评价积分指标，其中科技研发类侧重科技创新，生产技能类侧重技能传帮带、工艺改进、绝技绝活等，专业管理类

一级指标	考核内容	二级指标
绩效评定(20分)	以青年员工各年度绩效考核情况，进行评价分析	年度绩效考核
专业业绩(20分)	评价青年员工在本专业领域取得的成绩	竞赛调考
		典型经验
		课题调研
		专业论文
创新业绩(20分)	评价青年员工在管理创新或技术创新等方面取得的成绩	管理创新
		科技创新
		QC项目
		合理化建议
学习业绩(15分)	评价青年员工在学习培训方面取得的成绩	职业资格与技能等级
		教育培训
		师带徒(内训师)
		课件开发
工团业绩(15分)	主要评价青年员工在工会、团委组织下进行团队管理和活动组织，以及其他在专业领域以外取得的成绩	工团职务
		活动成效
		宣传报道
		文体荣誉
荣誉评定(10分)	评价青年员工在个人荣誉方面取得的成绩	荣誉称号
否决项	青年员工有违法、违纪以及违反社会公德、家庭美德等情况，则该年度内后评估按零分评定。	

图 4-20　青年员工后评估指标体系

侧重管理创新、课题调研、专业规章规范编写等。以不同的评价标准，形成清晰的专家人才成长引导机制，使标准成为专家人才培养的指挥棒、评选的标尺、使用的风向标，让员工清晰个人努力的方向，激励广大员工立足专业、立足岗位建功立业。

3. 创新劳模工匠梯队层级，搭建数字化评价指标体系

搭建金字塔式劳模工匠层级。按照基层推荐、密网细筛、量身定制、跟踪校正、评议检验的劳模工匠评选过程，综合考虑员工荣誉级别获奖情况，由高到低将劳模工匠细分为"卓越层、骨干层、基础层"三个层级，并通过循序渐进地扎实开展人才推荐选拔工作，逐渐形成了由下至上、层层筛选，优中选优的"金字塔"式劳模培育体系。基于"金字塔"式劳模工匠层级架构如图 4-21 所示。

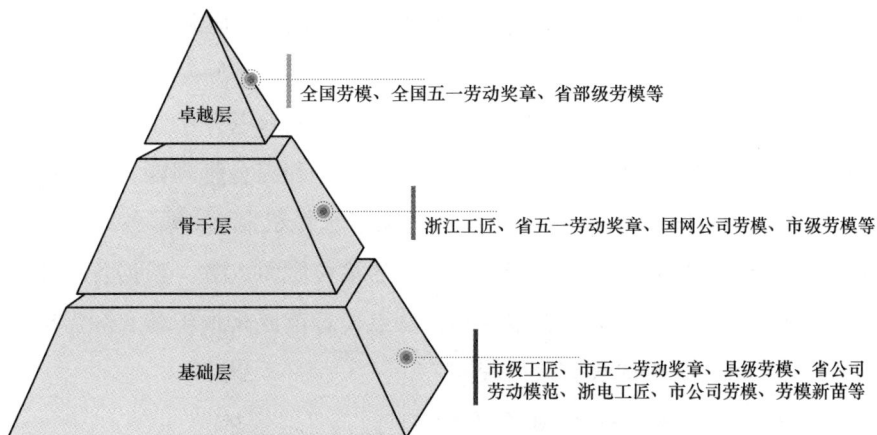

卓越层　全国劳模、全国五一劳动奖章、省部级劳模等

骨干层　浙江工匠、省五一劳动奖章、国网公司劳模、市级劳模等

基础层　市级工匠、市五一劳动奖章、县级劳模、省公司劳动模范、浙电工匠、市公司劳模、劳模新苗等

图 4-21　基于"金字塔"式劳模工匠层级架构

构建数字化评价指标体系。重点从工作实绩、技术技能、荣誉称号、创新创效、示范引领、社会影响力六个维度设计量化评价一级指标。同时，细化劳模工匠评价维度至二级指标，最终形成包括 6 大维度、19 个模块、141 个评价因子在内的公司新时代劳模工匠评价标准体系，不同的评价因子赋予不同的权重系数，形成劳模工匠评价的量化标尺。

（二）以三大工程青年培育为核心，加速青年员工培育成长进程

青年员工培育"三大工程"如图 4-22 所示。

1. 推行青苗工程，锤炼技能复合型新员工

整合资源，构建青苗联合培养体系。针对新入职员工，试点开展青苗工程，打破传统先分配后培养的模式，两年为期集中培育合格后分配。构建"人资部牵头、专业部门负责、电建公司主体实施、主网单位联合支撑、市县两级统一培育"的青苗培养体系，覆盖主网基建、运检等专业，将新工培育平台由工区层面提升至公司层面。依托施工单位业务范围广、工作流程全、接设备深、动手机会多等优势，整合培训管理与基建资源，合理安排施工周期，开发 8 类小专业、15 项典型培育课程，推动专业提升与综合发展相结合。

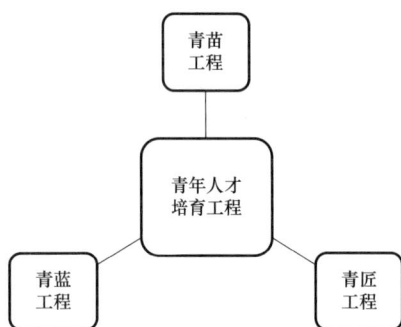

图 4-22 青年员工培育"三大工程"

精心育苗，系统打造核心业务能力。实施"以学促知"培育计划，通过大班化教学开展基础与实操等课程，实现学员专业知识快速入门，工作基本规范和基本实操扎实掌握。实施"以知促行"培育计划，通过下沉施工、运检、项目部等 9 类基层班组跟班学习，参与基建、技改、用户等 10 类工程现场，突出专项精进。实施"知行合一"培育计划，将学员分组成立施工队，独立承接单项用户和技改工程，用实际工程建设管理检验业务能力。

科学选苗，精准实现人岗最优匹配。建立过程和结业双考评机制，涵盖学员培养各阶段，根据日常表现和毕业考核结果评测专业技能水平和综合管理能力，编制青苗"一人一成长报告"。建立"人少绩优、优先择苗"岗位选派机制，根据各单位上年度全口径用工配置率分配青苗数量，优先向用工效率高的单位倾斜人数。根据各单位近两年绩效排名情况给予优先选苗权。各单位根据学员特点、青苗成长报告和实际需求进行人岗匹配，推动青苗培养与后续成长有效衔接。

2. 开展青匠工程，培养青年技能中坚力量

遴选优秀青年员工，创新培养模式。以浙江某供电企业为试点，招募优秀青年员工

组建技能尖兵班组，根据公司现状，着眼未来发展，开展标准化岗位培训，青匠班培训采用轮训制，专业培训与岗位培训结合、长期培训和短期培训相结合、集中培训和常规培训相结合。

制订专项培养方案，锻造核心技能。采用准军事化管理方式，立足于提升基层班组核心能力和本质安全管理能力，聚焦于建设、施工、营销等关键技能培训，包括电网建设、线路施工、变电施工等。并有计划地减少外包支撑力量，强化核心技能锻造，打造全业务、全融合、全自主的全能型尖兵班组。坚持以"理论＋实操、实操为主、每课必考"的方式，培训通过三个月技能提升集中培训后，青匠班学员独立承接工程项目，通过现场施工检验和巩固培训效果，不断强化核心业务技能水平，提高岗位履职能力和解决现场实际问题的能力。

3. 强化青蓝工程，实现优秀技能品质传承

修订实施方案，做好技能传承。重新修订了《国网某供电公司关于深化师傅带徒弟管理的工作方案》，由既有精湛业务技能又有良好道德品行的劳模先进、优秀技术技能人才，在生产、管理岗位上以师徒关系的形式将实际工作中所需的必备技能、技术、经验以及高尚职业道德和优良工作作风等传授给新上岗的职工。

强化过程管控，做实结果备案。狠抓培育过程中师傅、徒弟辅导痕迹记录，充分利用现场工作，开展技能传授，强化过程监督，公平公正公开做好师带徒考核，师带徒考核结果作为各类专家人才评选的重要依据，作为年度绩效考核的参考。

（三）以专家人才梯队建设为引领，形成人才培育示范带动效应

专家人才队伍建设实施体系如图 4-23 所示。

1. 搭建专家人才队伍建设"135"工作体系

搭建人才梯队体系。在优化主业人员传统的管理人员、职员职级通道的同时，着力搭建专家人才通道。构建以 1 个工作架构为统领，3 个意见作指导，以 5 个工作方案为支撑的公司专家人才队伍建设"135"工作体系，通过工作体系引领专家人才队伍建设、蓝领员工队伍建设、职工教育培训三方面工作，形成公司人才梯队式的人才队伍建设机制。专家人才队伍建设"135"工作体系如图 4-24 所示。

图 4-23　专家人才队伍建设实施体系

强化专家宣贯培训。组织机关本部、直属单位、县公司三类专场培训宣贯，近 100 人次参加，完成答疑近 200 人次。同时开展送政策下基层，为基层员工解读专家人才相关工作和制度，通过不同形式宣贯，解答员工疑问，在员工中营造了争当专家的良好氛围。

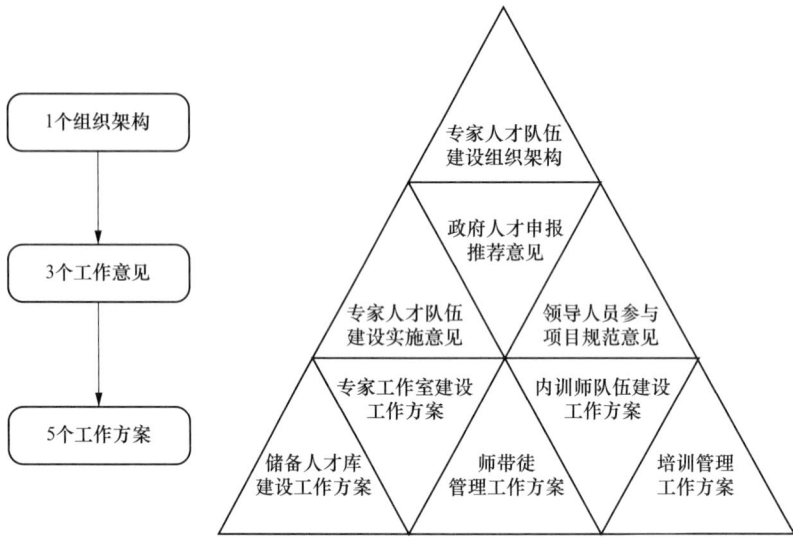

图 4-24 专家人才队伍建设"135"工作体系

2. 创新"业绩＋履职承诺"相融合评审选拔模式

做实业绩评审。以事先公布的评价标准为依据，通过员工申报、单位审核，公司组织专家开展业绩评审、复审，并以不低于 2∶1 的比例，确定 77 名入围现场评审人员名单。

引入履职承诺。现场评审环节实行竞聘模式，引入履职承诺机制，引导竞聘人员对当选专家后如何履职、发挥专家作用进行深入思考，并围绕自己履职计划与思考，回答内部专家提问。现场评审由内部专家评审与外部专家评审组成，专家独立评价，形成专家竞聘得分。评审现场实行全过程视频录像监督。选拔过程既注重过往业绩积累，同时关注当选后的履职规划，履职承诺还将作为后续专家考核的重要依据。

3. 建立能进能出的专家人才储备梯队库

设立专家人才储备库。在自荐及单位推荐基础上，符合条件的 358 名员工入选 2022 年专家人才储备库。储备库将滚动更新，成员不仅作为专家人才重点培育对象，也是每次选聘的对象范围，同时优先推荐参与上级专家人才以及地方各类高端人才评选。

建立动态调整机制。综合考虑储备培育对象业绩考核情况、个人培育潜质、行业影响度等因素，每年一次，全面分析其在专业领域的履职表现、获奖成果、业绩贡献等情况，综合评价其与公司专家评选要求的适配度，动态更新重点培育对象，形成储备库人选"能进能出"的良好生态，促进提升培育库动力与活力，让专业优秀、业绩优秀、能力优秀的员工能在公司专家人才通道中占据显著优势的同时，充分发挥其反哺价值。

（四）以拓宽员工发展通道为举措，激发各类员工改革发展动力

构建多样化全方位的员工成长通道体系如图 4-25 所示。

1. 加强供电服务八级工选聘，打破员工职业发展天花板

设立递进式能级成长阶梯。以嘉兴某供电公司为试点，建立1～8级递升式发展能级阶梯，合理控制层级规模、分级管理，打通传统行政通道和8级人才通道，实行能上能下的选聘机制，突出专业融合下的"一岗多能"业务能力导向，鼓励技高多劳得，优化一线技能人才和专业管理人才的配置比例。试聘阶段参与竞聘人员占一线网格员总数的1/2。

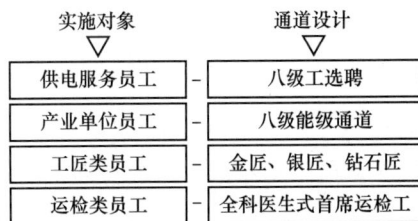

实施对象	通道设计
供电服务员工	八级工选聘
产业单位员工	八级能级通道
工匠类员工	金匠、银匠、钻石匠
运检类员工	全科医生式首席运检工

图 4-25　构建多样化全方位的员工成长通道体系

配套绩效激励考核分配机制。通过总额包干精益化，二级分配多维度，能级系数加乘多维度、全覆盖的量化考核等手段，实现薪酬绩效激励高效驱动。建立起一套涵盖技能、安全、团队、工作量、业绩的多维度评价体系，配套制度、组织机构、信息化系统"立体化"保障的供电所二次分配机制，提高了考核的针对性和有效性，实现考核更全面、流程更规范、操作更透明，激发能级提升主动性和积极性。

创新供电服务员工学习新模式。借助多维度的员工绩效画像以"缺什么，补什么""需要什么，提供什么"制定针对性、递进式培训计划，通过基础培训、技能鉴定、跟班实习、技术帮扶四个"关卡"检验，全面提升供电所员工配电网运维技能和供电业务能力，为八级人才成长进阶提供足够的技术支撑。

2. 试点产业工人八级能级通道，明确产业员工成长路径

试点设立产业员工八级能级通道。以产业单位恒光公司为试点，将一线班组直签及外包员工技能等级分为1～8级，不同的等级设置不同的报考条件，报考条件主要在学历、工作年限、工程项目经历、持证情况等方面加以约束。

强化技能鉴定评定和考试管理。每年开展一次技能等级鉴定，员工根据自身情况自主申报专业和等级。鉴定分为理论考试加实操考核，六级及以上鉴定另外增加面试答辩环节。所有测试题目均根据业务实际自主命题，各环节均合格方通过鉴定。

建立产业员工职业发展快车道。对于在各类技能比武竞赛中获得优异成绩的员工，满足一定条件可免试晋升技能等级。鉴定结果与员工个人的绩效考核、评优评先、职务晋升等紧密挂钩。

3. 加强工匠型员工选聘与激励，引导扎根基层成长成才

建立工匠型员工选聘激励标准。以浙江某供电企业为试点，开展"工匠型"员工聘任，聘期3年，共分三个等级："银匠""金匠""钻石匠"。对于在各类竞赛、比武、调考中取得名次的优先推荐，并与各类评优评先和近年来的年度绩效结果挂钩。聘任思想

道德好、绩效成绩优、技能水平高、能力素质强的优秀员工聘任到相应的工匠等级，聘期内给予相对应的薪酬待遇，进一步激励员工立足岗位成才。

建立动态管理的考评管理制度。强化工匠型员工年度考评管理，考评内容包括技能水平、业绩贡献、创新成果等，考评结果与薪酬待遇和工匠等级变动直接挂钩，形成薪酬能升能降、等级能上能下的员工动态管理机制。持续激发工匠型员工工作积极性，保持工匠型员工不断自我提升和创新创效能力，进一步激励员工立足岗位成才。

4. 创新全科医生式首席运检工，激活主网运检员工动力

以嘉兴某供电公司为试点，创建首席运检工选聘考评制度，按照"运维为基、二次为主、一次并重、综合全面"的原则对一线员工进行全方位量化考核，选聘技能拔尖青工，聘期3年享受班组技术员绩效系数，相较以前月收入最大差距可达3000元，充分激发一线班组员工队伍活力。系统解决"不会干、干不好、不会管、不拔尖"等问题，试点中心共培育全科医生3人、专科医生6人、首席运检工3人，助力基层班组技能技术发展再上新台阶。

（五）以多种培育使用平台为支撑，发挥人才创新服务使用价值

"用为导向"的人才价值发挥使用平台如图4-26所示。

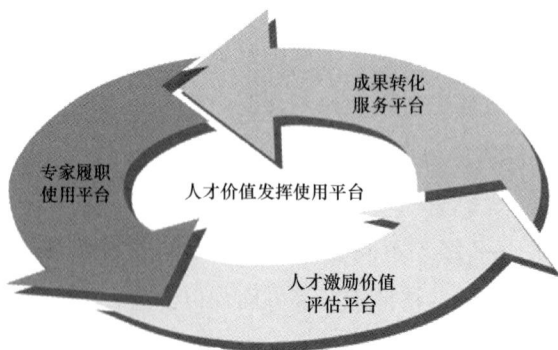

图4-26 "用为导向"的人才价值发挥使用平台

1. 搭建多种履职平台，加强专家人才使用

（1）专家（博士）工作室建设。由四级及以上专家人才、工作满一年以上的博士领衔，成立10家工作室，结合领衔专家专业特点使工作室着力打造成为具有各自鲜明特色专家履职平台。一方面，支撑内部人才培养，发挥专家人才引领价值，通过内部培训、专家论坛等形式，带动所在单位人才培养工作；另一方面，承接专项攻关任务，各专业提出申请，经公司专家人才工作领导小组委派，专家（博士）工作室承接公司专项攻关任务后，组成柔性工作团队。赋予成果享受权、内部分配权、技术路线决策权、项目评审权以及在标准、制度、规范、规程等相关专业领域审核权。

（2）打造核心科创团队。制定《关于以专家人才为主体推进科技创新团队建设的实施意见（试行）》，明确专家（博士）工作室科技创新团队负责人由四级及以上专家人才或博士担任，团队成员中各级专家（储备）人才数量占比不得低于60％，并拥有优先竞报和揭榜权。同时为切实保障科技创新团队成员享受成果权利，防止出现"虚挂"等现象，对项目和成果均实行双备案制，对备案结果在公司专家人才选拔与评价工作中予以认定。

（3）支撑专业条线工作。将专家对专业条线的贡献纳入专家人才选拔评价标准。按照公平公正公开原则，每一项纳入评价标准的专业贡献项目必须对于适用专家类别中所有专业机会均等，必须有正式发文的管理办法或实施方案、明确的量化计分细则，须定期（每季度）向专家人才工作领导小组提交动态工作情况，年底统一评价并发文公布。为专家人才搭建更多舞台，促进专家与专业间的相互促进。

2.打造成果转化平台，服务人才创新创效

（1）加强科研服务，提高创新成果产权保护意识。通过线上＋线下＋互动三种方式，为公司创新主体和专家人才提供科技情报、科技查新和科技咨询等创新服务，定期推送政策法规、企业动态、科技前沿、国际资讯、科技指南等能源行业最新科创信息，积极协助推荐专家人才参与总部和浙江某供电企业科技指南编制、立项评审和项目验收工作，为专家人才提供丰富的科技创新资讯和服务，启发科技创新思维。加强知识产权保护指导与宣贯，避免成果转化推广过程中知识产权纠纷，最大限度保护职工创新成果，加速公司科技成果市场化转化进程。

（2）加强项目管理，提高科技项目成果质量。打破专业条线科技管理壁垒，建立包含科技项目、双创项目、群创项目、QC项目、职工技术创新、青创赛等全口径创新项目的储备库，以基层实际问题为导向，面向公司员工动态开放征集创新需求，组织专家人才集中办公挖掘创新金点子，目前累计滚动更新122项创新项目榜单。举办"揭榜挂帅"路演，筛选优秀的储备项目，综合评价研发费用投入、适用场景、经济效益、专业方向等要素，有针对性的冲击不同类型、不同层次的创新项目成果，实现同一成果的多维度、最大化产出。

（3）加强成果转化，缩短科技成果转化运营进程。重点关注解决基层实际问题、具有基层推广价值的小而精的一线员工创新项目成果。按照"市场导向、注重实际、有序实施"原则，采用"转让、许可、合作实施"等方式，进行后续试验、开发、应用、推广直至形成新产品、新工艺、新材料，上架至嘉兴恒创商城创新成果自营店，公司各产业单位均可直接点单购买。同时将具备全省推广价值的成果推荐到省双创平台转化，打通双创成果转化运营的"最后一公里"，形成以科技创新助推生产力的良好示范。

3. 配套人才激励举措，突出岗位价值贡献

（1）强化关键核心人才靶向激励。修订《各级各类人才待遇管理规范》，明确各级各类人才（专家）待遇标准，对参与国家重大计划的高技能人才、中华技能大奖、全国技术能手称号获得者，以及在重要技能赛事中取得优异成绩等的技能人才，给予重大奖励，激励高端人才引领示范当先锋。鼓励优秀人才在基层一线岗位成长成才，明确专家序列执行与职员序列同等待遇，推动收入分配向优秀专家人才倾斜。

（2）完善专项激励工资制度，树立"增效就增资"理念，组织层面构建"全口径用工配置率"，以"人少绩优薪酬高"为导向，增设与经营业绩、劳动效率同向联动的"人员配置能效"等专项工资，激发人才积极性，促进减员增效，提升能效水平；员工层面树立"干多干少不一样，干好干优不一样"理念，深化薪酬激励离散系数的穿透分析和推广应用，进一步优化内部分配，打破分配平均主义，将职工薪酬切实与人才价值贡献要素挂钩，推动收入分配向新兴业务、新兴市场、科技攻关等新增价值贡献要素倾斜。

三、实施效果

（一）人才培育体系基本形成，培育氛围较为浓厚

按照人才发展周期搭建了完整的人才培育体系。"青苗工程"成为新员工熟悉电网主设备、提升一线实操专业技能、淬炼意志品质的成才平台，2019 年以来累计培养四届学员 83 人。积极破解了新工技能水平单一、作业能力薄弱、综合素质不足，班组全业务实施质效低等痛点、难点问题，有效培育了一批高学历、高素质的熟悉设备、擅长实操的全科医生式设备主人，打造了核心业务"自己干""干的精"的复合型人才培育新范式，建强建优全业务核心班组。浙江某供电企业董事长听取青苗工程建设情况汇报后，要求持续关注青苗工程培养成效，不断优化完善培育体系，获得可复制成果，将好的育人赋能方法和机制进行总结和推广，为浙江某供电企业加快培养复合型专业技术人才提供好的经验。以青年员工后评估、青年创客训练营、青年骨干培养培训班为支撑，落实入职十年内青年员工成长选拔培育，建立青年员工成长信息库，实现青年员工成长全流程跟踪。通过劳模工匠数字化评价培育体系打造，系统化加强劳模技能工匠培养。相关工作获《中国电力报》及以上媒体报道 10 余次，多次在浙江某供电企业人资专业会议上进行经验介绍和专题发言。

（二）人才通道建设硕果累累，队伍质量提升明显

人才发展第三通道基本建成。自主选聘四、五级专家 35 名，六、七级专家 27 名，技能人员占比 79%，为专业技术人才尤其是一线技能人才的成长搭建了通道，保障了优

秀技能人才的职业生涯发展。试点农电服务八级工建设，激发供电服务员工积极性。优秀专家人才不断涌现。1 人入选国家电网青年托举项目（全省 6 人），4 人获浙江某供电企业三级专家（全省第二），2 人获浙江某供电企业推荐至国家电网首席专家评选。2022 年新增电力工程正高级工程师 5 人（全省第一）。政府人才通道发展顺畅。5 人获浙江工匠，3 人获嘉兴市首席技师（全市 50 人），获嘉兴市 C 类人才 1 人、D 类人才 8 人（今年新增 4 人）。1 人进入省万青年拔尖最后一轮选拔。新增 1 家市级技能大师工作室。积极助力员工申报政府补贴，累计近 1700 万（今年新增 500 多万）。浙江某供电企业牵头浙江某供电企业人资条线数字化牵引项目中"人人皆可成才"的人才多维通道星图建设子课题。

（三）人才作用发挥日益增长，科技创新成果显著

参与科技创新成果突出。专家担任负责人占比由 2021 年的 13.6％提升至 2022 年的 58.6％。《配网架空线路成套组件高性能预制技术及应用》获国家电网有限公司科技进步工人创新奖一等奖，实现了该奖项省内零的突破。牵头科技成果《重大活动高可靠供电保障技术体系与工程实践》获中国电力创新奖一等奖，牵头 3 项、参与 1 项成果获得 2021 年度浙江省科技进步三等奖，牵头 2 项成果获中国电力科技创新三等奖，获奖数量居全省首位。全年授权发明专利 152 项，1 项 IEC 国际标准、2 项国家标准成功立项，1 项国家标准、2 项行业标准正式发布。参与传帮带工作积极踊跃。内训师报名数从 2021 年的 4 人增至 83 人，同比增加近 20 倍，内训师竞赛获中电联团体一等奖、个人二等奖、全国电力行业技术能手。人才积极参与师带徒工作，徒弟成香饽饽。

案例点评：

本成果围绕新时代、新发展、新征程对于国有企业人才培养发展的要求，开展人才培养的全周期、多维度举措创新，从体系设计，各类人才的培养举措、员工通道构建，以及平台使用等进行创新阐述，在平台应用部分，更是将理论研究成果与相关现有平台做融合，进行实践验证。成果部分从体系的理论合理性，通道的实践可行性，以及最终人才发展成效三方面进行总结，并有丰富的数据支撑，成果比较饱满。总体来说，该成果报告图文并茂，结构清晰，理论体系贯穿实践应用，对国家电网有限公司其他兄弟单位以及其他企业的人才培养提供很好的经验借鉴。

本成果从体系的严谨性来说，尚可更清晰，第一个做法是体系性的从三类人才提出，但是路径中就题目而言仅提到了青年和专家，劳模是在通道中提到，该结构可以做更好的优化。此外，管理创新对于标题的提炼要求相对较高，高度提炼也是可以更清晰看出创新结构、整体路径图，每个路径的子集内容的标题描述待改进，其中"四、主要做法"中关于"专家人才管理机制"的四个部分，提到了两个选聘、一个通道，又提到

了一个运检工，四部分维度统一性待完善，可以尝试用一个词来阐述这个段落描述什么，这几个词是并列关系、递进关系或者是总分关系，需要先明晰、再扩展，这样就能比较清晰地阐述想表达的内容。

关于体系的说法，通常一个大的成果课题中，一般就提一个体系，或者明确细分子体系，其他的做法可以是技术、机制、示范、应用等维度，本成果第一个做法提到了体系，同时"四、主要做法"中"专家人才梯队"做法里又提到了135工作体系，这两个体系的关系比较难说清楚。

案例6 供电企业党建带团建"三维两化"管理体系实践

一、背景

（一）落实党中央党建带团建的重要要求

加强党建带团建工作是贯彻落实党的二十大精神内在要求，是巩固党的基层组织重要要求，是巩固党的青年基础，确保党的事业后继有人的迫切要求。国资委党委出台《关于加强中央企业党建带团建工作的意见》，提出从带思想政治建设、带基层组织建设、带团干部队伍建设、带团青作用发挥和健全中央企业党建带团建工作长效机制等五方面落实党建带团建工作。国家电网有限公司落实国资委党建带团建工作要求，结合企业实际情况发布《关于加强党建带团建工作的实施意见》，提出30条要求，进一步提升企业党建带团建工作的规范性，加强党对中央企业共青团和青年工作的领导。浙江某供电企业弘扬红船精神、践行企业宗旨，贯彻落实党建带团建工作要求，坚持党团建设同步谋划、把团的建设纳入同级党的建设总体规划，做到同部署、同落实、同检查、同考核，推动党建带团建工作质量提升。

（二）加快新时代青年人才培养的客观需要

习近平总书记在党的二十大上提出，"全党要把青年工作作为战略性工作来抓，用党的科学理论武装青年，用党的初心使命感召青年，做青年群众的引路人"。青年作为企业的重要组成部分，是党建带团建的主体，加强青年人才培养力度，对确保党和国家事业薪火相传具有重要意义。共青团中央在《共青团做好新时代青年人才培养工作的行动计划》中将新时代青年人才培养工作精准划分为六大类，要求通过2至3年的努力，优化青年人才培养机制，完善政策支持，使青年人才成长为在全面建设社会主义现代化国家新征程中建功立业的重要力量。国家电网有限公司在《关于加强党建带团建工作的实施意见》中要求建立青年马克思主义者培养工程落实机制，引导团员青年用党的创新理论武装头脑、指导实践、推动工作。当前，浙江提出在高质量发展中奋力推进中国特色社会主义共同富裕先行和省域现代化先行，浙江某供电企业深感责任重大、使命光荣，更需要完善青年人才培养体系，优化培养模式，助力企业培养具有较强政治理论和专业基础、综合素质好的复合型青年人才，提升企业核心竞争力，助推实现共同富裕。

（三）推动供电企业高质量发展的内在需要

党的二十大提出"教育、科技、人才是全面建设社会主义现代化国家的基础性、战略性支撑"，要把人才摆在突出位置。当前世纪疫情仍在持续，发展与安全、保供与转型都面临严峻考验，电力体制改革、国资国企改革、电力统一大市场、"双碳"目标、新型电力系统建设等战略决策细化部署，保供电、保安全、保稳定、稳经济、稳就业、防疫情、防风险等工作深入推进，"一体四翼"高质量发展等公司战略全面铺开，形势催人奋进、使命呼唤担当、发展重任在肩。青年人才是未来、青年人才是希望、青年人才是顶梁柱，企业发展迫切需要将党建带团建工作与生产经营有机融合，青年创新创效与中心工作有机融合，确保企业发展具有正确政治方向，充分应对环境变化，提升企业竞争力，推动企业高质量发展。浙江某供电企业踔厉奋发、勇毅前行，贯彻落实中央企业党建带团建工作要求，促进与企业管理工作深度融合，聚焦企业重点工作，充分发挥党建带团建工作优势，以高质量党建带团建促进企业高质量发展。

二、主要做法

（一）主体维带动，以青年为带建主体

1. 依靠青年，激励青年勇挑重任

青年强，则国强。青年作为党建带团建工作的主体，应自觉承担历史使命责任，充分发挥青年生力军作用，进一步推动党和国家事业的发展。

（1）依靠团干尽责履职。抓牢团干部这一全面从严治团的"关键少数"，梳理团干部履责清单。依靠团干部作为党建带团建的实施主体，定期组织召开会议，研究讨论党建带团建和青年工作，及时帮助解决存在的困难和问题。开展团干部履职考核评价，年度评价结果区分不同层次反馈同级党组织，对德才兼备、成绩突出、群众公认的优秀团干部，实行轮岗交流制度，进一步培养使用，充分发挥团干部作用。

（2）依靠青年服务中心。抓牢青年这一企业发展建设的生力军，围绕企业中心工作，广泛开展突击攻坚、创新创效、岗位练兵等多种形式的岗位建功活动，鼓励青年在科技强企实践和急难险重任务中勇挑重担，激发青年干事创业热情活力。推动青年立足岗位，主动创新，积极参加各类创新攻坚、创新竞赛活动，并将创新成果转化为现实生产力，助力企业高质量发展。组建青年突击队助力企业攻坚克难，在企业战疫复工、重大保电、优化电力营商环境等任务中充分发挥青年生力军作用，推动企业创效。

2. 引导青年，强化青年全面发展

围绕党建带团建发展全局，凝聚同心合力，在"知""信""行"方面引导青年、培养青年，助力青年全面发展。

（1）认知上引导青年构建青年综合培养体系，清晰定位培养目标，从思想、教育、管理、技术、创新等多方面培养引导青年成长成才。科学设计综合课程体系，采用脱产学习和实践锻炼相结合的方式，重点聚焦政治理论、战略认知、业务能力、综合素养等方面培养，引导青年加强学习、夯实基础、追求全面进步，帮助青年丰富知识储备，促进全面发展。

（2）信仰上引导青年发扬伟大建党精神、红船精神、电网铁军精神，深刻把握红色基因、电力传承。通过巡回报告会、宣讲会、线上线下学习等形式，传播企业声音，引导青年学习电力先辈先进事迹，传承电力优秀传统文化，激励青年在企业岗位上建功立业。支持党团组织参与公司企业文化建设，引导团员青年增强文化认同、坚定文化自信。

（3）行动上引导青年积极投身企业发展一线，主动承担企业攻坚任务，立足本职岗位建功，为企业、为社会作出新的贡献。通过开展战略引领作示范，青春建功"十四五"等建功主题活动，深化"号手岗队"建设，号召青年员工以高度的政治自觉、强烈的使命担当、优良的工作作风，在公司战略落地、攻克技术难关、深化提质增效等重点工作任务中干出精彩。

3. 服务青年，助力青年成长成才

聚焦服务青年、关爱青年、联系青年，为青年实现人生价值和理想抱负搭建舞台，推动青年更好更快成长成才。

（1）营造良好的青年成长氛围。深化党团干部密切联系青年，主动为青年办实事、解难事，提升党团组织的服务力。在生活中关爱青年，密切关注青年思想动态，经常了解青年的所思所想所盼，帮助青年解决实际问题；在工作中指导青年，充分发挥基层党团组织的指引作用，结合党团支部和部门的实际工作，通过日常引导、专业教导、压力疏导等举措帮助青年更好胜任工作。

（2）培植青年成长土壤。实施青年人才托举工程，为青年人才队伍培养提供丰富的师资力量、学习资源和实战平台。深化"青年创新工作室""青创空间""青年之家"等平台建设，丰富青年学习交流、创意互动、成果展示的多样化载体，支持和保障青年创新。

（3）拓展青年成长空间。畅通青年成长成才渠道，激发青年工作活力，编制系列制度性指导文件，保障青年成长的资源、渠道和平台建设。鼓励和推荐青年员工参与专家人才、劳模工匠评选，拓展青年成长空间。重点培育青年科技人才队伍，在项目设立、资金落实、成果奖励等方面给予倾斜。

（二）关系维带动，加强共建共享共促

1. 坚持阵地共建，强化带建纽带作用

注重阵地建设，强化"硬件基础"，创新党团交流机制，持之以恒加强宣传学习，在学深学透上下真功，在做细做实上见真章。

（1）共建党团交流阵地。在党团组织的协同联动下，深化劳模创新工作室阵地、"红船·光明"系列阵地的建设。同时加快党建阵地的建设，党组织活动场所对团组织和团员青年开放，2017年至今，浙江某供电企业建成"红船精神电力传承"主题馆和"红船·光明"系列阵地300余个，进一步丰富了党团学习交流阵地。

（2）创新阵地共建方式。以"规范、节约、实用"为原则，考察环境因素，确定党团交流阵地建设地点，确保阵地活动室满足党团青年学习、会议交流等需要。听取青年代表出谋划策，结合红船精神，完善阵地室内装饰设计，设置特色成果展厅。强化阵地学习资料、会议室、信息公开栏等必要设备管理，明确管理人员和相应的管理制度，提升阵地管理规范性。

2. 强化资源共享，夯实带建工作基础

深化党团组织资源共享，强化"软件基础"，积极探索资源共享的新途径、新路子，提升党建工作整体效能，持续推动党建带团建工作走实走深。

（1）共享党团学习资源。充分利用"红船·光明学堂"课程培养体系、"红船·光明书舟"书籍、"红船·光明讲师团"青年讲师团队、学习强国线上平台等资源，组织党团青年开展互动式、沉浸式、体验式学习，丰富党团青年理论学习基础。团组织紧跟党组织学习，组织团员青年学习党组织会议重要思想，必要时开展同类型工作。

（2）创新资源共享方式。集聚公司内外部资源，归纳提炼青年所需的资源，建立党团资源共享机制。充分利用青年讲堂、论坛交流、知识竞答、党团交流阵地等载体，举办党团青年资源共享联合活动，深化党团青年交流学习。依托公司"红船·光明文化使者""青马宣讲团"等团队中青年骨干，着力做好党的创新理论"青年化"阐释，着力打通青年理论武装工作"最后一公里"。

3. 力求发展共促，构建带建发展格局

坚持党建带团建是推动党、团、企业链条相衔接的关键，在党建带团建的推动下青年、党建带团建、企业相互促进、相互提升，形成良性发展循环。

（1）促进青年发展。用党的创新理论武装青年、指导青年实践、推动青年工作。以党的二十大精神等党的最新理论成果为指导，加强青年思想政治建设，帮助广大青年树立正确的人生观、世界观和价值观。

（2）促进带建发展。把团建和青年工作列入年度党建工作要点、纳入党建工作总体布局，鼓励党组织书记积极参加团青组织重要会议和活动，加强党建对团建和团青工作的指导，不断提升党建带团建工作质量。同时，把党建带团建工作情况纳入公司党建工作绩效考核评价，并作为各单位党组织书记向浙江某供电企业党委党建现场述职考核的重要内容。三是促进企业发展。落实新型电力系统建设、"双碳"目标要求，围绕企业生产经营，深化"号手岗队"和"青春光明行"等"青"字号品牌的建设，引导青年积极参与企业工作。充分利用青年画像，引领青年增强本领、提升能力，鼓励青年员工突破自我，在自己的岗位上干出实效，为企业发展作出贡献。

（三）互动维带动，激发带建质效与活力

1. 坚持党建引领，构建党建带团建带动流

坚持党建引领团建，各级团组织严格按照党组织建设要求自己，学习借鉴党建新经验、新成果，从而带动团建高质量发展。

（1）加强党建对团建引领，推动团的建设。在思想建设上，加强党对共青团思想政治工作的引领；在组织建设上，坚持党团建设同步谋划、党团工作同步开展；在队伍建设上，注重优秀团员、团干的培养锻炼；在团青作用建设上，畅通青年发展渠道平台，支持团员青年立足岗位建功立业；在制度建设上，健全公司党建带团建工作责任制，定期开展团建工作调研和指导，进一步推动团建向党建高标准看齐。

（2）开展团员青年推优入党，为党组织培育人才。完善人才举荐机制，盘活团内优秀青年人才，建立青年人才储备库，引导优秀青年积极向党组织靠拢。完善推优入党机制，制定推优入党积分制度，从技能水平、业绩水平、综合素质三个方面计算青年积分，为团员青年入党提供有效数据支撑，源源不断为党组织输送新鲜血液。

（3）引领团员青年实干建功，推动党的事业发展。坚定理想信念、练就过硬本领、勇于创新创造、矢志艰苦奋斗、锤炼高尚品格，在新型电力系统建设中出成绩，在电力保供中干精彩，在落实重要任务中扛大旗，提高党的政治领导力、思想引领力、群众组织力、社会号召力。

2. 多维表彰典范，强化党建带团建激励流

加强内外协同，凝聚青年干事创业激情，充分激发青年潜能，引领青年人才比学赶超、争先创优，营造人人争做先进青年的氛围。

（1）开展先进典型选树宣传。完善青年培育机制，开展"青年五四奖章""青年岗位能手"和各级"两红两优"评选表彰活动，完善青年榜样示范平台，营造劳动光荣、

技能宝贵、创造伟大的良好氛围。通过在公司媒体播放视频、在"浙电 e 家""浙电先锋"开辟人物专题、出版纪实报告文学集或画册等途径，广泛深入宣传，展示优秀青年风采、事迹，充分发挥先进典型的榜样示范作用。

（2）畅通青年人才赋能通道。注重青年政治、科技、技术培养，畅通团员青年晋升渠道，遴选优秀青年参与"青马班""青干班"以及浙江某供电企业党委、国家电网党组组织的系统内培训，乃至党委、政府组织的更高层面培训，为青年发展提供机遇机会，充分彰显青年潜能，发挥青年生力军作用。通过推优入党机制，激励团员青年，进一步提高自身综合能力，积极向党组织靠拢。支持团组织组建青年社团，发展培育团青工作骨干，把团组织书记岗位，作为培养复合型优秀年轻领导人员的重要渠道，注重把青年人才选拔到团组织书记岗位上经受锻炼。

3. 强化双向互动，拓展党建带团建信息流

加强党团组织之间的互动，拓宽党-团-青年之间的信息交流，通过党组织调研和团组织汇报，更好地促进党建带团建发展。

（1）党组织主动调研指导团青工作。依托党建带团建工作联系点，党组织定期调研指导团建工作，加强对团建重要工作的领导。浙江某供电企业党委每年至少召开 1 次专门会议，研究讨论并部署团建和青年工作，听取公司团建、团青工作汇报，及时帮助解决存在的困难和问题。

（2）团组织积极反馈汇报团青工作。团组织书记就抓基层团建工作，每年定期对浙江某供电企业党委党建进行现场述职，将团建、团青信息反馈至党组织，强化党组织对党建带团建的工作指导，把团干部述职情况纳入年度个人考核，作为奖惩、选用的重要依据。坚持落实各级党组织党建带团建的主体责任，充分发挥党建带团建的桥梁纽带作用和优势，切实履行好引领凝聚青年、组织动员青年、联系服务青年的职责，团结带领广大团员青年贡献智慧和力量。

（四）常态化工作，数字牵引带建管控

1. 梳理改革需求，推进数字平台建设应用

对标习近平总书记对共青团提出的"三个根本性问题"，运用数字化技术、思维，对共青团和青年工作的管理机制、手段、工具等进行全方位系统性重塑，建设应用党团数字平台。

（1）推进数字平台的应用。依托团中央"智慧团建"和国家电网有限公司党建信息系统中的团青信息模块，结合浙江某供电企业实际研发"浙电团团"系统，加强团青大数据统计和分析工作，动态掌握团青工作底数，进一步夯实共青团工作基础，丰富数据归档、网上留痕、线上监督工作手段，提高团员青年工作数字化程度。

（2）推进网上共青团系统建设。以青年需求与重大任务为切入点，组建工作专班推进"网上共青团"建设，打造管用实用、高效协同的党建系统团建模块，深化网页端与移动端的联动应用，深化片区协作互助工作机制，扩大网络建团、区域建团，充分实现工作联动、阵地共建、资源共享。

2. 对标对表定级，构建团青工作评价机制

坚持一切工作到支部，完善管理标准，通过持续改进提高，不断增强组织力，充分发挥共青团的政治功能、动员功能和服务功能。

（1）明确团青评价方式。量化团组织、团干部、团员青年评价标准，突出评价科学性、针对性、有效性。对团支部实行"对标定级"百分制赋分评定，对标对表找差距、补不足；对团干部实行述职考核、指标考核和日常考核；对团员青年实行"三亮三比""组织生活会""青年后评估"。

（2）开展对标团青评价。党支部对照自评表计算分数，开展评星定级，根据分数段将团支部划分为"五星团支部""四星团支部""三星团支部""二星团支部""不予定级团支部"五个等级。浙江某供电企业党委分管领导，对团干部的共青团和青年工作开展情况、团委领导班子作用发挥和团委书记履职尽责情况进行评价，并提出建议。通过开展组织生活会民主评议活动、"三亮三比三评"活动、"青年后评估"工作，对团员青年学习业绩、创新业绩、专业业绩、工团业绩等多个维度进行评价，深度剖析团员青年成长质效，为团员青年构建立体画像奠定基础。

3. 依托交互模式，构建团青大数据分析图谱

思想动态管理是做好企业管理的重要基础，新时代、新形势下，及时把握青年员工思想动态和思想变化，对落实企业战略目标具有重要意义。

（1）构建团青大数据分析图谱。基于青年员工思想管理，引入融媒体理念，依托国家电网有限公司党建系统、团建系统、浙电团团等数字化平台中的团青工作底数，对团员青年进行个体画像，构建一套团青思想动态调研大数据图谱。

（2）部署团青大数据分析图谱功能。图谱具有云端数据滚动展示、图形化特征展示、实时风险预警、历年数据对比、趋势分析等功能，实现思想调研海量数据的价值挖掘，量化分析员工思想状态特征，动态可视化了解青年思想变化。

（3）开展团青大数据分析图谱应用。依托团青大数据图谱分析青年思想动态，抓取思想动态海量数据中的敏感因素，及时发现团员青年思想苗头性的问题，为团员青年思想干预提供依据。针对调研分析出的典型问题及团员青年普遍关注的难题，建立针对性的引导机制，以思想政治工作知人心、聚人心、暖人心，推动团青工作做实做细，不断激发青年员工的凝聚力、内生动力和创造活力，更好地促进企业健康、持续发展。

（五）专项化工作，推进项目化督导落实

1. 借用项目管理，构建专项任务项目化机制

基于"三维两化"管理体系，借用项目管理方法，计划、组织、调节资源，构建专项任务项目化管理机制。

（1）划分专项任务项目。按照项目管理方法，依据重要任务、领导关心、社会关注等原则，分别将思想政治建设、基层组织建设、团干部队伍建设、发挥团青作用和健全公司党建带团建工作机制五大类项目细分为三十个具体的任务项目。

（2）推进专项任务项目闭环管理。落实每个项目责任人、主要工作内容、工作目标、进度安排、推进措施和完成时限，实行目标量化责任制和限时销号制度。定期由负责人填写《党建带团建工作项目进度表》，坚持月汇报、季小结、全年督导、年终验收，确保每一个时期、每一个阶段的工作任务都推进到位、落实到位。

2. 明确项目思路，构建 DMAIC 流程管控模型

浙江某供电企业运用六西格玛管理理念，围绕"定义""测量""分析""改进""控制"五阶段，构建党建带团建工作 DMAIC 流程管控模型，DMAIC 流程管控步骤模板如图 4-27 所示。

项目标准步骤	工作内容	项目工具
定义阶段	明确专项项目目标 量化项目关键指标	议题树
测量阶段	获取项目资料数据 落实项目督导工作	数字化平台数据 工作组调研互查
分析阶段	对比分析资料数据 提出优化改进措施	头脑风暴 因果矩阵 回归分析
改进阶段	制定优化改进方案 实施优化改进措施	亲和图 Poka yoke防错法
控制阶段	评估优化改进效果 制定巩固提升措施	标准操作程序

图 4-27　DMAIC 流程管控步骤模板

（1）"定义"阶段。党建带团建各专项项目组通过议题树工具明确专项项目需要达成的目标，并根据目标量化关键指标。

（2）"测量"阶段。项目组落实党建带团建项目督导，通过数字化平台、工作组调研互查等方式获取党建带团建专项项目所需资料，建立改进目标。

（3）"分析"阶段。对比分析获得的资料，利用头脑风暴、因果矩阵、回归分析等工具，提出党建带团建专项项目可以优化改进的措施。

（4）"改进"阶段。利用亲和图和 Pokayoke 防错法对上阶段获得的改进措施进行优先级确认，制定最佳的专项项目优化改进方案，实施优化改进措施。

（5）"控制"阶段。利用标准操作程序工具，使优化措施标准化，最大限度降低方案实施过程变异，使过程输出稳定在较好的水平上，确保各项工作目标务期必成。

3. 强化项目督导，推进带建工作高效落实

浙江某供电企业不断强化党建带团建项目督导落实，推动各单位党团组织切实履行主体责任，高标准、高质量完成工作任务。

（1）强化企业重大战略任务督导落实。落实企业重大战略任务督导工作，重点开展分级督导，围绕党团组织重大部署、年度重点工作和重要专项任务，建立分级督查督导工作机制，定期开展抽查检查评估，指导推动工作落实。采用资料上报、合理化建议、现场检查、不定期抽查等多种方式进行督查落实。

（2）强化党建带团建督导落实。落实"青年精神素养""青年创新创效"等青年培养工程项目以及其他党建带团建项目的督导工作，开展党团组织联合监督，借助调研互查和数字管控平台获取项目成果，制定重点任务督导清单，各级督导检查组以任务清单为抓手，细化工作要求，强化对重点任务、关键环节、重要节点的指导把关，坚持目标导向、问题导向、结果导向，对公司党建带团建各项目实施情况进行全过程监督指导。

三、供电企业党建带团建"三维两化"管理实践的效果

（一）激励青年践行使命，青年成长质量持续提升

（1）青年社会服务意识提升。浙江某供电企业青年志愿服务联盟志愿者注册人数破万人，志愿服务组织 104 个，累计信用时数 153864.6 小时，实现团员 100% 注册。自2020 年以来，公司志愿服务项目获中国青年志愿服务项目大赛 3 金 5 银 6 铜的佳绩，1个项目获评全国学雷锋志愿服务"四个 100"最佳志愿服务项目。

（2）青年成长成才成效提升。浙江某供电企业累计参加国家电网有限公司"青马工程"培养学员 15 人，培养公司及二级单位青马学员 690 余名，30 人参与了国家或国家电网有限公司重大项目建设与技术攻关。

（3）青年创新创效动力提升。浙江某供电企业组织开展了 6 届公司青年创新创意大赛，因地制宜建设青年创新工作室 62 家，促进创新成果转化孵化，在历届浙江省"青创赛"获 16 金 30 银 20 铜。

（二）强化团的建设基础，党建带团建工作质量持续提升

（1）团的基层建设更加规范。截至 2023 年 8 月，浙江某供电企业共有团组织 716个，其中团委 97 个，团总支 32 个，团支部 587 个，团组织覆盖率 100%。2021 年，指

导 9 家二级单位团组织按期换届调整，完成 206 家团支部换届调整，公司系统 1 家团组织获评全国五四红旗团委，1 名团干部获评中央企业优秀共青团干部，公司团委获评"浙江省共青团和青年工作成绩突出团委"。

（2）党团组织衔接更加紧密。充分发挥推优入党积分制度作用，多载体推动优秀青年积极向党组织靠拢，2021 年，浙江某供电企业系统各级团组织向各级党组织推荐 209 名优秀共青团员成为党员发展对象，占当年新发展党员人数的比例超过 70%。

（3）党建带团建数字化水平更高。截至 2021 年底，依托团青大数据分析图谱，已开展 4 批次线上青年思想动态调研，精准开展青年群体画像；依托智慧团建系统、国家电网有限公司党建系统的团青模块，动态掌握团青工作底数数据量 15 万余条，覆盖 8000 余名团员青年。

（三）深化人企和谐共进，公司发展质量持续提升

（1）推动公司发展质效提升。围绕公司中心工作，坚持以高质量党建带团建工作发挥青年生力军作用，推动青年主动参与公司基层建设工作，促进公司发展质效提升。以故障复电工作为例，2021 年中压停电时户数降低 28.2%，不停电作业率提升至 92.5%。

（2）推动公司经营水平提升。2022 年公司售电量 4803.8 亿千瓦时、同比增长 14.7%，营业收入 2827.7 亿元、同比增长 16.1%，利润 44.16 亿元。三是推动了公司服务水平提升。2021 年，公司新建充电站 195 座、充电桩 2278 个，建成 113 家数智化供电所。截至 2023 年 8 月，共创建全国青年文明号 22 家。此外，公司发展质量的持续提升，也有力推动了青年员工在更广阔平台上更好地成长发展，全面形成人企和谐共进的命运共同体。

案例点评：

该课题成果的项目背景从国家、青年成长、企业管理三个方面进行阐述，有力地说明了该成果的必要性。做法主要就党建工作与团青工作的互动关系进行了创新实践，通过总结形成了"三维两化"的矩阵结构，"三维"是从工作主体到主体关系以及主体间的互动工作三个维度进行阐述，三个维度层层递进，讲清楚了三维是怎么带动的；"两化"则是从工作的两个方面进行阐述，常态化和专项化，事无巨细地阐述了工作的全面带动。在成果总结方面，运用了大量的相关数据，步步升华，成果斐然。该成果对于文字的提炼以及体系的严谨性均写得比较好。字句对仗工整，文字围绕主题，例如，"（一）主体维带动，以青年为带建主体"中，主体是青年，详细做法则从依靠、引导、服务三个角度来与青年进行互动。

从管理创新的格式来说，"二、主要做法"之前缺少一段总体描述，就该成果做法的体系性进行说明，为确保层次清晰、结构合理，如能加上一幅配图则更佳，这样"三

维两化"的结构想法就可以更清晰地体现。文章其他部分内容图文并茂的体现并不丰富，可以适当增加相关的图表辅助说明，增加课题成果的可读性、更容易被读者理解。关于（五）专项化工作，推进项目化督导落实中，DMAIC流程管控中对于党建带团建的内容提及不多，似乎是一个硬加上去的章节，如能将管控与"带动"做好相关说明则更佳。

案例7 "双碳"目标下的县域新型电力 系统建设探索与实践

一、背景

（一）适应国家"双碳"目标发展战略，构建清洁低碳安全高效能源体系的需要

习近平总书记在中央财经委员会第九次会议上强调，"十四五"是碳达峰的关键期、窗口期，要构建清洁低碳安全高效的能源体系，着力提高利用效能，实施可再生能源替代行动，构建以新能源为主体的新型电力系统，为能源变革发展指明了道路和方向。随着"双碳"目标提出，能耗"双控"、碳排放"双控"成为新的发展制约条件，政府面临着排放量指标考核要求，用户面临着用电可靠性不足的压力，电网企业面临着技术转型升级压力，无电可用、有电限用等情况仍然存在，电力系统综合效率不高，源网荷储等环节协调不足等深层次矛盾日益凸显。为破解能源绿色转型中的现实难题，相关主体需有效协作推进能源绿色转型发展。中共浙江省委、浙江省人民政府印发《关于完整准确全面贯彻新发展理念做好碳达峰碳中和工作的实施意见》，提出实施"风光倍增"工程，对新能源的安全接入、全额消纳能力提出了更高要求。"双碳"背景下，能源是"主战场"，电力是"主力军"，电网是"排头兵"。作为实现"双碳"发展目标最直接的参与者，电网企业需积极践行创新、协调、绿色、开放、共享的新发展理念，充分发挥电网在能源体系中的纽带和平台作用，带动产业链、供应链上下游发展，共同推进能源电力行业绿色低碳转型。

（二）落实新型电力系统构建行动部署，推进县域数智新型电力系统建设的需要

国家电网有限公司（以下简称"国家电网"）作为关系国家能源安全、国民经济命脉的重点国有企业，主动适应能源变革要求，立足现状、抢抓机遇、加快发展，探索构建以新能源为主体的新型电力系统。2022年，国网浙江省电力有限公司（以下简称"省公司"）年中工作会议重点提出"以更大责任担当加快数字化牵引新型电力系统建设"，

这为建设县域新型电力系统指明了目标方向。随着以新能源大规模开发利用为标志的能源变革和以"大云物移智"为代表的信息变革融合发展，能源供需方双向赋能连接、高效良性互动的需求愈加迫切，县级电网企业需着力推动体制机制改革、能源结构优化、能源效率提高、发展模式创新，助力构建现代能源体系。在国家电网出台以新能源为主体的"新型电力系统"战略部署和行动方案后，海宁市在全国率先出台构建"新型电力系统"政策，某公司在 2021 年开展了"基于源网荷储一体化的新型有源配电网'两横两纵'管理与实践"创新工作，使有源配电网一体化管理组织更加健全、数据获取更加精准、源网荷储互动更加协调、配电网运行更加稳定，从政策和行动上在全国率先响应构建新型电力系统行动部署和要求，这为在国内先行发展以新能源为主体的县域新型电力系统奠定了一定基础，但县域新型电力系统建设工作任务重、要求高、时间紧，这对某公司推进县域新型电力系统建设提出了新的挑战。

（三）全面破解县域配电网发展难题，发挥海宁电力系统先行示范效应的需要

为助力"双碳"目标实现，某公司充分发挥先发优势，实现新能源开发早、规模大、密度高，2022 年底，海宁全域光伏发电总并网容量 83.4 万千瓦，其中尖山新区已率先实现新能源出力为主体，光伏装机容量达 29.18 万千瓦，新能源发电量达到 6.46 亿度，占全社会用电量的 32.65%。根据《海宁市绿色低碳发展行动计划（2021—2025）》，2025 年风电、光伏发电总装机容量目标为 185 万千瓦，预计未来以光伏为代表的新能源将逐步成为县域电力系统的主体电源，随着新能源大规模接入电网，如何保障新能源全额消纳，成为县域配电网亟需解决的发展难题。作为全省先进代表，某公司剑指"首域"综合示范，在全国率先建成源网荷储一体化示范区，尖山新区大规模接入新能源后，海宁区域配电网暴露出诸多现实发展难题：①新能源接入后带来"3＋2"问题，受新能源随机性、波动性和间歇性等影响，尖山新区配电网面临"潮流波动、电压偏移、谐波畸变"三大问题和"稳态扰动、暂态冲击"两项挑战，县域新型电力系统建设对电网的故障恢复能力、负荷调节能力提出了更高的要求；②电网数字化水平不足，技术层面，常规的设备、流程及管理难以满足"以更大责任担当加快数字化牵引新型电力系统建设"的发展要求；管理层面，组织专业协作水平不足，决策高度依赖人工决策，数字化手段应用水平不够等问题均亟须在实践过程中予以解决；③管理体制机制不健全，以分布式电化学储能电站为代表的各类新技术、新设备、新应用缺乏配套的组织管理体系、政策配套机制、市场运作机制，导致示范工程难以推广复制，如何更好整合各类技术、管理资源，成为县域电网企业转型升级面临的主要挑战。综上，某公司亟须全面破解县域配电网发展难题，争取为县域数智新型电力系统建设作出表率。

二、"双碳"目标下的县域数智新型电力系统建设探索与实践主要做法

某公司以省公司管理创新优秀成果"能源互联网形态下多元融合高弹性电网探索与实践"作为推广应用的指引,紧扣"安全可靠、清洁低碳、经济高效"三重目标,以尖山新区为核心示范区,贯彻落实发展理念,适应"高渗透新能源发电、高密度用电负荷、高供电质量需求"三高特征,以配电网"稳态扰动、暂态冲击"两项挑战和"潮流波动、电压偏移、谐波畸变"三大问题为起点,深化前期源网荷储一体化发展成果,开展技术升级与管理变革,进一步构建智慧"大脑中枢",建强关键"四肢肌肉",优化通信"神经系统",激活组织"循环系统",打造长效"推广标本",逐步构建并推广"双碳"目标下的县域数智新型电力系统"类生命体"建设模式,打造适应分布式新能源高渗透的县域数智新型电力系统,提升源网荷储四侧资源配置能力,提升县域配电网系统运行能力、负荷调节能力、故障恢复能力及能源综合能效水平,助力形成可复制可推广的典型样板。"双碳"目标下县域数智新型电力系统技术与管理双向推动建设推广模型如图 4-28 所示。

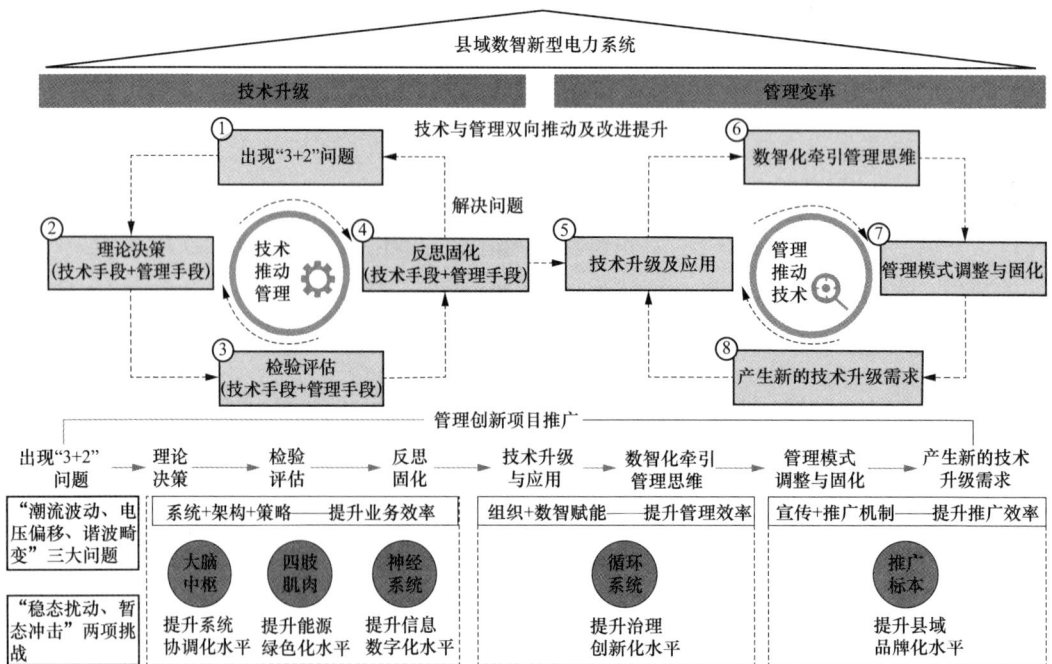

图 4-28 "双碳"目标下县域数智新型电力系统技术与管理双向推动建设推广模型

(一)构建智慧"大脑中枢",提升系统协调化水平

基于省公司高弹性电网建设"聚集源网荷储弹性合力""统筹多级多能协调规划能

力"的主要做法,某公司以问题为起点,开展理论决策、检验评估与反思固化工作,以技术升级推动管理提升、提高业务效率。通过依托新一代配电自动化系统,接入尖山全域资源池,构建"三层三态三策"功能架构、应用分层高级运行策略,强化数字化描述、全要素融合、智能化管控,进一步提升智能互动能力、弹性调控能力和协同管理能力。

1. 应用新一代配电自动化系统,实现智能互动

依托面向新型电力系统的新一代配电自动化系统,加强电网自动感知,实现源网荷储四侧资源智能互动。①开发建设八大基础功能,基于全要素建模、图模拓扑溯源、配电网状态估计、配电网潮流计算、配电网数据智能监视与分析治理、负荷预测、主配网一体化保电、资源群控群调八大功能,强化源网荷储智能互动。②接入源网荷储四侧全域资源,构建全景资源池,实现全域资源的融合和数字化描述,推动全要素可观、可测、可控、可用。

2. 构建"三层三态三策"架构,提升调控弹性

坚持"分层分布、最小单元自治"思路:①将配电网按电压等级分为三个层级,即"台区层-线路层-站域层"三个层级,进一步解构为最小自治单元(单一台区、单一标准环、单一变电站),实现资源按层级最小单元调控;②将层级最小单元分为三种运行状态,对"正常运行-电网故障-供电缺口"三种状态建立"一态一策"对应控制;③为不同运行状态制订三类运行策略,每层最小自治单元的控制中心根据运行状态,调用本单元的四侧资源,制订"经济运行-快速自愈-自我平衡"的三态子策略,实现资源按层级最小单元状态调控。"三层三态三策"功能架构如图 4-29 所示。

3. 全域应用分层高级运行策略,提升协同能力

基于台区层、线路层、站域层三层架构,一是应用分层运行状态下的九个子策略,即台区层、线路层、站域层在三种运行状态下形成的九个子策略,各层级自治单元按不同状态运行在不同策略下实现单元自治;二是应用海宁全域供电缺口状态的策略,九个子策略与海宁全域在供电缺口状态的子策略共同组成"大脑中枢"控制系统的十个高级分层应用子策略,同一层级不同单元资源可互济,上一层级单元可调用所辖下一层级单元资源,实现电网资源横向互济、纵向协同,构建由点及面的全域智能自治控制机制,实现源网荷储四侧资源协同管理的目标。

(二)建强关键"四肢肌肉",提升能源绿色化水平

为满足新型电力系统"海量新能源接入消纳、新型用电设施灵活接入、源网荷储各侧高效互动、促进电能与其他能源互补互济"的核心要求,某公司聚焦省公司高弹性电网框架体系"四梁八柱"结构中的"四梁"建设,创新性打造源网荷储"54321"体系,

将不同层级解构为最小自治单元（单一台区、单个标准环、单座变电站），实现资源按层级最小单元状态调控。

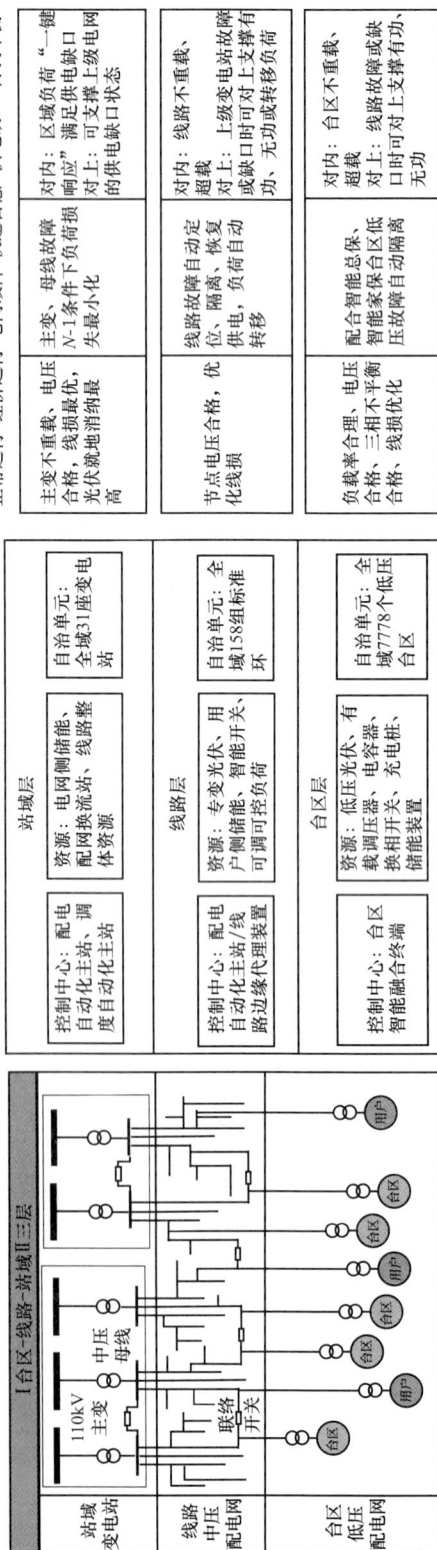

	正常运行-经济运行	电网故障-快速自愈	供电缺口-自我平衡
站域层 控制中心：配电自动化主站、调度自动化主站 资源：电网侧储能、配网换流站、线路整体资源 自治单元：全域31座变电站	主变不重载、电压合格、线损最优、光伏就地消纳最高	主变、母线故障N-1条件下负荷损失最小化	对内：区域负荷"一键"响应、满足供电缺口、对上：可支撑上级电网的供电缺口状态
线路层 控制中心：配电自动化主站/线路边缘代理装置 资源：专变光伏、用户侧储能、智能开关、可调控负荷 自治单元：全域158组标准环	节点电压合格、优化线化线损	线路故障自定位、恢复、隔离、供电、负荷自动转移	对内：线路不重载、超载、对上：上级变电站故障或缺口时可对上支撑有功、无功或转移负荷
台区层 控制中心：台区智能融合终端 资源：低压光伏、载调压器、电容器、换相开关、储能装置 自治单元：全域7778个低压台区	负载率合理、电压合格、三相不平衡合格、线损优化	配合智能总保、智能家保台区低压故障自动隔离	对内：台区不重载、超载、对上：线路故障或缺时可对上支撑有功、无功

站域 变电站
线路 中压配电网
台区 低压配电网

Ⅰ台区层解构为最小自治单元（单一台区、单个标准环、单座变电站）

110kV 主变　中压母线　联络开关　用户　台区

图4-29 "三层三态三表"功能架构

160

为提升电源合力、电网弹力提供技术动力，以体系架构升级促进协调控制管理能力提升。

1. 电源侧"五环节"管理，形成友好接入的应用面

（1）规范绿色能源接入管理。为适应"双碳"目标下更高比例清洁能源接入后的情形及解决对应的问题，某公司更新并规范新能源接入的容量标准、可控可调性、运行管理、储能配置、电能质量等相关技术标准和管理要求，推进绿色能源有序接入工作开展。

（2）深化绿色能源平滑出力技术应用。应用分布式新能源出力平滑技术，缓解电压波动、闪变问题。探索光储一体化技术，安装电池储能系统（BESS），制定功率平滑策略。

（3）优化绿色能源运行策略。通过存量光伏技术改造与增量光伏源头管控，双管齐下全面实现绿色低碳能源无功可调可控。四是精准预测绿色能源出力。网格化布局气象监测装置，匹配自适应算法，实现不同层级光伏功率精准预测，支撑协调控制系统智能决策，解决有源配电网区域绿色新能源出力预测难题。五是强化谐波治理闭环管理。布点安装监测装置，实时监测并网点谐波，开展谐波责任量化分析，指导用户及光伏站点开展谐波治理工作，有效提升电能质量。

2. 电网侧"四升级"提升，构建坚强灵活的网架面

（1）推进网架结构坚强升级。开展有源配电网组网形态研究，适应绿色新能源为主体的配电网架规划，形成"建设标准化网架为基础、探索新型组网形态为补充"的坚强网架建设思路。

（2）推进配电设备智能升级。开展以绿色新能源为主体的配电网自动化改造，推进自动化全覆盖改造，提升配电网对潮流波动和设备故障的综合抗扰能力。

（3）推进运维检修数字升级。推进设备状态可视化、运检作业移动化、班组业务数字化建设，实现设备状态智能研判、现场作业精准管控、管理决策协同高效。

（4）推进技术体系标准升级。紧跟绿色能源发展步伐，积极开展新型数智电力系统下配电网技术标准体系探索研究，以配电网建设改造"4＋2＋1"技术指导体系，编制新型电力系统建设相关指导手册，构建县域配电网标准化技术体系。

3. 负荷侧"三潜力"挖掘，挖掘用户能效的互动面

（1）深挖需求响应潜力。适应能源绿色发展及分布式供应趋势，以最大负荷10％为目标，建设需求侧响应体系，实现需求响应资源精准、政策支撑完善、响应能力显著提升，助力电网清洁、安全、高效、经济运行。分类唤醒全社会响应能力，将中央空调集群柔性调控纳入需求响应，探索电动汽车、储能与电网互动。截至2022年12月，某公司在2022年迎峰度夏工作中投运的储能电站有效缓解了用户用电紧张问题，确保稳定

可靠用电。

（2）深挖清洁替代潜力。以绿色低碳为方向，提高清洁能源占终端能源消费比重，结合海宁特色产业，挖掘"绿色旅游""绿色校园""绿色农业"等领域潜力，推进全电景区、"农光互补"等典型项目建设，构建以清洁能源为中心的能源消费新生态。

（3）深挖能效提升潜力。聚焦社会能效提升，通过推广多能互补高能效模式、靶向开展能效服务、深化能源大数据应用等方式将"供电服务"向"供电＋能效服务"延伸，推动客户用能结构优化、能源结构清洁化转型，最大限度提升能源利用效率。

4. 储能侧"两互济·一补充"，完善储能发展的生长面

（1）推进电源侧与电网侧、集中式与分布式互济。持续完善电源侧、电网侧储能基础设施建设，通过集中式储能与分布式储能互济互补构建配电网储能体系。不同层级电网枢纽点建设集中式储能，减少潮流扰动、提升设备能效；推动"新能源＋储能"模式，分布式新能源就地配建 10％～20％储能，提高分布式发电系统的可控性。

（2）坚持多种储能形态作为模式补充。积极探索新的储能形式，鼓励移动式储能、电动汽车等储能开发利用，持续丰富储能应用场景。探索包括储冷、储热、储氢等多类型的新型储能方式，进一步提升电网调峰能力及能源绿色化、清洁化应用水平。

（三）优化通信"神经系统"，提升信息数字化水平

基于省公司高弹性电网建设"统筹多级多能协调规划，提升资源高效配置能力"的主要做法，某公司搭建面向综合能源服务的地方能源调度运行体系架构，畅通电网统一信息支撑平台、地方能源调度运行系统、社会公共服务平台三大层级能源体系，实现多源数据信息融通共享、控制指令信息实时互动、跨区能源信息协同管理，有效提升电网数智化牵引水平、数字化通信水平和资源配置水平。面向综合能源服务的地方能源调度运行体系架构如图 4-30 所示。

1. 底层设备升级，多源数据信息融通共享

（1）设备感知层开展智能化改造。以"统筹协调、需求导向、先进适用、安全规范"为基本原则，安装台区智能融合终端，通过智能设备即插即用、基于移动互联的台区智能运维等技术，对配电台区集中和分散安装终端进行统一采集、管理和优化，提升设备可观可控能力和实时交互水平。

（2）网络通信层搭建信息传输网架。融合 5G、北斗等无线通信技术，搭建骨干通信网、终端通信接入网等不同层级通信网络架构，接入各类配用电终端、新能源、移动运检、移动办公等业务应用，实现业务集中接入、资源共享，保障电网通信安全。

（3）通信平台层统一管控支撑业务。通信平台以国网云平台为基础，以数据中台、技术中台、物联平台为支撑，以业务中台为展现，为各类信息应用提供支持，赋能业务

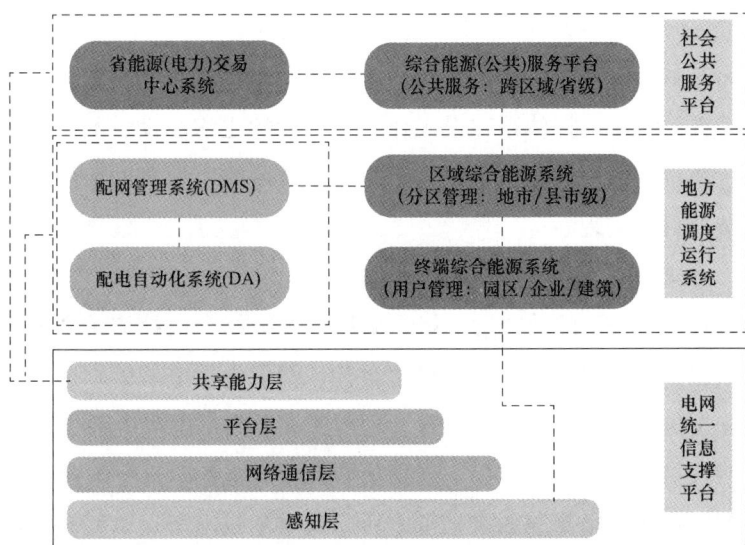

图 4-30　面向综合能源服务的地方能源调度运行体系架构

应用创新。四是共享能力层实现外部信息交互。以信息驱动业务、商业模式升级为导向，打造具有"数据融通、服务共享、移动智能、能力开放"特征的业务和服务数字化应用，促进电网运营管理智能化、营销服务智慧化。

2. 中层智能融合，控制指令信息实时互动

（1）推进园区终端综合能源系统互动管理。通过与微电网控制器的交互来获取微电网的相关配置及实时运行信息，开展设备运行监控、发电出力预测、电力负荷预测、电力潮流优化等工作，为微网的独立经营管理提供全面支撑。

（2）推进区域综合能源服务平台互动管理。市（县）区域综合能源系统是园区终端综合能源系统的上位系统，是面向社会服务的外部系统，与本地的配电网管理系统（DMS）进行交互响应，实现信息实时交互。

3. 顶层平台接入，跨区能源信息协同管理

（1）接入省能源电力交易中心系统。接入省级交易系统，实现多元化负荷预测及多能协调规划、优化运行，协同管理、交互响应和互补互济，实现区域间能源交易。

（2）接入综合能源公共服务平台。与电力、燃气等专业能源交易系统实现信息交互，为各种规模、各个层级的区域综合能源系统提供各种类型的信息及业务应用功能支撑服务。

（3）接入省级智慧调控平台。省级多元融合高弹性智慧调控、电力需求响应实时管理系统平台，可与区域层级实现信息、数据的实时发送与传输。省地协同运行模式下，可实现自治运行、电网支撑、微能网管理、需求侧响应等应用功能。

（四）激活组织"循环系统"，提升治理创新化水平

基于省公司高弹性电网建设的"多元融合、要素驱动"策略，某公司积极开展县域数智新型电力系统的相关支撑体系建设工作，充分发挥组织驱动、数字驱动、政策驱动对县域电力系统建设的作用，以数字化为牵引，数智赋能实现源网荷储等全要素统筹融合，服务"双碳"目标实现。

1. 创新组织管理，实现数字化牵引

（1）构建"1＋5＋N"的数智融合组织架构。升级综合监控室为"数智监控中心"，实现业务流与数据流汇聚融合。深化网格化运营，将尖山供电所管辖山区域划分为5大供电网格，实施全域高低压营配业务融合管理模式。以网格围绕中心"1＋5＋N"模式，实现7×24小时人员调派、安全监控、现场抢修、用户服务四位一体管理。

（2）再造数智化场景全覆盖的未来供电所。从重塑供电所运营管理架构、升级供电所数智技术应用、深挖能源数据价值潜力、创新供电服务与设备运维模式四大任务（十项子任务）着手，形成"组织赋能、技术赋能、数据赋能、服务赋能"为一体的数智化未来供电所运营模式，全面打造数字化牵引新型电力系统建设示范区内数字化驱动的"最后一公里"供电组织单元。

（3）获批新设海宁市电力负荷管理中心。某公司加强新型电力系统负荷侧的管理组织体系建设，获批成为全市新设负荷管理中心，充分利用企业可调节负荷资源及用户侧储能资源参与迎峰度夏（冬）负荷管理，进一步优化电力需求管理及负荷管理系统建设运维工作。

2. 夯实数字支撑，实施全链条管理

（1）推动跨场景的数字新技术应用。建设"数智台区"、打造"数字员工"、应用"数智运维"、升级"数智仓储"，支撑多专业跨场景的数字技术应用，实现各类配电设施及接入新能源资源的可观测、可描述、可调节、可控制。开展电类、非电类数据采集、传输、存储、应用全链条管理，推动大数据、区块链、物联网、人工智能等数智技术与电力系统的融合创新。

（2）数字平台赋能业务闭环管理。依托"数智监控中心"数智供电所管理平台实现供电所工作计划、派工、反馈、评价、积分等全过程业务数字化管控，通过"i国网掌上数供"微应用平台提升数据贯通性，实现业务100％闭环管控。深挖业务过程中流程痛点、操作难点，根据业务流程需要出动的人员及作业特性进行融合设计，归并成4个单兵作战与3个协同作战的作业场景，打造专业融合、业务贯通、网格协同的作战工作场景。同时台区经理配备背夹、行为记录仪等个人数字化装备，从业务派单、装备领料、远程互动、闭环评价等各环节实现全流程数字化流转，作业效率提升20％以上。业

务全流程数字化流转如图 4-31 所示。

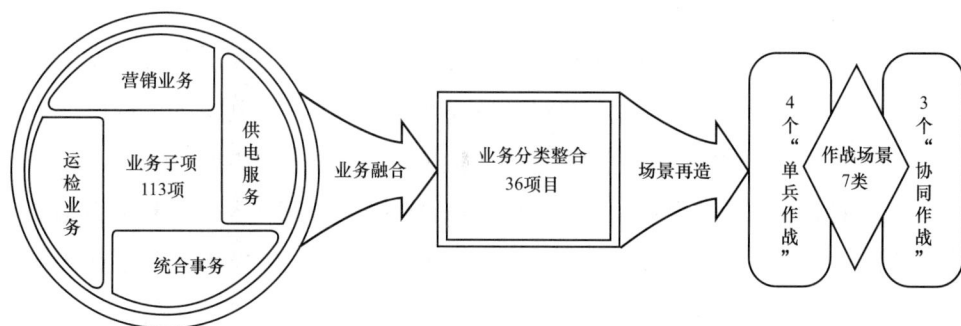

图 4-31　业务全流程数字化流转

3. 健全政策机制，促进新政策支持

（1）推动配套政策出台落地。2021～2022 年，某公司推动政府相关主管部门出台 10 余项政策，对源网荷储一体化管控、新型储能、新型电力负荷管理等提出指导意见、行动指南及实施意见。鼓励新能源项目装机容量的 10％－20％配置储能，探索共享储能、储能租赁等创新商业模式；推进全市中央空调控温负荷接入区域新型电力系统管控平台，挖掘能源消费节约潜力，推动绿色低碳高质量发展等。

（2）完善建立多维补贴机制。完善补贴政策细则，发布《关于推动源网荷储协调发展深入开展海宁尖山电力需求响应建设的通知》，推动地方对示范区参与需求响应的企业给予 2 元/千瓦时的固定补贴，鼓励企业用户积极参与需求响应；推动政府出台储能等资源"群控群调"补偿机制，对于接入统一调度调峰项目，给予容量补偿，提升电网保供能力。

（3）探索健全政企合作机制。推动与海宁市人民政府签署《共同推进海宁能源电力高质量发展战略合作协议》和《共同推进尖山新区经济和能源电力高质量发展战略合作协议》，不断探索健全政企合作模式，提升协同效率。某公司携手浙江大学，签订战略合作协议和研学基地协议，双方合作共同探索"数字＋电力"战略合作新模式，激发产学研创新活力，推动新能源体系发展。

（五）打造长效"推广标本"，提升县域品牌化水平

为更好适应发展需求，某公司持续完善科技创新体制，开展技术升级研究与应用，逐步将"数字化牵引建设适应高比例新能源的县域数智新型电力系统"的相关管理模式、组织模式融入各项日常业务管理中，不断固化工作机制，开展多维宣传推广，打造基层建设品牌，提升建设成果影响力及推广效率。

1. 强化科技创新，助推技术动能释放

（1）充分发挥技术引领效应。加强新型配电网安全稳定控制技术研究，持续探索多

能源、储能、柔性负荷互动配电网承载和安全高效运行关键技术，提升电网承载力、新能源消纳水平及质效水平，保障安全稳定运行。

（2）充分发挥试点示范效应。开展"绿色低碳社区的清洁能源系统数字孪生技术研究及示范"等重大项目的示范应用，推进"适应高比例分布式资源接入的配电网弹性评估技术研究"等项目的研究实施，助力先进科技在新型电力系统中推广应用。

（3）多维搭建成果转化体系。培育首面首域首台首套项目，强化科技创新动能。搭建成果转化平台，推进专利、论文、QC、管理创新、调研等成果转化。某公司2021～2022年谋划申请专利27项、授权专利25项（见表4-1）。

表4-1　　　　　　　　　　某公司2021～2022年授权专利

序号	专利名称
1	一种无人机多电池组充电电路自动切换装置及方法
2	一种考虑光电接入的电力系统优化调度方法
3	设备能效综合控制平台及其控制方法
4	一种风电火电及抽水储能站的联合调度方法
5	一种调整台区变压器容量的方法
6	一种区域配网变压器台区优化方法
7	一种光纤输能电缆井内设备防盗系统
8	一种接入风电场的区域电网优化调度方法
9	一种风光微电网站选址方式
10	一种含光电场的区域电网优化调度方法
11	能效监控报警方法
12	一种电动汽车充电桩及其控制方法
13	综合能效监控方法
14	一种风光微电网维护人员指派流程
15	一种分布式发电站状态监测方法
16	一种柔直系统内的超级电容放电装置
17	一种移动储能系统及装置
18	一种光电火电及储能电容的联合调度方法
19	一种基于光伏高渗透率的源网荷储优化方法
20	一种逐日太阳能光伏支架系统
21	基于大数据融合的设备能效综合控制方法
22	一种共直流母线系统故障快速隔离系统
23	一种采用EtherCAT通讯的电力巡检机器人系统
24	一种低压计量箱故障智能指示方法及指示器
25	一种低压计量箱内电能表故障诊断维护方法

2. 健全技术标准，完善推广运行机制

（1）采用PDCA工作模式固化推广成果。P是计划开展尖山数智化未来供电所示范、嘉兴尖山国际领先技术降损示范等项目试点，D 是试点工作分批次有序运行开展，C 是检查示范推广项目的表现，A 是处理示范推广项目中的问题。运用 PDCA 工作模式针对问题开展进一步优化提升，按照"标准固化＋改善提升"的精益改善路径，逐步将"数字化牵引建设适应分布式新能源高渗透的县域级新型电力系统"的相关管理模式、组织模式融入各项日常业务管理中，不断提升管理水平。

（2）完善技术标准及推广平台。持续完善制度标准、技术规范、典型设计、管理规范方案，编制完成《某公司分布式电源接入电网技术规定（试行）》《某公司用户侧储能项目并网服务管理实施细则》《光伏电站运维管理规范》等 10 余项相关技术标准，为其他区域建设县域数智新型电力系统提供示范参考。依托工作总结、论文、典型经验等形式，转化某公司"双碳"目标下的县域数智新型电力系统建设成果，持续拓展成果应用路径。

3. 拓宽推广媒介，打造基层建设品牌

（1）拓宽宣传推广渠道。充分整合各类网站、App、微信公众号、微博、新闻媒体平台、营业厅等"线上＋线下"媒介，拓展某公司"双碳"目标下的县域数智新型电力系统建设成果宣传推广渠道，开展常态化宣传。

（2）开展专项品牌策划。从县域数智新型电力系统建设专业技术突破、为企业为民生服务、典型先进案例、高效管理机制等层面策划专题宣传活动，将某公司"双碳"目标下的县域数智新型电力系统建设成果打造成既有推广价值又有温度的宣传品牌。截至 2023 年 8 月，某公司累计刊发省级以上宣传报道 27 篇，在央视新闻、新华社、人民日报等国家主流媒体得到宣传 12 次。相关新闻媒体报道如图 4-32 所示。

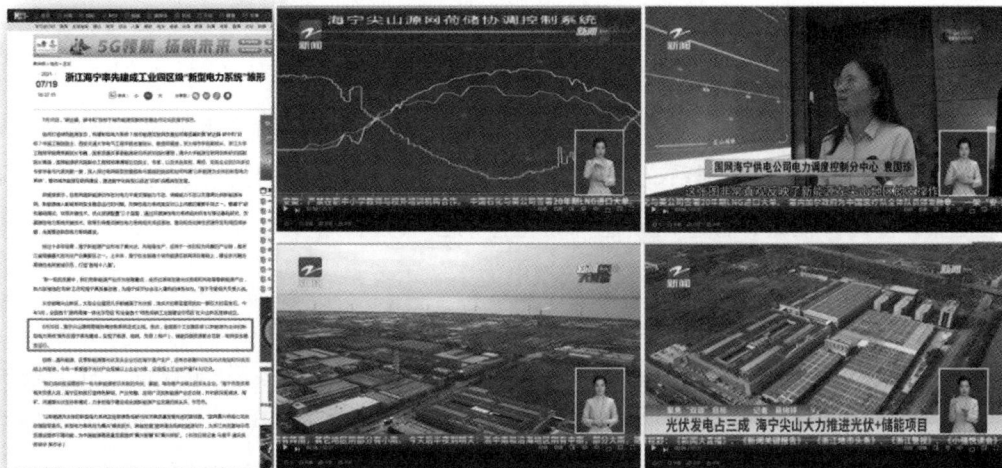

图 4-32 相关新闻媒体报道

三、实施效果

（一）保障清洁低碳电力供应，改善生态环境

（1）能源结构持续优化。2022 年尖山光伏装机容量达 29.18 万千瓦，占海宁市的三分之一，区域内新能源装机量不断提升、绿色能源发电占比不断上升，预计到"十四五"末，海宁全域风电、光伏发电并网总装机容量 185 万千瓦，新能源装机占比超过 89%，占全社会用电量超 11%，能源行业逐步实现绿色转型发展，进一步助力清洁低碳现代能源体系构建。

（2）能源效率不断提升。预计到"十四五"末，海宁全域清洁能源就地消纳量达到 19 亿千瓦时，占全社会用电量超 11%。发挥电网作为清洁能源消纳的主平台作用，有效支持清洁能源安全接入、就地消纳，不断提高清洁能源供给能力和利用效率。需求侧响应工作积极推进，负荷调控能力提升，实现"降碳不减产"。

（3）生态环境逐渐改善。预计"十四五"末，每年通过本地新能源发电将减少煤炭消耗 22 万吨以上，减少二氧化碳排放 55 万吨以上，减少二氧化硫排放 9000 吨，减少氮氧化物排放 1700 吨，污染排放逐渐降低。海宁已成功申请整县屋顶分布式光伏开发试点区，经济发展绿色化及低碳化程度进一步提升将助力海宁争创国家级新型电力系统示范县、浙江省低碳试点县、省级绿色（低碳）园区、省级绿色制造先行区、省级"绿水青山就是金山银山"实践创新基地。

（4）构建"碳画像"助力"双碳"目标。分行业、分用户采集用户侧能源消费数据，从碳排放、清洁能源使用、电能替代比例等多方面综合分析，多指数维度展示分析碳排放综合情况和新能源利用情况，对用户进行全维度刻画，形成尖山新区整体"碳画像"，为减碳提质工作提供决策支撑。

（二）打造新型县域电力系统，彰显社会效益

（1）打通县域新型数智新型电力系统建设路径。以源网荷储一体化为关键路径，建设并推广源网荷储协调控制系统，逐步构建基于"双碳"目标的县域数智新型电力系统"类生命体"建设模式，打造以新能源为主体的县域数智新型电力系统，推动社会经济发展全面绿色转型，助力打造国家级新型电力系统示范县。

（2）多主体合作实现新局面。优化整合多方资源，探索形成了"政府政策引导、市场机制推动、电网纽带桥梁、用户需求响应"的协同运作机制，公司投资、社会投资、监管类业务投资等多渠道资金来源有效节省企业开支，有效解决了既要保障能源安全、又要推动低碳发展、还要降低用能成本的高质量发展"三元悖论"难题，实现新能源发电减少企业电费开支 2.8 亿元/年。

（3）电网企业服务价值逐步提升。充分利用公司在能源、碳排放等方面数据资源优势，推动能源要素深度嵌入经济社会数字体系，主动融入浙江省省数字化改革，服务政府经济和能源管理，推动政府健全政策、完善市场，更好发挥政府和市场"两种力量"，服务全社会能源智治。数字化牵引统筹"电-能-碳"关系，促进能源消费从单一、被动、通用化的粗放模式，向融合多种需求、主动参与、定制化的高效模式转变，推动多种能源资源最优配置、全社会综合能效最大化，展现以"电力脱碳"助力"双碳"目标实现的央企担当。

（三）破解县域电网发展难题，提升管理效益

（1）新能源大规模接入"3＋2"问题有效缓解。适应高渗透光伏，电压越限等问题基本得到治理，建成调节大脑，区域峰谷差率持续上升的趋势得到缓解，分布式光伏全面实现无功可调可控，为降低电网运行线损提供了新手段，预计综合线损可降至 1.8％左右；建成最大负荷 10％的多维时间尺度、多层级负荷响应资源池，最大负荷 10％的储能建设规模；智能开关等自动化设备的使用使得故障能快速自愈，预期供电可靠率可达到 99.997％以上、电压合格率 100％。

（2）电网整体数字化水平持续提升。技术层面，开展数字支撑体系研究，全域广泛应用先进技术，支撑配电网数字化、智慧化、可视化转型；管理层面，建成数智化融合管理体系，形成"单兵＋协同"网格化作战的新工作场景和"线上＋线下"的全业务协同关系，实现了县域配电网的"数字化全景展示、信息全要素判断、全局智能化管控"。

（3）电网组织管理水平明显提升。某公司以技术升级带动管理效能提升，数智融合的组织创新助力推广示范点尖山供电所的人均业务承载率提升 30％，整体作业效率提升约 20％，实现工作效率横、纵双向提升。

案例点评：

县域电网是我国电力系统的重要组成部分，是实现乡村振兴和共同富裕、实现"双碳"目标的重要载体。该成果报告聚焦"县域"新型电力系统建设，首先，分析其对实现"双碳"目标、新型电力系统建设和破解县域电网发展难题的重要性；

然后，以配电网"稳态扰动、暂态冲击"两项挑战和"潮流波动、电压偏移、谐波畸变"三大问题为起点，将县域新型电力系统比作"类生命体"，通过构建智慧"大脑中枢"，建强关键"四肢肌肉"，优化通信"神经系统"，激活组织"循环系统"，打造长效"推广标本"，打造适应分布式新能源高渗透的县域数智新型电力系统，助推海宁打造国家级新型电力系统先行县和示范县。

该成果报告内容丰富，新型电力系统的方方面面都有涉及，但有一个不足的地方是，报告中提到"开展理论决策、检验评估与反思固化工作"，只是在"二、主要做法"

中最开始的时候提到，通篇看下来，和该章展开具体内容的关联似乎没有很紧密，建议思考两者关系。

成果报告中标题部分对仗工整，使用了比喻句的写法，形象且准确地帮助读者理解新型电力系统的架构。背景和成效标题形成对应，构成逻辑闭环，背景所提出问题得到有效解决，取得了显著的社会、生态效益。

案例 8　以农企共富为目标的数智化农业负碳样板构建与实践

一、背景

（一）践行绿色低碳理念、助力国家双碳目标的需要

2021 年 9 月 22 日，国务院先后印发《关于完整准确全面贯彻新发展理念做好碳达峰碳中和工作的意见》《2030 年前碳达峰行动方案》，把碳达峰、碳中和纳入经济社会发展全局，以经济社会发展全面绿色转型为引领，以能源绿色低碳发展为关键。"双碳"目标升级为国家战略，电力行业作为实现"双碳"目标的重要领域，其低碳发展对我国实现"双碳"目标起着至关重要的作用。作为全球最大的发展中国家和碳排放国，我国需要在推进经济发展、实现快速减排的同时确保能源体系实现安全平稳转型。这就要求紧跟国家"双碳"目前的步伐，立足国情，准确把握现阶段能源转型的主要问题，提出切实可行的能源低碳转型发展实施路径，奋力构建以新能源为主体的绿色低碳发展体系，助力国家"双碳"目标的实现。

（二）聚焦"三农"变革重塑、支撑浙江两个先行的需要

浙江省在第十五次党代会报告中提出，要突出在高质量发展中奋力推进共同富裕先行和省域现代化先行。当前，由于我国发展最大的不平衡是城乡发展不平衡，最大的不充分是农村发展不充分，促进共同富裕，最艰巨最繁重的任务仍然在农村。因此，加快农业农村现代化是全面推进乡村振兴、进而实现农民农村共同富裕的关键举措。在"双碳"的国家战略背景下，农业新型电力系统作为构建新型电力系统重要组成部分，是优化农村用能结构、提高农村用能效率、保护农村生态环境、完善农村基础设施的重要手段，也是推动城乡融合发展、推进农业农村现代化、构建清洁低碳安全高效的能源体系的重要途径。因此亟须聚焦"三农"变革，进一步积累总结经验，提升更大的示范效应，打造一条以新能源为主体的农业新型电力系统的乡村振兴、共同富裕实践之路。

（三）契合农企农户需求、破解供电用电难题的需要

通过开展平湖、余杭农业经济开发区（以下简称"示范区"）的实地深入调研，对

辖区内各主体的供电平衡情况、光伏发展潜力、闲置可利用资源、农企负荷特征、核心痛点及需求等方面进行全方位摸排。目前示范区招引项目包含种子种源、数字应用、农业服务等 38 个，主要存在以下问题，制约了示范区高速发展的步伐。一是电力供需形势偏紧，示范区地处电网边界末端供电能力受限，负荷缺口高达 1875 千瓦；二是光伏潜力有待深挖，农企、农户的屋顶、厂房等闲置资源未充分利用，可待开发的光伏发电规模约为 3000 千峰瓦；三是农企用电成本较高，区域内农企多为高科技农业产业，电气化、数字化程度高，呈现"双高"态势，用电量高、电费成本占比高。基于以上问题，亟须打造相关方主体共赢、更加绿色、更加智慧的发展新模式，有效破解示范区供电用电难题，促进农企共富。

二、主要做法

（一）树立统筹发展新理念，发挥组织优势聚合力

1. 明确指导思想，规划农企共富实施路径

围绕贯彻落实党中央、国务院能源保供稳价决策部署，以国家电网有限公司年中工作会议精神"讲政治、保供电、稳增长、促转型"为指引，在国网浙江电力营销部的坚强指导下，由某公司牵头、联合其他公司协同发力，以"小切口大场景"为突破口，遵循"系统调节能力提升、企业治理能力提升和社会综合能效提升"三条主线，谋划"样板负碳先行、典型推广模式、多方共同参与、实现共富共享"的发力方向，支撑省、市公司加快形成具有浙江辨识度的新型电力系统（平湖"共富共享"数字化农业新型电力系统、余杭"碳汇百富"碳清单监测可视化系统）。以发展转型新理念为引领、以组织聚合新模式为基础、以能源系统新形态为动力、以能源托管新机制为突破、以能源管控新平台为载体、强化全链条支撑保障力度，围绕平湖东郁果业、余杭清波牧业试点打造以"五新一支撑"为主体的数智化农业负碳样板雏形。充分挖掘绿色低碳举措、打造能源发展崭新生态，凸显"负碳"；深度融入数字技术手段、拓展能源交互应用场景，凸显"数智"；精准匹配农企农户需求、推动参与主体共建共赢，凸显"共富"，迈出以新能源为主体的农业新型电力系统的乡村振兴、共同富裕实践之路。对于园区内用户，共享光伏和储能资源、享受光伏和储能建设红利，既满足企业用能需求，又降低其用电成本；对于电网，有效减轻尖峰时段用电负荷压力；对于产业单位，充分发挥光伏发电效益和储能利用效率，促使收益最大化；村镇、企业和农户以租金返利给出租方，真正实现村镇、企业、农户等多方主体共赢。构建数智化农业负碳样板总体规划示意如图 4-33 所示。

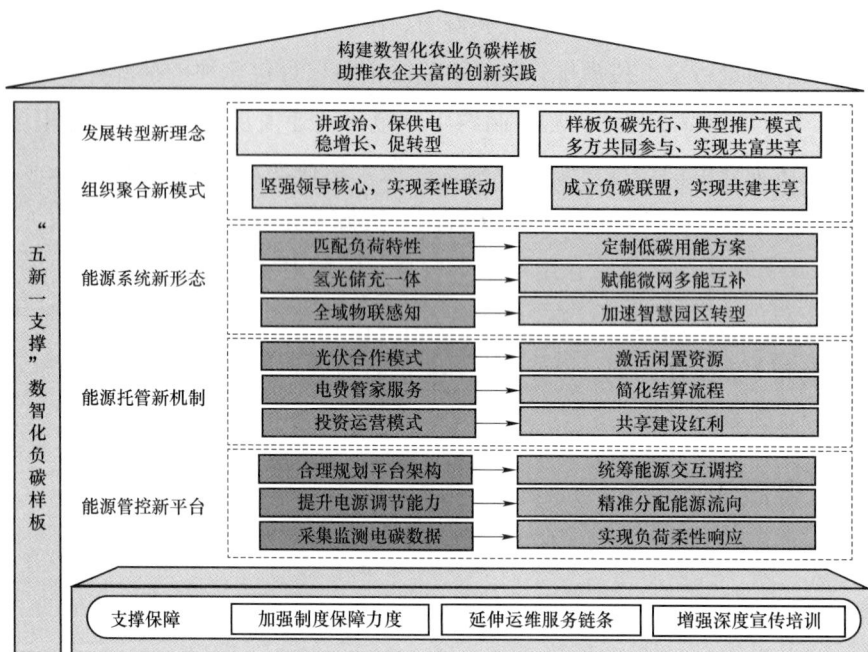

图 4-33　构建数智化农业负碳样板总体规划示意

2. 坚持试点先行，注重典型经验有序推广

坚持试点先行、阶段总结、稳步推广，以平湖市东郁果业、余杭清波牧业为试点，深入调研农企层面的能源绿色转型及资源高效配置，规划打造"未来工厂"，在实施过程中注重突出重点、展现亮点、解决难点，以点带面摸索出一套可复制的新模式，汇集和凝练技术创新、示范工程、管理提升、长效保障等各阶段成果，总结提炼经验做法，固化为数智化农业负碳样板，截至 2023 年 8 月已将示范区内 6 家企业纳入项目，未来逐步将典型经验拓展应用至整个示范区范围，加强从园区整体角度进行系统性规划，整合园区内可利用的每一寸资源，最终实现园区 38 家企业的全谋划、全纳入、全覆盖，并将典型经验、示范样板逐步向其他农业园区、工业园区、旅游园区推广。

3. 组建工作专班，形成贯通联动责任链条

在内外部建立"纵向贯通、横向协同、全面覆盖"的组织网络体系，打造"分设合理、兼顾融合、整体高效"的组织筋脉，实现责任的层层分解及传导。

（1）坚强领导核心，实现柔性联动。成立由国网浙江电力营销部主任担任组长，某些公司相关领导为小组成员的"负碳"专班，负责审定相关工作方案和项目实施方案，协调跨单位、跨部门、跨专业间的资源调配，全面领导工作开展。在专班下设置需求分析、规划建设、调度控制、技术支持等专项工作小组，形成部门分工协作、横向专业协同、纵向省市县贯通的工作格局。精准过程管控，每月召开工作推进会，听取各工作组的汇报，统筹协调重大事项及推进过程中的难点，部署下一阶段重点工作；定期编发工作动态，加强信息交流沟通，全面展示工作亮点及工作进度。

（2）成立负碳联盟，实现共建共享。强化政企协作、企企协作，按照"政府主导、供电公司主体、社会多方参与"的运营机制与管理模式成立"负碳"农业硅谷战略联盟，在充分了解各个利益相关方期望与诉求的基础上，凝聚各利益相关方工作合力，推动各参与方在技术研发、管理提升、示范应用、市场开拓等多方面深入开展交流，实现资源整合和优化配置，形成共建共享合作生态。一方面，主动对接平湖广陈镇政府、余杭瓶窑、百丈镇政府各有关部门，发挥政府侧优势强化政策指导、资源倾斜和组织协调。另一方面，充分激发农企农户的参与热情，搭建示范区企业间、农企与供电公司间沟通的有效桥梁，实现供应和需求的精准匹配。此外，积极推动大专院校、科研单位、设备供应商等利益相关方深度参与。

（二）构筑能源系统新形态，共享清洁能源保供应

1. 精准匹配负荷特性，定制低碳用能方案

对示范区企业，统筹考虑企业需求、运营模式、设备特点、负荷特性等因素，紧盯"多能应用一体化、源网荷储一体化"的目标，以光伏、风力等绿色电力为主，以绿氢能源为辅，制定个性化、覆盖全业务和全生命周期的能源优化运营策略，帮助企业实现低成本、低风险、低碳排的"三低用能"解决方案。针对平湖东郁果业，依据其不间断运营、设备仪器精密等特征，绘制负荷曲线、归纳负荷特性，提出"清洁升级，集中捕集"的方案，一方面，构建一体化新型智慧能源站，取代原有的天然气恒温系统，实现清洁能源自发自用、余量交易，多能应用的智能调配、协同控制，推动生产全流程零排放用电、低成本运营；另一方面，结合东郁果业"植物工厂"碳捕集、碳封存技术的应用，有效促进植物生长光合作用消耗一定量的二氧化碳（年消耗 36 吨），从而完成从"高碳-零碳-负碳"路径的转变。针对余杭清波牧业，提出"综合用能，微网保障"的方案，有效扭转地处郊区放射性电网结构下单线路进线电源的问题，一方面，就地利用猪粪开展沼气发电，并可为附近茶园、果园供给有机肥料，实现废弃物资源化综合利用；另一方面，建立现代化养殖管理平台，运用数字化生产及用能管理手段，有效降低养猪生产周期，提高能源使用效率，最终实现零污染、零排放、可循环、可持续。

2. 氢光储充一体运营，赋能微网多能互补

为了有效扭转示范区大电网网架薄弱、供电能力受限的困境，持续寻求以最小代价、最有效方式实现安全可靠、清洁低碳、经济高效三者统筹兼顾、协调发展的最优路径，创新构建以大电网为主导、园区微电网相融并存的能源系统新形态，从源网荷储四端发力、柔性互动，支持最大的生产力、可持续性和能源效率。

（1）实施局部电网改造，厘清交互界面。注重功能性、实用性，不搞大拆大建，仅通过现有电网的局部改造，在 10 千伏三久线金龙门二级支线♯22 杆设置带计量的环网柜，作为主网和微电网分界点，分界点后为"农业示范园"微电网，不仅可以实现内部控制、保护和管理，还具备大电网故障时孤岛运行能力。

（2）实施风光倍增计划，共享清洁能源。积极布局发展光伏、综合能源、电动汽车，推动氢光储充一体运营，实现能源网络中的生产、存储、消费等环节互联互通。建设氢能微型热电联供系统，在持续提供电能的同时产生可供利用的热能；建设光伏发电站和蓄电池储能站，清洁光伏发电余量可通过储能电池实现能源储存，再利用电价峰谷差有效降低用能成本；建设电动汽车快充站，满足员工、游客等群体的绿色出行需求。

3. 营造全域物联感知，加速智慧园区转型

在配电房、充电桩、储能站、大棚等核心区域安装传感器等智能监测设备，统筹区域物联终端、汇聚物联感知服务，实现对示范区内用能场景边端设备的统一管控、统一运维，精确获取农作物生长的温度、湿度、光照强度、土壤水分等数据，开展农作物及环境分析后进行全自动灌溉、施肥、喷药、补光等一系列操作；精准监测不同区域功率、用电量等变化趋势，开展设备运行状态感知、指挥研判，推动用能管理从事后被动响应向事前主动预警转变，实现农业资源、电力资源、土地资源、水资源及生产资源的高能调度，达到节能、高效的目的。

（三）打造能源托管新机制，助企纾困解难促共富

1. 挖掘光伏共富模式，激活闲置资源

探索"政＋企＋农"光伏产业合作新模式，将广陈镇政府、省管产业单位、辖区内农户及农企共同纳入成立"农村光伏合作社"，充分利用示范区周边的龙珠庄园、农创中心、农业展示馆、农业设施大棚等闲置屋顶资源，深挖光伏建设价值，通过租赁等形式引导全社会共同参与规模化建设和运营分布式光伏，采用集中并网、统筹利用、就地消纳方式进行化零为整，填补示范区内的用能需求，减少能源输送距离和转化环节，实现清洁能源最大限度利用，推动能源绿色发展，同时农户农企屋顶租金可增加收入，实现共富。以示范区内农村集聚小区龙珠庄园为例，屋顶租金按每年 10 元/平方米计算，每户每年可增加收入千元以上。此外，通过入户走访、展板宣传等方式向农户农企详细讲解屋顶测量、合同签订、施工安装、并网发电、收益分享、日常维护等业务流程，做好信息透明与共享，目前已与东郁果业、金田野、众信农业、金龙门、广陈综合服务中心、华舟建设等 6 家农企达成合作意向，后续将与更多的农户农企洽谈合作事宜。

2. 定制电费管家服务，简化结算流程

基于小微园区内东郁果业、农创中心等5家现有用户，进一步统筹考虑示范区内负荷用户密度和负荷情况，利用广陈镇人民政府统一建立的国际科技农业合作示范区小微园区户头，创新能源托管模式，以微电网代运维和电费管家方式委托平湖产业单位进行并立户头的用电服务和收支结算。一方面，充分唤醒镇域内包括屋顶、车位、民宿等海量资源，并将园区内的清洁能源更好地分配到各家用户，共享储能、光伏等建设红利；另一方面，可以更加贴合用户需求、拓展服务范围、简化结算流程。服务内容包含以下几个方面：与园区用户协调沟通表计安装位置；向示范园用户收缴电费，并以类似"农业示范园"为单位向售电公司购电、结算电费，并就市场化电价优惠达成书面协议；向示范园用户提供节能改造、能效提升等新型业务；办理示范园内新增用户业扩报装等相关业务。

3. 升级投资运营模式，共享建设红利

结合光伏发电技术特征、并网电价政策，在示范区内打造5种"光伏＋"迭代升级投资运营模式，用户可综合自身生产特性、能源需求、投入产出等多种因素进行选择，开辟可持续的能源转型升级、清洁低碳发展的新路径。"光伏＋储能"模式，适用于大工业和一般工商业等负荷较大、24小时连续生产用户，光伏自发自用，储能移峰填谷；"光伏＋氢电"模式，白天大负荷用电、晚上小负荷用电，光伏自发自用、氢能夜间补充；"光伏＋充电桩"模式，白天大负荷用电，晚上基本不用电，光伏自发自用，电动汽车充电有一定流量；"氢光储充"模式，与第一种模式类似，同时电动汽车充电有一定流量，需要高可保安电源，光伏自发自用，储能移峰填谷，氢能发电补充；"光伏＋综合能源站"模式，氢电互转技术成熟后投入，有效降低成本。光伏＋投资运营模式一览表见表4-2。

表 4-2　　　　　　　　　　　　光伏＋投资运营模式一览表

场景	投资边界条件	投资规模	收益
光伏＋储能	适合大工业和一般工商业等峰谷电价差较大用户。负荷较大、需24小时连续生产（特别是尖、高峰时段必须生产且负荷维持较高水平），光伏自发自用，储能移峰填	最小负荷≤光伏容量≤最大负荷，储能容量＝尖峰时段负荷×2	光伏发电收益＋储能峰谷电价差收益
光伏＋氢电	适合白天大负荷用电，晚上小负荷用电的用户。光伏自发自用，氢能发电作为光伏夜间的补充供电	白天最小负荷≤光伏容量≤白天最大负荷，氢电容量＝晚上负荷	光伏发电收益＋氢能发电收益
光伏＋充电桩	适合白天大负荷用电，晚上基本不用电用户。光伏自发自用，电动汽车充电有一定流量	白天最小负荷＋充电负荷≤光伏容量≤白天最大负荷＋充电负荷	光伏发电收益＋电动汽车充电收益

续表

场景	投资边界条件	投资规模	收益
光伏＋储能＋充电桩＋氢	适合大工业和一般工商业等峰谷电价差较大用户。负荷较大、需 24 小时连续生产（特别是尖、高峰时段必须生产且负荷维持较高水平），电动汽车充电有一定流量，需要可高保安电源。光伏自发自用，储能移峰填，氢能发电补充	最小负荷≪光伏容量≪最大负荷，储能容量＝尖峰时段负荷×2。充电桩根据电动汽车充电流量。氢能根据应急电源容量	光伏发电收益＋储能峰谷电价差收益＋电动汽车充电收益
光伏＋综合能源站	电制氢、氢制电、氢储存技术成熟、成本下降，氢能和电动汽车保有量达到一定水平	光伏容量与综合能源站规模匹配，综合能源站规模取决于氢能和电动汽车保有量	光伏发电收益＋综合能源站收益

（四）搭建能源管控新平台，促进最优交互提质效

1. 合理规划平台架构，统筹能源交互调控

融合能源电力与数字化技术，在平湖示范区构建园区级共富共享新型电力系统能源调度平台，满足充电场站充电运营、光储用能调配协同控制、运营模式创新，最终实现光储充一体化调配的智能化管控。平台基于成熟的基础支撑平台开发与建设，通过集成总线提供公共数据和公共服务，并通过公共管理维护工具实现对公共信息及服务的统一的维护管理，业务子系统的各个应用采用标准化的接口方式与平台对接，实现子系统间以及应用间基于标准的数据交互和服务调用，实现数据的无缝交互。一体化监控平台系统包括：用户配电站综合自动化监控系统、能源调控系统、能源管理系统、充电设施运营系统、大屏展示系统、时间同步系统、远动及通信系统、智能辅助系统等子系统，主站、子站及其配套硬件。共富共享新型电力系统能源调度平台界面示意如图 4-34 所示。

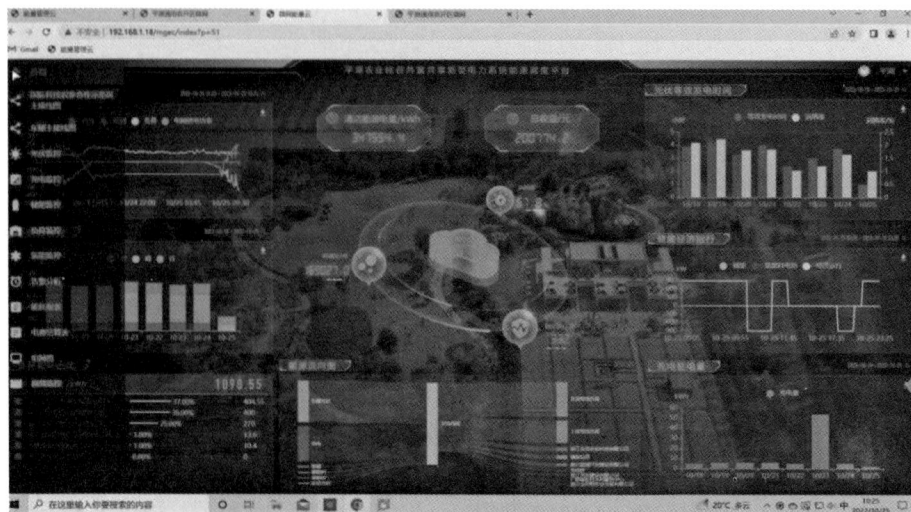

图 4-34　共富共享新型电力系统能源调度平台界面示意

2. 提升电源调节能力，精准分配能源流向

以"清洁性、可靠性、高效性"平衡为限制条件，根据分时电价，以经济效益最高为目标，依托平台进行智能调配、协同控制，推动新能源"化零为整"、就地消纳和各类负荷友好接入，通过园区内不同用户电能潮流之间的实时互联，达成能源的交互、平衡和高效利用。一是实现设备运行可视化，直观展示能源生产设备（光伏、储能、充电桩等）的位置分布，实时更新运行状态。二是实现用能监控可视化。检测能源消费侧的用能情况，并与事件的告警信息联动，以便进行实时优化调整。三是实现能源流动可视化。以供需平衡、高效利用为导向，对多能源之间进行优化调控，实时追踪能源流向，打造园区能源"一张图"，促进终端负荷与电网功能能力协同。

3. 采集监测电碳数据，实现负荷柔性响应

平台采用 4/5G 通信技术接入平湖县域虚拟电厂，实现了氢能发电、光伏发电、储能电站、电动汽车充电站等多种可调资源的聚集，形成可精准匹配调控需求的"资源池"。分析用户典型用能模式的特点及其行为原因，采取差异化调节手段，根据用户资源与成本限制生成最优方案，促使负荷调节的颗粒度更为精细，让整体响应曲线与电网运行调节需求更加匹配。此外，根据容量是否达到准入要求为衡量标准，可以作为第三方独立主体或负荷聚合商的下级单位参与浙江电力市场辅助服务，提供光伏电源、负荷聚合、云储能等服务响应。

（五）提升协调运转强支撑，牵引示范样板再推广

1. 延伸运维服务链条，切实保障应用成效

注重将服务延伸至产后运维，保障示范区内微电网的良性长效运转。

（1）启用故障主动研判。依托能源调控平台进行分布式电源故障异常自动研判和在线告警，及时派发工单进行应急抢修，对抢修过程进行跟踪管理，并及时向用户推送运维信息及服务进度，实现信息公开透明，确保分布式电源运行状态可控、在控，提高运维效率和精益化水平。

（2）聚焦主动运维巡查。结合日常工作、负荷特征、极端天气等多种因素，主动开展线上线下监查巡视，并将巡视维护范围延伸至园区内部，围绕大棚温控设备、漏电保护器、电源线等开展"拉网式"安全用电隐患排查。

（3）构建可溯运维档案。整理和保存好微电网建设原始图纸、运行记录、故障记录等资料，为提升设备的健康状况和提高运维效率奠定坚实的基础。

2. 加强制度保障力度，推动流程顺畅高效

兼顾安全管理要求与效率提升需求，在深度调研分析的基础上，制定统一、规范、科学的管理制度与规程规范，推动数智化农业负碳样板的打造及推广流程向标准化转

变，促进业务协同运作以及管理成熟规范。

（1）编制指引方案，结合东郁果业、清波牧业新型能源系统建设及运行情况，编制《某 A 公司及某 B 公司数智化农业负碳样板试点工作方案》，确定试点目标、试点任务，做好任务分解、进度安排和措施保障。

（2）明确规程规范，随着试点工作方案螺旋式升级，逐步制定了《某 A 公司及某 B 公司微电网接入配电网系统调试与验收规范》《某 A 公司及某 B 公司微电网运行管理办法》等规程规定，形成符合示范区特点的标准流程和管控要求。

（3）固化管控标准，制定《某 A 公司及某 B 公司数智化农业负碳样板打造及推广工作细则》，明确了在全实施流程中各参与主体的工作职责、工作要求及考核标准。

3. 加强深度宣传培训，引导主体积极参与

（1）定向走访农企。走访示范区内其他农企，遴选意向用户，精准把握客户需求，以东郁果业、清波牧业成功经验为切入点，践行"一企一策"原则，依据用户意向投入、生产特性、负荷特征、能源需求等因素，为用户推荐相匹配的投资运营模式，并从经济性、生态性、安全性等多方面与现有情况进行对比，以数据增强方案的可信度与吸引力。

（2）广泛走访农户。主动进村入户宣讲光伏发电及科学用电常识，对安装屋顶分布式光伏的优点、收益、观瞻等进行详细介绍，对租赁协议内容、签订时需要注意的事项及程序进行解读，并邀请已安装农户分享运行及收益情况，增强农户的参与热情，同时为乡镇、村工作人员开展百姓屋顶光伏宣传给予相关政策方面的解说。

三、以农企共富为目标的数智化农业负碳样板构建与实践的效果

（一）有力推动参与主体互利共赢，经济效益显著

在合作生态共享共建方面，以电网企业为枢纽充分发挥平台和共享作用，有效引导各参与主体调整电力消费模式、积极参与供需互动，在园区用电量持续提升的同时保障电网安全运行和供需平衡，助力打造"未来工厂"和"农业硅谷"。在农企侧，在农业生产现代化、数字化和智能化等新技术、新要求和企业用能成本需求下，结合负荷用电特性等为用户量身定制"供电＋能效"的设计方案。以东郁果业为例，2022 年节约用能成本 191.3 万元，光伏发电收益 29.9 万元，储能峰谷电价差收益 78.8 万元，调频辅助收益 44.6 万元，电动汽车充电收益 38 万元，预计设备投入成本回收周期为 5.14 年。东郁果业未来投资成本回收周期计算示意如图 4-35 所示。

在农户侧，通过出租闲置资源持续获取收益，2022 年农民人均收入始终保持在 9.5％以上的增速，每户每年均可收入约 1000 元屋顶租金。在电网侧，微电网的构建实

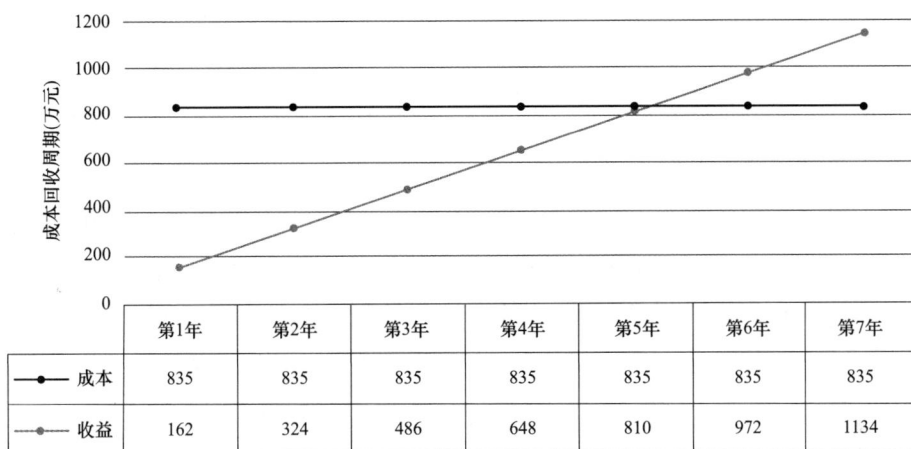

	第1年	第2年	第3年	第4年	第5年	第6年	第7年
━●━ 成本	835	835	835	835	835	835	835
━━ 收益	162	324	486	648	810	972	1134

图 4-35　东郁果业未来投资成本回收周期计算示意

现以电网局部改造发挥巨大作用，避免了大拆大建，累计节约网架建设费用千万余元；能源的有效调控减轻尖峰时段用电负荷压力，通过主动监测异常事件、前置预警信息、及时柔性调控等手段，累计为某公司减少停电电量损失约 8000 千瓦时，减少经济损失约 120 万元。在产业单位侧，充分发挥光伏发电效益和储能利用效率，促使收益最大化，2022 年负碳园区建设运营专项收入达到 162.6 万元。在用户侧，通过新能源使用分成模式，每年可减少 28.7 万用能支出。

（二）显著提升绿色能源消费能力，生态效益显著

通过构建以可再生能源为出力主体、电网电力为补充、农业园区与能源跨领域深度耦合的能源发展新模式，积极构建负碳生态体系，保障能源供给更加清洁、促进能源消费更加低碳，助力农业更高质量发展、农村全域美丽、农民增收富裕，为推动乡村产业振兴实现电气化和低碳化提供坚实支撑，助力平湖市创建"省级低碳县"、助力余杭百丈镇入选首批"省级低碳乡镇"样板，为国家深入推进碳治理、实现"双碳"目标注入强劲动力。对于以东郁果业为例的企业而言，能源供给方面，安装光伏组件共计 771块，新能源装机容量新增 347 千瓦，新能源装机容量占比达 50%，能源供给清洁化率达到 70%以上；能源消费方面，实现多能互补、梯级利用，终端用能清洁化率达到 70%，能源综合利用率超过 80%，与传统的火力发电输电相比总效率提高 2 倍左右，通过新建充电桩延伸"停车充电＋商业消费"的产业链，企业年均额外消耗二氧化碳 36 吨，减排二氧化碳 170.6 吨，真正实现"负碳"运行。对于以百丈镇为例的乡镇而言，已可实现年均为政府减少约 80 万度电量使用及 15 万元电费支出，为镇内企业带来年均 50 万元的电费节省，同时实现全域年均光伏替代火电 300 万度，相对应节约 1200 标煤、减少二氧化碳等气体排放 3100 吨，"远杭无忧"专属民宿充电车位，也为民宿旅游带来了超过

一万公里的"绿色里程",实现了乡村振兴与绿色转型的协同发展。

(三)提炼固化数智农业负碳样板,示范效应显著

在国网浙江电力的坚强领导下,某A公司、某B公司高度重视、周密部署,坚持上下贯通、立体推进,创新构建以大电网为主导、园区微电网相融并存的能源系统新形态,助推电源侧的多能互补、负荷侧的柔性互动,实现以能源为纽带、村镇、企业、农户等多方主体阳光共富共享新模式,形成了可复制推广的顶设理念、做法经验,成为农业园区能源转型的改革样板和创新标兵,以安全可靠、绿色低碳、经济高效的电力助力平湖农开区(广陈镇)、余杭百丈镇迈出打造农业特色型美丽城镇省级样板的坚实步伐,也成为打造未来乡村的先头部队。通过本课题创新实践充分发挥引领、推动和示范作用,工作成果成效获时任常务副省长陈金彪、国家电网有限公司副总经理庞骁刚的批示肯定。依托其的社会责任项目《共建共享"微能源网"解决农业现代化用能难题》荣获"2022金钥匙——面向SDG的中国行动"路演金奖,数字化项目相关内容获"直通乌镇"全球能源互联网比赛特等奖、嘉兴市数字经济比赛三等奖等荣誉奖项,项目推进过程中凝练出"基于APSO-BP的配电网状态评估方法"等五项专利,项目特色做法多次被央视新闻报道、获浙江政务信息(每日要情)刊录,项目建设及运营过程中得到各级领导、兄弟单位现场调研指导,取得了广泛的社会影响和良好的社会效益。

案例点评:

该成果以农户、农企和电力公司三方共赢为目标,创新提出构建数智化农业负碳样板,这在国内都属于比较先进的管理创新实践,通过树立统筹发展新理念、发挥组织优势聚合力、构造能源系统新形态、打造能源托管新机制、搭建能源管控新平台,以及提升协调运转强支撑等"五新一支撑"做法,形成了以能源为纽带、村镇、企业、农户等多方主体阳光共富共享新模式,可谓农业园区能源转型的改革样板和创新标兵。经过一系列实践,促进农企共富的同时,破解农村供电用电难题,效果效益显著。

该成果提供了"负碳"管理全面的框架和具体的实施措施,内容翔实,有一个缺憾是报告在最开始的时候应该大致描述下负碳的概念,或者负碳是一种什么样的模式。

该成果报告写法整体符合管理创新成果撰写基本要求,标题以二段论句式对仗工整,前半句用"新"字连贯起前四个做法,后半句凸显直接效果的同时再用三个字进一步解释该做法的效果,朗朗上口,通俗易懂。需要注意的是,总结标题的时候,一定要想清楚二级标题是否能够囊括三级标题,以及三级标题间的顺序。